Sénégal

Symboles et abréviations

ℹ	Office du tourisme
♥	Coup de cœur de la rédaction

Sites, monuments, musées, œuvres

***	Exceptionnel
**	Très intéressant
*	Intéressant

Hôtels

▲▲▲▲	Hôtel de très grand luxe
▲▲▲	Hôtel de grande classe offrant un confort maximum
▲▲	Hôtel de bon confort
▲	Hôtel simple, mais confortable

Restaurants

♦♦♦♦	Cadre luxueux, très bonne table, prix élevés
♦♦♦	Bonne table, service agréable, prix moyens
♦♦	Table simple, prix modérés
♦	Cuisine populaire, bon marché

GUIDES BLEUS ÉVASION

Les premières éditions de ce guide ont été établies par **Victor Franco**, **Henri Ménard** et **Jean-Pierre Raymond**.

La présente édition a été mise à jour par **Catherine et Bernard Desjeux.**
Journalistes, reporters photographes. Après des études de lettres pour elle et d'économie pour lui, ils travaillent depuis de nombreuses années sur le thème de l'homme et l'environnement en Afrique noire, au Sahara, en France et au Maghreb. Ils ont effectué plusieurs séjours au Sénégal depuis 1976. Auteurs de nombreux livres parmi lesquels : *La France rurale* (éditons du Chêne), *Sahara et la passion de la vie* (Nathan Image), *Afriques, tout partout partager* (Grandvaux), *Bénin* (Grandvaux), *Visages de l'Algérie* (Grandvaux)...
Ils ont en outre illustré les livres de Christian Saglio : *Casamance* (Cairn) et *Sénégal* (Petite Planète-Seuil).

Direction : Cécile Boyer-Runge. **Direction éditoriale** : Catherine Marquet. **Responsable de collection** : Armelle de Moucheron. **Édition** : Claire Le Cam. **Documentation** : Sylvie Gabriel. **Informatique éditoriale** : Lionel Barth. **Maquette intérieure et mise en pages PAO** : Catherine Riand. **Cartographie** : Fabrice Le Goff. **Fabrication** : Nathalie Lautout, Maud Dall'Agnola ; couverture réalisée par Packedit/Quattro.
Avec la collaboration de Stéphanie Roesler et Natacha Sardou.

Sénégal

GUIDES BLEUS ÉVASION

Sommaire

EMBARQUER

DÉCOUVRIR

SUR PLACE

EN SAVOIR PLUS

CARTES ET PLANS

EMBARQUER

Toutes les informations nécessaires à la préparation et à l'organisation de votre séjour.

Ci-contre : Sur les routes et les pistes du centre du Sénégal, vous croiserez ces camions surchargés qui, sur des centaines de kilomètres, assurent le transport de l'arachide, une des grandes ressources du pays.

En haut : Comme beaucoup de Sénégalaises, cette jeune fille peule a eu les cheveux tressés dès son plus jeune âge.

QUE VOIR ?

Région par région

Le Sénégal se situe à la charnière de l'Afrique sahélienne et de l'Afrique tropicale. Quatre grands fleuves s'y étirent paresseusement entre baobabs et forêts profondes.

Des milliers de pirogues multicolores reposent le long de ses 700 km de plages. Les villas coloniales de Ziguinchor, de Gorée ou de Saint-Louis appellent à la nostalgie, tandis que les villages de brousse offrent un total dépaysement.

Mais vous serez surtout séduit par la gentillesse des Sénégalais. Alors *teranga*, « bienvenue » au Sénégal.

Dakar* et le Cap-Vert**

Dakar, la capitale, s'offre au vent et à l'océan. Une ville multicolore à découvrir à travers ses marchés et ses rues débordantes de couleurs et de vie *(p. 94)*.

Le Sénégal en bref

- **SITUATION**. À environ 4 200 km de Paris (6 heures de vol).
- **SUPERFICIE**. 196 722 km^2.
- **POPULATION**. Environ 9 900 000 habitants.
- **CAPITALE**. Dakar (2 000 000 habitants).
- **MONNAIE**. franc CFA. 1 € = 0,065 FCFA.
- **LANGUES**. **Officielle** : français. **Nationales** : wolof, sérère, diola, soninké, pulaar, mandingue, baïnouk et balante.
- **LA MEILLEURE SAISON POUR VOYAGER**. De novembre à mai. Cette destination est le « soleil d'hiver » le plus proche de la France.
- **RELIGIONS**. Musulmane, chrétienne et animiste.
- **NATURE DU RÉGIME**. République ; démocratie multipartite.
- **PASSEPORT**. Oui pour les voyageurs individuels.
- **VISA**. Non pour les membres de la communauté européenne.
- **VACCINS**. Non mais fièvre jaune et hépatites A et B conseillés.
- **TAXE D'AÉROPORT**. Incluse dans le billet.
- **DÉCALAGE HORAIRE**. En hiver, 1 h de moins à Dakar. En été, 2 h de moins à Dakar. ❖

Promenez-vous dans le **centre de Dakar*** *(p. 96)*, ou sur la **presqu'île du Cap Vert**** *(p. 103)*, contemplez, depuis la Corniche Est, les ♥ **îles de Gorée***** *(p. 115)* et de la **Madeleine**** *(p. 105)*, découvrez le ♥ **musée de l'IFAN***** *(p. 96)*. Puis, prenez un taxi et déjeunez à la pointe des **Almadies*** ou à **N'Gor**** *(p. 107)*.

♥ Gorée***

À quelques brasses de Dakar, l'île de Gorée est le symbole des heures sombres de la traite des Noirs. D'un côté, un village fleuri aux belles villas, de l'autre, un lieu d'où partirent des milliers d'esclaves *(p. 115)*.

La ♥ **maison des Esclaves**** *(p. 118)*, le **Musée historique**** *(p. 124)* rappellent ces pages peu

glorieuses de l'histoire coloniale. Le **musée de la Femme*** évoque par des objets et des photos leur vie quotidienne *(p. 118)*. Pourtant, en flânant dans les ruelles, vous vous croirez dans un village méditerranéen.

La région de Thiès* et le Ferlo*

Un lac rose, des bénédictins entonnant des chants grégoriens, des barques bariolées posées le long de

la grève, un désert que parcourent les Peuls avec leurs troupeaux. Une région très diverse *(p. 126)*.

Les distances sont calculées à partir de Dakar.

** **Le lac Retba** ♥ *(ou lac Rose, 41 km N-E)*. Les eaux roses ou mauves du lac tranchent sur les cônes de sel étincelants. Une merveille naturelle *(p. 126)*.

** **Touba** *(194 km E)*. La ville sainte des mourides. Le meilleur endroit pour comprendre l'importance de cette confrérie. Y visiter la mosquée, l'une des plus vastes d'Afrique *(p. 131)*.

* **Le Ferlo** *(entre Thiès et Linguère)*. Les Peuls y mènent de magnifiques troupeaux de zébus à travers des contrées semi-désertiques *(p. 130)*.

* **Kayar** *(70 km N-E)*. Un port de pêche qui vaut le coup d'œil si l'on n'a pas d'autres occasions d'en voir *(p. 128)*.

* **La manufacture sénégalaise des Arts décoratifs de Thiès** *(70 km E)*. S'y arrêter pour voir ses tapisseries au point d'Aubusson *(p. 130)*.

* **Mboro-sur-Mer** *(90 km N-E)*. Les esprits aventureux iront découvrir ce village de pêcheurs alangui *(p. 128)*.

* **Le monastère de Keur Moussa** *(50 km N-E)*. Des moines bénédictins, africains et européens, chantent le dimanche la messe accompagnés de koras, balafons et percussions *(p. 127)*.

* **Les Niayes** *(150 km de côtes)*. Protégées de l'océan par un cordon dunaire, les Niayes forment des oasis à l'intérieur desquelles s'épanouissent les cultures maraîchères *(p. 128)*.

♥ Saint-Louis*** et ses parcs

La plus belle ville historique du Sénégal s'étire entre océan et fleuve. Avec le parc du Djoudj et ses milliers d'oiseaux, une étape indispensable de votre voyage *(p. 137)*.

*** **Le parc national du Djoudj** ♥ *(60 km N-E de Saint-Louis)*. À 1 h 30 de voiture de Saint-Louis, ce parc abrite l'une des plus belles réserves ornithologiques du monde. Pélicans, flamants et canards s'envolent tandis que crocodiles et varans prennent le soleil sur la berge *(p. 149)*.

*** **L'île de Saint-Louis** ♥. Un impératif absolu si, pour vous, le Sénégal ne se résume pas à un séjour balnéaire. L'ancienne capitale de l'Afrique Occidentale française a préservé une atmosphère unique. Il faut arpenter ses ruelles, pénétrer dans ses maisons aux jardins intérieurs, rêver le long des rives paisibles de son fleuve et se promener sur la grève d'où un millier de pirogues s'élancent vers la barre *(p. 139)*.

*** **Le parc national de la Langue de Barbarie** *(on y accède en pirogue)*. Cette lagune, instable, longue de 15 km, s'avance tel un doigt entre le fleuve Sénégal et l'océan. Sternes et mouettes y ont élu domicile *(p. 146)*.

Le fleuve Sénégal

Une région assez désertique où, de loin en loin, une ville repose le long du fleuve Sénégal qui coule paresseusement *(p. 155)*.

Les distances sont calculées à partir de Dakar.

** **Bakel** ♥ *(830 km E par le N et 710 km E par le S)*. La plus jolie ville du fleuve est située sur un promontoire. Elle abrite un ancien fort élevé par Faidherbe, le seul qui soit parfaitement restauré *(p. 166)*.

* **Le lac de Guiers** *(120 km E de Saint-Louis par la route)*. En pleine zone sahélienne, les eaux du lac reflètent un soleil de plomb. Les pirogues s'en reviennent vers les villages disséminés le long de la rive, emplies de capitaines (un délicieux poisson !) *(p. 161)*.

* **Podor** et l'**île à Morfil** *(462 km N-E)*. **Podor** est une curieuse ville aux maisons en banco qui lui confèrent une allure européenne. Située à l'extrême ouest de l'**île à**

Morfil, elle est peut-être le meilleur endroit pour approcher le fleuve Sénégal, puisqu'il coule des deux côtés *(p. 162)* !

* **Richard-Toll** *(379 km N-E)*. Une étape éventuelle pour son hôtel, le seul situé près du fleuve Sénégal, et pour jeter un coup d'œil à la folie du baron Roger *(p. 157)*.

La Petite-Côte**

Des villages sur des coquillages et les plages les plus sûres du Sénégal *(p. 168)*.

Les distances sont calculées à partir de Dakar.

** **Joal-Fadiouth** ♥ *(114 km S)*. Village de pêcheurs situé sur un îlot où les rues et les maisons sont en coquillages *(p. 176)*.

** **Mbour** *(83 km S)*. Un très beau marché et un intéressant port de pêche *(p. 172)*.

* **Nianing** *(93 km S)*. Forêt, plage: probablement l'endroit le plus reposant de la Petite-Côte *(p. 172)*.

* **Popenguine** *(71 km S)*. Des cabanons y évoquent la vie ancienne des colonies *(p. 170)*.

* **La réserve de Bandia** *(65 km S)*. Singes et gazelles s'amusent entre tumulus et baobabs *(p. 171)*.

* **La Somone** *(75 km S)*. La villégiature préférée des Dakarois : rivière et oiseaux *(p. 171)*.

* **Toubab Dialao** ♥ *(50 km S)*. Mérite un détour pour son espace-hôtel culturel, le plus fou du Sénégal *(p. 169)*.

♥ Le Sine Saloum***

Ici, la terre et l'eau se mêlent intimement. Une région à découvrir en pirogue *(p. 183)*.

Les distances sont calculées à partir de Dakar.

De **Foundiougne*** *(170 km S)* à ♥ **Toubacouta**** *(256 km S)*, de **Missira*** *(263 km S) à* **Ndangane*** *(160 km S)* en passant par le **parc du delta du Saloum**** *(p. 190)*, le Sine Saloum constitue un paradis pour les amateurs de pêche et les ornithologues *(p. 188 et p. 190)*.

La confluence des deux fleuves **Sine** et **Saloum** donne naissance à des centaines d'îlots. Vous vous engouffrerez en pirogue dans les bolongs, les bras salés de l'estuaire, bordés de mangrove et vous découvrirez cette région si particulière.

Si vous vous intéressez à l'archéologie, vous n'hésiterez à faire un détour par les **sites mégalithiques*** de Nioro du Rip *(254 km S-E)* et de Koungheul *(334 km S-E) (p. 185)*.

La Casamance***

Une Afrique verdoyante de carte postale avec des vergers, une forêt profonde et des plages immenses… *(p. 194)*.

Mais, hélas, une **région à risques**. Renseignez-vous avant d'y partir *(encadré p. 195)*.

Les distances sont calculées à partir de Ziguinchor.

*** **Kafountine et Abéné** ♥ *(110 km N-O)*. Magnifiques plages désertes, charmants ports de pêche et hôtels d'excellent confort, le tout entre forêts et vergers *(p. 196)*.

** **Cap-Skirring** ♥ *(70 km O)*. Les plus belles plages du Sénégal. Les hôtels luxueux y côtoient des campements agréables. Le meilleur du balnéaire *(p. 206)*.

** **Diembéring** ♥ *(85 km O)*. Au nord de Cap-Skirring, ce village a gardé ses traditions. Une bonne halte pour concilier plage et connaissance de la Casamance *(p. 206)*.

** **Enampore** et **Séléki** ♥ *(10 km et 20 km O)*. Les cases à impluvium de ces deux villages sont d'une architecture unique en Afrique. Elles reposent au milieu d'une belle nature *(p. 200)*.

** **Mlomp** *(45 km O)*. Autre spécificité de la Casamance : les cases à étages. Peintes et décorées, elles se visitent *(p. 201)*.

** **L'île Karabane** *(50 km O)*. D'Elinkine, village perdu le long d'un bolong, on part en pirogue vers cette île sauvage *(p. 203)*.

** **La pointe Saint-Georges** ♥ *(30 km O)*. Entre rizières et palmeraies, une excursion à faire à partir de votre hôtel, avec guide et véhicule tout-terrain *(p. 202)*.

** **Ziguinchor**. De jolies villas disséminées le long du fleuve. Sans être vaste, le quartier colonial ne manque pas de charme *(p. 198)*.

* **Affiniam** ♥ *(30 km N)*. Le village charme par sa tranquillité et sa belle case à impluvium *(p. 198)*.

Le Sénégal oriental

Un voyage au cœur d'un immense territoire couvert de savane arborée, sanctuaire de la faune sahélienne *(p. 212)*.

Les distances sont calculées à partir de Dakar.

*** **Le parc national du Niokolo Koba** ♥ *(604 km S-E)*. Le fleuve Gambie traverse cette région de savanes et de forêts profondes. Vous y verrez des hippopotames, des antilopes et des milliers d'autres animaux. Étape inévitable pour les amateurs de nature *(p. 213)*.

*** **Le pays bassâri** ♥ *(700 km S-E)*. La visite de cette contrée, belle mais difficile d'accès, nécessite du temps et un véhicule tout-terrain. Elle sera réservée aux amateurs d'ethnologie qui s'y rendront pendant la période où se déroulent les rites d'initiation, principalement d'avril à juin *(p. 219)*.

La Gambie

Ce minuscule pays enclavé dans le Sénégal souffre de violence et d'une corruption endémique qui rendent difficiles et risqués tous les déplacements. Il offre des paysages identiques à ceux du Sine Saloum et de la Casamance. Mais on y parle anglais et l'atmosphère y est presque *british*. Un curieux vestige de la colonisation… *(p. 225)*.

Si malgré tout vous voulez vous y aventurer, vous ne manquerez pas le **marché de Banjul**** *(305 km S de Dakar)*. On peut effectuer une étape balnéaire à **Bakau*** située sur le Cap St. Mary *(à quelques kilomètres à l'ouest de Banjul)*. La **réserve Abuko*** permet de pénétrer facilement dans une forêt tropicale humide *(p. 227)*.

Si vous aimez...

La nature

➤ **LES PLAGES.** Vous avez le choix entre la **Petite-Côte**** *(p. 168)*, de ♥ Toubab Dialao* *(p. 169)* à ♥ Joal-Fadiouth** *(p. 176)*, ou la **Casamance*****, entre ♥ Kafountine et Abéné*** *(p. 196)*.

➤ **LA FAUNE EN GÉNÉRAL ET LES OISEAUX EN PARTICULIER.** Si vous souhaitez voir des antilopes, des buffles ou des hippopotames, le ♥ **parc du Niokolo Koba***** *(p. 213)* s'impose. Ornithologues amateurs, du nord au sud, vous serez comblé. Vous vous rendrez nécessairement au ♥ **parc national du Djoudj***** *(p. 149)*, considéré comme la troisième réserve ornithologique du monde. Vous croiserez également nombre d'oiseaux sur la **Langue de Barbarie***** *(p. 146)*, les **îles de la Madeleine**** *(p. 105)* et dans le ♥ **Sine Saloum***** *(p. 183)*. Enfin, tout au long de votre périple, vous rencontrerez probablement des phacochères et des singes patas.

➤ **LES FLEUVES.** Le **Sénégal**, le **Saloum**, la **Gambie** et la **Casamance** traversent le pays. On peut les contempler depuis la rive ou s'y aventurer en pirogue *(p. 24-25)*.

L'architecture

➤ **LES VILLES COLONIALES.** ♥ **Saint-Louis***** *(p. 137)* et **Gorée***** *(p. 115)* constituent des étapes obligées. Longtemps assoupies, elles renaissent. Vous pourrez également vous promener dans les vieux quartiers de **Dakar*** *(p. 96)* et de **Ziguinchor**** *(p. 198)*.

➤ **LES VILLAGES TYPIQUES.** N'importe quel village de brousse vous dépaysera. Vous rencontrerez l'architecture en coquillages à **Joal-Fadiouth**** *(p. 176)*, les cases à impluvium à ♥ **Enampore** et **Séléki**** *(p. 200)*, les cases à étages à **Mlomp**** *(p. 201)*.

Les loisirs sportifs

➤ **LA PÊCHE.** Les côtes sénégalaises sont parmi les plus poissonneuses du monde. Dans les eaux du **Cap-Vert**** *(p. 103)*, vous rencontrerez le marlin et l'espadon, dans le ♥ **Sine Saloum***** *(p. 183)*, la carangue et le barracuda. Partout ailleurs, vous pourrez pêcher fructueusement depuis la plage.

➤ **LA CHASSE.** Phacochères et gibier d'eau sont les proies les plus recherchées. Le ♥ **Sine Saloum***** *(p. 183)*, le **Sénégal oriental** *(p. 212)*, le ♥ **Djoudj***** *(p. 149)* et la **Casamance** *(p. 194)* constituent les quatre grandes régions cynégétiques. ■

Programme

De Saint-Louis au Sine Saloum via la Petite-Côte

➤ **10 JOURS**. L'itinéraire dure 10 jours, mais il peut s'étaler sur 15 jours en privilégiant la plongée dans l'atmosphère de Saint-Louis.

JOUR 1. Arrivée à **Dakar**. Nuit sur place.

JOUR 2. Route vers **Saint-Louis** en passant par le **lac Retba (Rose)** et/ou le **monastère de Keur Moussa**. L'après-midi, promenade dans la ville. Nuit sur place.

JOUR 3. Excursion au **parc national du Djoudj**. Nuit sur place ou retour à Saint-Louis.

JOUR 4. Journée à **Saint-Louis,** visite de la ville et du **parc de la Langue de Barbarie.** Nuit sur place.

JOUR 5. Route vers la **Petite-Côte**. Baignade et détente. Nuit dans un hôtel de la Petite-Côte, par exemple à **Toubab Dialao**.

JOUR 6. Départ tranquille vers le **Sine Saloum** (par Popenguine, La Somone), jusqu'à **Toubacouta**. Nuit sur place.

JOUR 7. Excursion en pirogue dans le **Sine Saloum**. Retour pour la nuit à Sokone (près de Toubacouta).

JOUR 8. Visite des **sites mégalithiques** de **Nioro du Rip** et retour pour la nuit à **Joal-Fadiouth**.

JOUR 9. Matinée à **Joal-Fadiouth** puis retour à **Dakar**. Visite de **Gorée**. Nuit à Dakar ou, mieux, à Gorée.

JOUR 10. Visite de **Dakar**.

Dakar et la Petite-Côte

➤ **8 JOURS**. Cet itinéraire permet autant de profiter des plaisirs de la plage que de ceux offerts par l'arrière-pays.

JOUR 1. Arrivée à **Dakar**. Nuit à **Toubab Dialao**.

JOUR 2. Départ dans la matinée pour **Joal**. Déjeuner sur place. Visite l'après-midi de **Fadiouth**, de son cimetière et de ses greniers à mil. Retour dans la soirée à **Saly**.

JOUR 3. Excursion vers le **lac Rose**. Tour du lac en 4x4. L'après-midi, visite du **monastère de Keur Moussa**. Retour vers la Petite-Côte.

JOUR 4. Repos et farniente au bord de l'eau.

JOUR 5. Départ tôt le matin pour une balade en pirogue dans le **Sine Saloum**: visite des îles. Dernière nuit à Sokone (près de Toubacouta).

JOUR 6. Départ pour **Gorée**, en passant par **Rufisque**. Nuit sur l'île.

JOURS 7 ET 8. Journée à **Dakar** avec emplettes aux marchés de **Soumbédioune** et **Kermel**. Première nuit sur place. Retour le lendemain.

Le nord du Sénégal au départ de Saint-Louis

➤ **8 JOURS**. C'est peut-être le meilleur itinéraire si vous arrivez directement à Saint-Louis.

JOUR 1. Arrivée à **Saint-Louis** en milieu de journée et promenade dans la ville.

JOUR 2. Départ pour le **parc national du Djoudj**. Nuit à **Richard-Toll**.

JOUR 3. Départ tôt pour l'île à **Morfil**. Nuit à **Podor**.

JOUR 4. Retour à **Saint-Louis.** Visite de la ville et nuit sur place.

JOUR 5. Direction le parc national de la **Langue de Barbarie** avec nuit sur la presqu'île.

JOUR 6. Départ pour Dakar en passant par le **lac Rose**. Nuit à Gorée.

JOUR 7. Matinée à **Gorée**, visite, baignade. Visite de Dakar et nuit sur place.

JOUR 8. Visite de Dakar et retour.

La Casamance

➤ **8 JOURS**. Séjour en Casamance, à Cap-Skirring ou dans la région de Kafountine-Abéné. Pour des raisons de sécurité, vous organiserez vos balades avec votre hôtelier qui saura ce qui est réalisable. Le circuit ci-dessous est là pour vous donner des idées.

JOUR 1. Atterrissage à **Cap-Skirring**.

JOUR 2. Repos sur les plages du cap. Nuit à Cap-Skirring.

JOUR 3. Repos sur les plages du cap, promenade au petit musée de Boukotte-Diola. Nuit à Cap-Skirring.

JOUR 4. Route pour **Karabane** en s'arrêtant à **Diembéring**. Nuit à Karabane.

JOUR 5. Départ très tôt pour voir **Elinkine**, **Mlomp** et la **pointe Saint-Georges** avant d'arriver à **Kafountine** et **Abéné** en fin de journée. Nuit à Kafountine.

JOUR 6. Retour sur Cap-Skirring et vol pour Dakar.

JOUR 7. Dakar, après-midi et nuit à **Gorée**.

JOUR 8. Marchés de Dakar et retour.

La petite boucle du Sénégal

➤ **15 JOURS**. Ce tour du Sénégal permet une bonne approche du pays si vous n'envisagez pas de vous rendre en Casamance.

JOUR 1. Arrivée à **Dakar**. Nuit sur place.

JOUR 2. Route vers **Saint-Louis** en passant par le **lac Rose** et/ou le **monastère de Keur Moussa**. Nuit à Saint-Louis.

JOUR 3. Visite de la ville le matin et excursion au **parc national de la Langue de Barbarie** durant l'après-midi. Nuit à Saint-Louis.

JOUR 4. Départ pour le **parc national du Djoudj**. Étape le soir à **Richard-Toll**.

JOUR 5. Route le long du fleuve en direction de **Bakel** avec des arrêts à **Podor** et sur l'**île à Morfil**. Nuit à Matam.

JOUR 6. Départ pour **Bakel,** visite de la ville et nuit à **Goudiry** ou **Tambacounda**.

JOUR 7. Direction les mégalithes de **Nioro du Rip et de Koungheul** avant de rejoindre **Kaolack**. Nuit à Kaolack.

JOUR 8. Visite des îles du **Sine Saloum**. Nuit à **Missira** ou à **Sokone** (près de Toubacouta).

JOUR 9. Voyage en pirogue ou en voiture par le bac de Foundiougne pour atteindre **Ndangane**. Nuit sur place.

JOUR 10. Découverte de la **pointe de Sangomar**. Nuit sur place.

JOUR 11. Étape à **Joal-Fadiouth**. Visite de l'île avant de se rendre à **Toubab Dialao** en passant par **Popenguine** et la **réserve de Bandia**. Nuit à **Toubab Dialao**.

JOUR 12. Farniente sur une plage de la **Petite-Côte**.

JOUR 13. Départ pour **Gorée** et nuit sur l'île.

JOUR 14. Retour à **Dakar**. Déambulation dans la ville et emplettes dans les marchés **Kermel**, **Sandaga** et de **Soumbédioune**. Nuit à Gorée ou à Dakar.

JOUR 15. Dernier jour à **Dakar** et retour.

Le Sénégal autrement

La gentillesse des Sénégalais et leur chaleur figurent parmi les points forts d'un voyage au Sénégal. Alors, n'hésitez pas à aller à leur rencontre.

➤ **VOYAGEZ UNIQUEMENT EN TRAIN ET EN TAXI-BROUSSE**. Contact garanti !

➤ **SÉJOURNEZ À GORÉE**. Traînez-y le soir quand la dernière chaloupe est repartie !

➤ **FAITES LA FÊTE À L'AFRICAINE**. Sortez tard le soir dans les boîtes de nuit.

➤ **ASSISTEZ À UN MATCH DE FOOT AVEC DES SÉNÉGALAIS**. Au stade ou même devant la télévision, si l'équipe nationale joue, ambiance garantie ! Et n'hésitez pas à jouer sur la plage avec les Sénégalais.

➤ **OUBLIEZ *Libération* ET *Le Monde*.** Lisez *Le Soleil* ou *Démocraties, Sud Quotidien, Wal Fadjri, Le Matin*. Vous pénétrerez dans la réalité sénégalaise avec ses débats politiques sans fin. Et pour la commenter, pas de problème : vos amis sénégalais ne demanderont pas mieux.

➤ **DÉLAISSEZ LE VIN ROUGE**. Dégustez plutôt le *bissap*, la boisson nationale, les jus frais, la bière de mil ou le vin de palme – dans le sud du pays.

➤ **GOÛTEZ AU TIÉ-BOU-DIENNE**, plat national, au *yassa* de poulet ou au couscous de mil.

➤ **LANCEZ-VOUS EN PLEINE MER SUR UNE PIROGUE AVEC LES PÊCHEURS**. Humidité et frayeur assurées ! Si vous êtes plus prudent, partez avec les pêcheurs sur le fleuve ou dans les bolongs du Sine Saloum.

➤ **ASSISTEZ À UN COMBAT DE LUTTE SÉNÉGALAISE**. C'est le sport national.

➤ **PARTEZ DANS LE PAYS BASSÂRI**. Vous avez du temps et le sens de l'aventure, risquez-vous dans cette contrée isolée de mai à juin, au moment des rites d'initiation.

➤ **RENDEZ-VOUS AU GRAND MAGAL DE TOUBA**. Vous y serez accompagné de centaines de milliers de mourides.

➤ **FRÉQUENTEZ LES MESSES DOMINICALES**. Vous y entendrez des messes chantées accompagnées de percussions, de koras et de balafons. ❖

Au retour des pirogues, la plage est en émoi : ces pêcheurs de Saint-Louis sont vite accueillis pour le déchargement.

La grande boucle du Sénégal

➤ **3 SEMAINES ET PLUS**. Ce grand tour du Sénégal vous donnera un large aperçu du pays et de l'Afrique, ses populations, ses paysages, sa faune et sa flore. Si vous avez le temps, vous pouvez prolonger les étapes sur la côte ou dans les parcs.

JOUR 1. Arrivée à **Dakar**. Nuit sur place.

JOUR 2. Acclimatation au pays avec une journée de plage sur la **Petite-Côte**. Nuit à **Toubab Dialao.**

JOUR 3. Route vers le sud en direction de la **pointe de Sangomar** avec un arrêt obligé à **Joal-Fadiouth**. Nuit sur la pointe de Sangomar.

JOUR 4. Départ pour **Kaolack** et son grand marché en passant par **Ndangane**. Nuit à Sokone (près de Tambacouta).

JOUR 5. Visite des îles du **Sine Saloum** avant de passer la nuit à **Tambacouta**.

JOUR 6. Visite des **sites mégalithiques** de **Nioro du Rip** et retour pour la nuit à Kaolack.

JOUR 7. Liaison jusqu'à **Tambacounda** en passant par les sites mégalithiques de **Koungheul**.

JOUR 8. Arrivée dans le **parc national du Niokolo Koba**. Nuit sur place.

JOURS 9 ET 10. Safari photo dans le parc. Nuits sur place.

JOUR 11. Excursion vers le **pays bassâri** et nuit à **Salémata.**

JOUR 12. Journée en **pays bassâri** et nuit à **Kédougou.**

JOUR 13. Retour vers **Tambacounda** et direction le fleuve avec la nuit à **Bakel**.

JOUR 14. Traversée de la région du fleuve avec une visite de l'**île à Mor-**

fil et de **Podor** avant d'atteindre **Richard-Toll**. Nuit à Richard-Toll.

Jour 15. Journée et nuit au **parc national du Djoudj**.

Jours 16 et 17. Visite de **Saint-Louis** et du parc de la **Langue de Barbarie**. Nuits à **Saint-Louis**.

Jour 18. Départ pour le **lac Rose** et le **monastère de Keur Moussa**. Nuit à **Toubab Dialao**.

Jour 19. Baignade à **Popenguine** ou **Toubab Dialao**. Route vers **Dakar** avec visite du vieux **Rufisque**. Nuit à **Dakar**.

Jour 20. Escapade à **Gorée**. Y passer la nuit.

Jour 21. Retour à **Dakar**, visite de la ville. Nuit à **Dakar**.

Jour 22. Visite de **Dakar**, dernières emplettes et retour.

PARTIR

Quand partir ?

Au Sénégal, il fait chaud toute l'année et le soleil brille pratiquement tous les jours. On distingue néanmoins deux saisons.

➤ **La saison sèche**, qui correspond à la haute saison, s'étend de novembre à fin mai (pic de la saison entre décembre et avril). Il fait alors entre 22 et 35 °C, avec des variations importantes entre le littoral et l'intérieur. Les alizés rafraîchissent la côte; vous porterez un pull-over, surtout le soir et tôt le matin. Mais l'intérieur du pays est soumis à l'harmattan, un vent chaud et sec qui souffle à la manière du sirocco. Si vous souhaitez faire du tourisme et emprunter toutes les pistes, cette période vous paraîtra idéale.

➤ **La saison des pluies,** qui correspond à la basse saison, s'étend de juin jusqu'à la fin octobre. D'une manière générale, cet « hivernage » *(encadré p. 22)* offre de très belles lumières car le ciel est lavé. Cette saison n'est réellement un obstacle qu'en Casamance et au Sénégal oriental. Les pistes de l'intérieur, surtout en Casamance, sont alors détrempées, parfois impraticables. De nombreux établissements y sont d'ailleurs fermés. Ailleurs, vous ne verrez jamais ces cataractes tropicales, accompagnées de violentes rafales.

La saison des pluies n'entraîne qu'un climat plus chaud, plus lourd et quelques pluies bienvenues pour rafraîchir l'atmosphère et chasser de l'air la poussière en suspension. De plus, à cette période, l'eau est divine.

Enfin, si vous aimez la pêche au « tout-gros », vous serez servi : dès la mi-juin, les espadons font leur apparition au large de Dakar.

➤ **Météorologie** ☎ 0.836.68.12.34. www.meteoconsult.com.

Températures moyennes (en °C) au Sénégal et en Gambie

Mois	J	F	M	A	M	J	J	A	S	O	N	D
Dakar	23	23	23	23	24	27	28	28	28	28	27	24
Saint-Louis	22	22	22	22	23	26	28	28	28	28	27	23
Ziguinchor	24	26	27	28	29	29	27	27	27	28	24	27

Précipitations moyennes (en mm)

Mois	J	F	M	A	M	J	J	A	S	O	N	D
Dakar	0	0	0	1	1	14	88	250	163	45	5	6
Saint-Louis	1	1	0	0	1	7	44	160	100	29	2	3
Ziguinchor	0	1	0	0	10	125	360	530	361	150	8	1

Comment partir ?

En avion

L'avion est de loin la solution la plus rapide et la plus pratique. Environ 6 heures de vol séparent Paris de Dakar et font de cette destination le « soleil d'hiver » le plus proche de la France.

Les vols réguliers comme les vols charter pour le Sénégal sont toujours beaucoup plus chers en hiver, et spécialement pour les fêtes de fin d'année, période d'affluence du tourisme.

Les vols réguliers

➤ **Au départ de la France. Air France.** Agence : 119, av. des Champs-Élysées, 75008 Paris. Réservation ☎ 0.820.820.820. www.airfrance.fr. Au départ de Roissy-Charles-de-Gaulle 2A, 1 vol quotidien direct vers Dakar. Durée du vol : 5 h 45.

Air Sénégal International ☎ 01.53.59.44.85. Au départ de Roissy-Charles-de-Gaulle.

➤ **Au départ de la Belgique. SN Brussels Airlines**, aéroport de Zaventem, 1000 Bruxelles. Pour toute réservation depuis la France ☎ 0.826.10.18.18. Vols t.l.j. pour Dakar. Durée : 6 h. Comptoir à Roissy CDG ☎ 01.48.16.50.00.

➤ **Au départ de la Suisse.** Swisssair International Airlines ne propose plus de vol direct pour le Sénégal. Passage obligatoire par la France ou la Belgique.

Vols charter et vols spéciaux

Il faut entendre par **vols spéciaux** les vols charter mais aussi les vols réguliers à prix réduit dont les tarifs sont négociés par le voyagiste. Si l'on s'adresse directement à la compagnie aérienne, on n'obtiendra pas ce tarif négocié. En outre, certains voyagistes proposent des vols secs (billet seul sans les circuits proposés).

Les **prix** sur Dakar ont nettement baissé et figurent parmi les plus bas proposés sur l'Afrique. Il existe même des vols charter Paris-Cap-Skirring ou Paris-Saint-Louis, liaisons qui ne sont pas desservies par les vols réguliers. Prenez, malgré tout, quelques précautions avant d'acheter votre billet. Renseignez-vous sur la compagnie aérienne, les horaires d'arrivée et les escales prévues.

Vous pouvez acheter votre billet dans n'importe quelle agence de voyages, chez les principaux voyagistes français, ou encore chez un « soldeur » qui propose des billets quelques jours avant le départ. Entre ces différentes offres, le prix, les prestations et les jours de départ varient légèrement.

Anyway ☎ 0.892.893.892. www.anyway.fr. La plus grande base de données de tarifs aériens. Tarifs discount sur vols réguliers. 1,5 million de tarifs sur

L'hivernage

Au Sénégal, dès qu'approche le mois de juin, on entend les vieux résidents européens – jamais les Africains – annoncer avec des tremblements dans la voix la venue du « terrible hivernage ». Si vous vous y laissez prendre, vous pensez qu'un effroyable déluge s'apprête à engloutir le continent tout entier et qu'une chaleur infernale achèvera aussitôt de rôtir les survivants. C'est presque un gag, une plaisanterie servie rituellement aux nouveaux venus, histoire de leur donner le frisson. La vérité est beaucoup plus rassurante. Les pluies – bien rares malheureusement dans le nord-est sahélien – justifient à peine le nom de « saison des pluies ». Alors, à moins que vous n'alliez en Casamance ou dans le Sénégal oriental, bon hivernage !

70 compagnies pour plus de 800 destinations dans le monde. 650 000 sièges de charters.

Euralair, aéroport du Bourget, 93 580 Le Bourget ☎ 01.49.34.62.00 ou 01.49.39.63.00. Vols Paris/province-Dakar t.l.j.

Lastminute Travel, réservation par internet. lastminutetravel.com.

Look Voyages, 2, rue Truillot, 94204 Ivry-sur-Seine Cedex ☎ 01.45.15.15.00/17.17. Renseignements et réservations ☎ 0.825.823.823. www.look-voyages.fr. Vols secs toute l'année vers Dakar et Saint-Louis.

Nouvelles Frontières, 87, bd de Grenelle, 75015 Paris ☎ 0.825.000.747, serveur vocal 0.825.000.825. www.nouvelles-frontieres.com. Vols charter toute l'année pour Dakar au départ de Paris, Lyon, Nantes, Toulouse, Lille et Bordeaux, vols réguliers au départ des principales villes de province.

Sénégalair, 83, rue Chardon-Lagache 75016 ☎ 01.42.15.14.97 ou 01.42.15.17.44. Vols charter chaque mardi (510 € A/R).

Voyageurs du Monde, section Afrique, 55, rue Sainte-Anne, 75002 Paris ☎ 01.42.86.16.60. www.vdm.com. Séjours à la carte en individuel. Vols réguliers à prix réduits pour Dakar.

En voiture

Gagner Dakar par la route ? Pourquoi pas ? Si les événements survenus en Algérie rendent sa traversée impossible, la normalisation des relations entre le Maroc et la Mauritanie d'une part, et entre la Mauritanie et le Sénégal d'autre part, permettent aujourd'hui d'aller de Paris à Dakar par la voie la plus directe et de revenir par la même route, la frontière étant désormais ouverte dans les deux sens.

➤ **Les précautions à prendre.** Emportez des pièces détachées. Comptez au minimum 7 litres d'eau par jour et par personne. Prévoyez une réserve d'essence. Roulez à plusieurs véhicules. Ne roulez jamais de nuit. Ne vous éloignez pas de la piste. Si, au hasard d'un ensablement, vous perdez la piste de vue, n'hésitez pas à faire marche arrière et à reprendre vos traces jusqu'à la piste. Adoptez la sagesse nomade : « Quand tout va mal, s'arrêter, faire le thé et réfléchir… »

➤ **Quelle route ?** De France, gagnez **Algésiras** au sud de l'Espagne. Prenez le ferry-boat jusqu'à **Tanger**. Ensuite, droit sur **Agadir**, **Laayoun** et **Dakhla**. Là, vous serez obligé de vous signaler aux autorités marocaines et de gagner la frontière en convoi. La route passe ensuite par **Nouakchott** jusqu'à **Rosso** (Mauritanie), où vous trouverez deux bacs, matin et soir *(p. 157)*. Si vous le manquez, vous pouvez également gagner **Saint-Louis** par le barrage de **Diama**.

➤ **Formalités à prévoir.** Si vous êtes français, un **passeport** en cours de validité suffit. Munissez-vous du **permis de conduire international** délivré par la préfecture de police de votre département ou par le commissariat de police de votre lieu de résidence (pièces à présenter : permis de conduire, carte d'identité, justification de domicile, deux photos, un timbre fiscal). N'oubliez pas la **carte verte d'assurance** et vérifiez auprès de votre assureur que vous êtes bien couvert pour le Sénégal et les autres pays traversés. Avant de partir, procurez-vous également un **carnet de passage en douane**. Ce document touristique, délivré par les différents Automobile-Clubs en France et dans le monde, permet la libre circulation dans les pays traversés. Il vous en coûtera environ 90 €, mais il faut également souscrire un **contrat d'adhésion à l'Automobile-Club**, si ce n'est déjà fait, pour un montant de 135 € environ. Le délai d'obtention du carnet est de 3 ou 4 jours. Pour se prémunir du risque de vente ou d'abandon du véhicule, l'Automobile-Club exige une caution qui peut s'acquitter de trois façons : un chèque, correspondant à 100 % de la valeur vénale du véhicule, qui sera encaissé mais restitué à la fin de votre séjour, des espèces, également restituées, ou une lettre de garantie bancaire. **Renseignements à l'Automobile-Club de l'Île-de-France**, 14, av. de la Grande-Armée, 75017 Paris ☎ 01.40.55.43.00.

En voyage organisé

Les généralistes

Le Sénégal est programmé dans un grand nombre de brochures de voyagistes. Celles-ci sont distribuées dans tout le réseau d'agences de voyages et le prix reste identique, quelle que soit l'agence à laquelle vous vous adressez.

AccorTour, 31, rue Pierre-Avia, 75015 Paris. Réservation ☎ 01.46.62.45.46 ou 01.40.60.36.00. www.accortravel.com. Premier voyagiste à avoir programmé la destination. Séjours balnéaires et circuits.

Club Med, 11, rue de Cambrai, 75957 Paris Cedex 19. Réservation ☎ 0.810.810.810. www.clubmed.com. Le fondateur et leader de la formule « club » dispose de deux établissements au Sénégal, l'un sur la pointe des Almadies, l'autre à Cap-Skirring.

Fram, 128, rue de Rivoli, 75001 Paris ☎ 01.40.26.20.00. www.fram.fr. Plusieurs hôtels à Saly, un hôtel à Saloum. Circuits à la carte.

Jet Tours/Jumbo/Eldorador. Renseignements au siège social ☎ 01.45.15.70.00. Réservation ☎ 0.820.815.000. www.jettours.com. Sans doute le plus vaste choix d'hôtels au Sénégal.

Look Voyages, 2, rue Truillot, 94204 Ivry-sur-Seine Cedex ☎ 01.45.15.15.00/17.17. Renseignements et réservations ☎ 0.825.823.823. www.look-voyages.fr. Circuits organisés et croisières.

Nouvelles Frontières, 87, bd de Grenelle, 75015 Paris ☎ 0.825.000.747. www.nouvelles-frontieres.com. Circuit en campement intégré et hôtel. Croisières.

Republic Tours, 1 bis, av. de la République, 75011 Paris ☎ 01.53.36.55.50/55. www.republictours.com. Circuit de 8 à 9 jours en autocar ou en 4x4. Séjours à la carte.

Rev'Afrique (Pacha Tours), agence Rev'Vacances, 12, rue Godot-de-Mauroy, 75009 Paris. Réservations ☎ 01.40.06.87.77. www.rev-vacances.com. Séjours en hôtel et circuits.

Les spécialistes

Chasse et pêche dans le monde (Jet Tours), 261, rue Duguesclin, 69003 Lyon ☎ 04.72.84.91.84. Idéal pour la chasse au petit gibier migrateur ou sédentaire. Les permis de chasse et de port d'armes sénégalais ainsi que les munitions seront à vos frais. Pêche à Saly ou dans le Sine Saloum.

JV, 54, rue des Écoles, 75005 Paris. Antennes à Rennes, Nantes, Lyon, Lille et Bordeaux. Réservation ☎ 0.825.343.343. Séjours balnéaires et circuits.

Voyageurs en Afrique, 55, rue Sainte-Anne, 75002 Paris ☎ 01.42.86.16.60. www.vdm.com. Séjours à la carte en individuel.

➤ *Suite p. 26*

Un pays de fleuves, de déserts et de forêts

Forêts vierges entrecoupées de vergers ou étendues rectilignes parsemées de baobabs, le Sénégal est parfois vert émeraude comme les tropiques, parfois jaune sable comme le désert.

Situé entre le Sahel, qui avance (plusieurs kilomètres par an) sur sa frontière nord, et la grande forêt guinéenne au sud, le Sénégal appartient à ces deux mondes. Quatre fleuves y serpentent paresseusement: le Sénégal, la Gambie, le Saloum grossi de son affluent le Sine et la Casamance. Ils naissent tous dans le Fouta Djalon, en Guinée.

En allant vers le nord

En remontant vers le nord, les étendues plates et quasi désertiques se succèdent. Face à l'avancée du Sahel, un rônier et un épineux de loin en loin résistent vaille que vaille au milieu de baobabs dénudés et majestueux. Autrefois, la forêt recouvrait toute la zone mais l'homme, en incendiant chaque année les herbes sèches, a fini par détruire les arbres, perturber la flore et transformer le climat. Le Sénégal, roi des fleuves, s'avance au milieu de ce quasi-désert.

Le long du fleuve

Le fleuve Sénégal, situé à l'est du pays sur sa plus grande partie, impressionne par son calme. Les premières lueurs du jour offrent les plus beaux moments de la journée.

Dès que l'on approche du fleuve Sénégal, la sécheresse fait place à une certaine exubérance. Ici, l'eau accomplit des miracles. Les oiseaux ne s'y sont pas trompés. Pélicans, flamants, bécasseaux ou sarcelles y trouvent refuge. Les rizières succèdent aux champs de canne à sucre, les cultures de millet à celles de sorgho. Mais plus l'on remonte vers l'intérieur et plus le miracle s'amenuise. À Bakel, il est devenu mirage.

Dans le Ferlo

Dans cette région désertique aux arbres épars et aux épineux rabougris, on s'attendrait à ne voir que désolation. Pourtant, poussés par un pasteur peul soigneusement protégé du sable qui vole, apparaissent d'immenses troupeaux de zébus. Ils ont la bosse proéminente, les cornes bien dressées, et leur poitrail rebondi ne crie point misère. Ils cheminent au milieu des chèvres, calamité de ces contrées car elles dévorent toutes les pousses. Plus loin, ce sont des dizaines, voire des centaines de chevaux qui gambadent en toute liberté. Étonnant Ferlo qui se couvre d'une herbe légère à la saison des pluies.

Le zébu est le bovin le mieux adapté aux steppes austères du Ferlo. Il boit et se nourrit peu et possède l'avantage d'être très résistant aux maladies tropicales.

Dans le Sine Saloum

Après les forêts de baobabs qui descendent jusqu'à Mbour et les champs d'arachide qui ceinturent Kaolack, les premiers paysages du Sine Saloum semblent rébarbatifs. Ce ne sont qu'étendues planes, à fleur d'eau, rongées par le sel. Il faut continuer, poursuivre vers le sud, s'enfoncer en pirogue dans les bolongs, naviguer entre les mangroves, poser le pied sur les îlots de coquillages. Ici, la mer et la terre s'interpénètrent dans le lacis inextricable des bras du Sine et du Saloum.

À l'heure où le soleil se noie dans l'horizon, il faut partir vers un reposoir et, la pirogue dérivant délicieusement au gré du courant, entendre les milliers d'oiseaux piailler et se chamailler dans leur quête effrénée de la meilleure branche où passer la nuit.

Les bolongs de Casamance bordés de palétuviers permettent de rejoindre des petits villages accessibles uniquement en pirogue.

En Casamance

La Gambie franchie, la forêt devient plus dense, l'eau moins parcimonieuse. Marigots et ruisselets se succèdent jusqu'au fleuve Casamance. Un monde exubérant où papayers, citronniers, palmiers, bananiers, orangers et manguiers s'épanouissent entre les rizières à l'ombre des fromagers. Avec ses plages bordées de filaos et ses vergers enfouis dans la forêt, la Casamance apparaît comme un jardin d'Éden.

Dans le Sénégal oriental

Les forêts grimpent à l'assaut des vallons. La savane succède aux marécages, les hautes herbes aux profondes galeries forestières. Les rôniers ombragent les rives du fleuve Gambie, sourient aux hippopotames qui s'y ébrouent. Avec son parc du Niokolo Koba et ses paysages variés, presque montagneux, le Sénégal oriental enchante les rares touristes qui s'y aventurent. ■

Formalités

Renseignez-vous sur le site du ministère français des Affaires étrangères: www.france.diplomatie.gouv.fr/voyageurs.

Représentation officielle

Ambassade du Sénégal, 14, av. Robert-Schuman, 75007 Paris ☎ 01.47.05.39.45, fax 01.45.56.04.30. *Ouv. lun.-ven. 9h-13h et 14h-17 h.* Téléphonez pour prendre rendez-vous.

Consulat du Sénégal, 22, rue Hamelin, 75016 Paris ☎ 01.44.05.38.48. *Ouv. lun.-ven. 9h30-13h et 14h-17 h.*

Ambassade et consulat de Gambie en France, 117, rue Saint-Lazare, 75008 Paris ☎ 01.42.94.09.30, fax 01.42.94.11.91. *Ouv. lun.-jeu. 10h-16h et ven. 10h-15 h.*

Passeport et visa

Pour les ressortissants d'un pays de l'Union européenne partant en groupe avec un voyagiste, une simple **carte d'identité** suffit. Les touristes français, allemands, italiens, marocains, tunisiens et algériens voyageant en individuel doivent présenter un **passeport** en cours de validité. Les autres touristes, y compris les Suisses, doivent solliciter un **visa** auprès d'une des représentations diplomatiques de la République du Sénégal à l'étranger.

Si vous prévoyez la traversée de la Gambie avant votre départ au Sénégal, il faut obtenir un visa auprès de l'ambassade à Paris.

Assurances

Avant de souscrire une quelconque assurance pour votre voyage, vérifiez qu'elle ne figure pas déjà parmi les garanties offertes par vos contrats d'assurance (multirisque habitation, automobile, carte bleue). Veillez plus particulièrement aux points suivants: responsabilité civile pour les dommages causés à des tiers par vos enfants ou vos animaux domestiques, assistance et rapatriement en cas d'accident ou de panne, assistance médicale en cas de maladie, assurance annulation de voyage, perte ou vol de bagage. Si vous êtes insuffisamment couvert, des sociétés d'assurances proposent des contrats complémentaires pour la durée de vos vacances ou pour l'année entière.

Vous pouvez souscrire ce type de contrat auprès de votre courtier habituel, ou auprès de votre agence de voyages la plus proche.

AVA (Assurance Voyages et Assistance), 24, rue Pierre-Semard, 75009 Paris ☎ 01.53.20.44.20. www.ava.fr. AVA propose, pour des séjours de courte durée, la carte Santé et un produit plus complet, la Tourist Card, qui inclut les garanties annulation de voyage et interruption de séjour. Spécialiste des assurances pour les voyageurs.

Elvia Assurance, 153, rue du Faubourg-Saint-Honoré, 75008 Paris ☎ 01.42.99.02.99. Un «passeport intégral» couvre l'annulation, les bagages, le capital accident, la responsabilité civile à l'étranger, l'assistance rapatriement et l'assistance juridique. On peut choisir une ou plusieurs de ces garanties.

Europ Assistance, 1, promenade de la Bonnette, 92230 Gennevilliers. Renseignements ☎ 01.41.85.85.41. Service d'Assistance ☎ 01.41.85.85.85. www.europassistance.com. Contrats temporaires ou annuels en fonction de la zone géographique et du nombre de personnes assurées.

Fédération française des Automobile-Clubs, 8, place de la Concorde, 75008 Paris ☎ 0.820.00.40.14/13. www.automobileclub.org. Ses adhérents, en France et dans le monde entier, peuvent bénéficier d'une assistance sanitaire aux personnes. En échange d'un contrat d'adhésion deux ou trois étoiles (entre 91 € et 137 € pour l'année), il vous sera remis une carte nominative avec un numéro de téléphone à contacter en cas de problème. Attention: il est recommandé de souscrire un contrat d'adhésion dans le pays où vous résidez. Sur place, vous pourrez toujours prendre une assurance pour les soins, mais il vous en coûtera plus cher pour des prestations moindres. Par ailleurs, vous ne pourrez bénéficier de l'assistance rapatriement, qui nécessite la déclaration de votre domicile fiscal.

Mondial Assistance, 2, rue Fragonard, 75017 Paris ☎ 01.40.25.52.04. Renseignements sur les contrats ☎ 01.40.25.52.55. Pour toute demande d'assistance ☎ 01.40.25.52.55. www.mondial-assistance.fr. La brochure *Mondial Assistance Voyages* propose des abonnements temporaires ou annuels. Vous avez le choix entre l'assurance individuelle simple ou avec un véhicule. Les tarifs tiennent compte des zones géographiques (France, groupe A pour l'Europe) et sont uniques (pas de tarif réduit pour les jeunes ou les étudiants).

Douane

Le gouvernement a compris que la *teranga* (bienvenue) doit se souhaiter à l'aéroport même, avec le sourire. Si vous n'avez rien d'illégal, vous n'aurez donc aucun problème. Néanmoins, n'oubliez pas d'emporter les factures de vos appareils. À la sortie, les douaniers laisseront passer tous vos « souvenirs », excepté les pièces d'art anciennes, considérées comme faisant partie du patrimoine national. Si vous emportez dans vos bagages des trophées ou dépouilles d'animaux, on vous demandera d'exhiber le certificat d'origine délivré par la **Direction des eaux et forêts** ou les **Chefs d'inspection forestière** *(p. 110)*.

Ne l'oubliez pas, l'importation de contrefaçons (fausses Rolex et autres) est prohibée et passible d'amendes. En outre, n'achetez en aucun cas des carapaces de tortue, peaux de serpent ou autres : non seulement vous participeriez à la destruction de la faune, mais, de plus, ces marchandises auraient de grandes chances d'être saisies dès votre arrivée. **Centre de renseignements des douanes**, 84, rue d'Hauteville, 75010 Paris ☎ 0.825.208.263. www.finances.gouv.fr. *Ouv. lun.-ven. 9h-17 h.*

Si vous êtes chasseur – ou si vous vous déplacez avec vos propres armes –, il vous faudra passer par un guide de chasse au Sénégal pour obtenir le **permis de chasse** obligatoire, délivré par la Direction des eaux et forêts (pour l'obtenir, il faut déjà être détenteur du permis de chasse français et de l'assurance française valide), l'**autorisation** d'apporter dans vos bagages deux fusils ou carabines de chasse de calibres différents et 20 balles pour carabine. L'importation de cartouches est interdite (vous les achèterez sur place). Si vos fusils sont à canon rayé ou si leur calibre est égal ou supérieur à 5,5 mm, il vous faudra souscrire une **assurance** contre les risques de chasse. Le numéro du fusil emporté devra bien correspondre au numéro du fusil déclaré, sinon il sera confisqué.

Monnaie

➤ **Le franc CFA**. Comme la plupart des États de l'ancienne AOF, le Sénégal appartient à la zone franc CFA. Cela signifie que la parité entre l'euro (€) et le franc CFA (FCFA) est fixe : 1 € = 657 FCFA, 100 FCFA = 0,15 €.

Pour la Gambie : 10 000 FCFA = 170 à 180 dalasis.

➤ **Devises**. Rien ne vaut l'euro. Toutes les autres devises, y compris les francs suisses, sont changés à des taux plus désavantageux. De plus, vous pourrez parfois payer directement en euro.

➤ **Cartes de paiement**. Quoique honorées dans les établissements hôteliers d'une certaine envergure, les cartes de paiement (Visa, American Express, Diners Club, Eurocard/MasterCard…) sont loin d'être acceptées partout. Moyennant une commission de 4,5 €, il est néanmoins possible de retirer des espèces avec une carte Visa dans les agences BICIS et SGBS des villes principales (Dakar, Ziguinchor, Saint-Louis, Tambacounda, Kaolack...).

Vous trouverez des distributeurs automatiques dans les grandes villes. L'euro vous sera échangé avec un prélèvement de 2 %.

Votre budget

Tout dépend, en fait, de la façon dont vous consommez sur place. À l'européenne, ou comme un *toubab* (« blanc » en wolof), vous paierez aussi cher qu'en Europe, selon les produits. En revanche, si vous savez vous adapter aux possibilités locales, vous serez surpris par la modicité de vos dépenses. Comment ? En voyageant en car de brousse ou en train, en dormant chez l'habitant ou dans les campements. En brousse, les Sénégalais sont hospitaliers : ils acceptent de vous vendre quelques œufs, un poulet ou un poisson. Si vous avez su établir un contact, ils consentent même à vous préparer un riz au poisson, moyennant un prix plus que modeste. Cependant, n'abusez pas de leur hospitalité car leurs moyens sont vraiment très limités.

Quelques indications de prix

➤ **TRANSPORTS. Location de voiture** : très nettement plus chère qu'en France. Au moins 50 % de plus. **Essence** : 20 % de moins qu'en France. **Taxi** : sans comparaison. Une course en ville dépasse rarement 1 000 FCFA (1,5 €). De minuit à 6 h, les prix doublent. Tarifs indicatifs en **taxi-brousse** 7 à 8 places au départ de Dakar (prix par personne) : Diourbel : 2,5 €, Kaolack : 3,2 €, Louga : 3,35 €, Matam : 13,10 €, Mbour : 1,5 €, Saint-Louis : 4,8 €, Tambacounda : 9,7 €, Thiès : 1,35 €, Ziguinchor : 10,5 €.

➤ **HÉBERGEMENT. Hôtels** : Le passage de la TVA de 10 à 18 % début 2002 a fait grimper les prix de l'hôtellerie et des restaurants.

▲▲▲▲ de 75 à 150 € (50 à 100 000 FCFA).

▲▲▲ de 30 à 75 € (20 à 50 000 FCFA).

▲▲ de 15 à 30 € (10 à 20 000 FCFA).

▲ moins de 15 € (moins de 10 000 FCFA).

Un tuyau : en dehors des périodes de canicule, essayez de vous passer de la climatisation. Optez pour une chambre équipée d'un ventilateur de plafond : vos bronches et votre portefeuille vous en seront reconnaissants. Si vous optez pour des conditions de confort modestes, n'hésitez pas à choisir les **campements** (9 800 FCFA par jour et par personne en pension complète).

➤ **NOURRITURE. Restaurants** : Pour un excellent repas, comptez 12 000 à 15 000 FCFA. Pour un repas dans une dibiterie (mouton grillé), 2 à 3 000 FCFA suffiront.

➤ **BOISSONS. Eau minérale** : minimum 1 200 FCFA dans les hôtels, 500 FCFA dans les épiceries. **Bière** : environ 1000 FCFA.

➤ **VIE QUOTIDIENNE. Cigarettes** : 700 FCFA. **Journaux** : 50 % de plus pour les quotidiens français ; trois fois moins cher pour les quotidiens nationaux. ❖

➤ **CHÈQUES.** De nombreux établissements hôteliers acceptent assez souvent les chèques de votre banque habituelle libellés en euros. Ils vous prendront cependant une commission importante.

Santé

Vous allez séjourner dans une région du globe où sévissent, à l'état plus ou moins endémique, un certain nombre de maladies. Le paludisme est en pleine recrudescence et le sida y est présent. Si aucun vaccin n'est plus exigé pour l'entrée au Sénégal, il est néanmoins vivement conseillé de suivre quelques recommandations : prendre un traitement antipaludéen, être un minimum à jour dans ses vaccins, boire de l'eau en bouteille, laver soigneusement les fruits et légumes, éviter de se baigner dans les étangs et rivières en raison des risques de bilharziose.

Paludisme

Le paludisme est présent toute l'année au Sénégal, y compris à Dakar. Il est certain que les risques encourus sont plus importants lors d'un séjour en brousse que pour un séjour balnéaire, mais dans tous les cas, un traitement antipaludéen est indispensable. Il est bon de savoir que les moustiques anophèles, les seuls à transmettre le paludisme, ne font pas de bruit.

Le traitement indiqué consiste en la prise d'un ou de deux comprimés par jour. La prise de ce médicament, commencée dès l'arrivée, ne doit être interrompue que huit semaines après le retour. Pour un enfant, demandez l'avis d'un médecin car la posologie change en fonction de l'âge et du poids. Achetez également avant de partir des produits « repellents », qui dissuadent les moustiques de vous approcher et éloignent tous les autres insectes (plaquettes imbibées, prises électriques, sprays). La climatisation éloigne les moustiques, mais si vous devez bivouaquer en brousse, soyez prévoyant et emportez avec vous une moustiquaire imprégnée, premier rempart contre les piqûres d'insectes. Les moustiquaires vendues sur place sont plus fragiles (tulle de moins bonne qualité) et, surtout, elles ne sont pas imprégnées. Plusieurs modèles différents à une ou deux places, livrés dans un sac en nylon imperméable avec crochets adhésifs (de 21 à 42 €). Recommandé par toutes les instances médicales et l'OMS. En vente par correspondance ou par téléphone chez **SMI Équipements**, B.P. 125, 78312 Maurepas ☎ 01.30.05.05.40, fax 01.30.05.05.41. **Planète Havas Voyages**, 26, av. de l'Opéra, 75001 Paris ☎ 01.53.29.40.00. www.havasvoyages.fr. *Ouv. lun.-sam. 10h-19h30.* **Au Vieux Campeur**, 48, rue des Écoles, 75005 Paris ☎ 01.53.10.48.48. www.au-vieux-campeur.fr.

Téléphoner au Sénégal

➤ De **France**, de **Belgique** et de **Suisse** : composez le 00.221 puis les 7 chiffres de votre correspondant.

➤ Du **Canada** : composez le 011.221 puis les 7 chiffres de votre correspondant.

➤ **Pour obtenir un renseignement** sur un numéro de téléphone au Sénégal : composez le ☎ 33.12.

Sida

Le sida est un fléau mondial, au Sénégal comme ailleurs, et l'on doit impérativement se protéger. Prévoyez d'emporter des préservatifs.

Vaccination

Le vaccin contre la **fièvre jaune** n'est plus obligatoire mais vivement conseillé, surtout si l'on se rend dans la brousse. Les vaccins contre les **hépatites A et B** sont également fortement conseillés. Songez aussi aux rappels de vos vaccins **polio** et **tétanos**. Pour tout savoir des recommandations sanitaires dans chaque pays et la liste des centres de vaccination et de conseils aux voyageurs par département :

Centre de vaccinations international d'Air France, aérogare des Invalides, 2, rue Robert-Esnault-Pelterie, 75007 Paris ☎ 01.43.17.22.00. *Ouv. lun.-ven. 9h-18h30 et sam. 9h-17h sans RV.* Les vaccins sont fournis par le centre. Prévoyez au minimum 10 jours pour tout vaccin. **Hôpital Bichat-Claude-**

Bernard, pavillon des maladies infectieuses, 46, rue Henri-Huchard, 75018 Paris. Centre de vaccination et de conseils aux voyageurs ☎ 01.40.25.78.82. *Ouv. lun.-ven. 9h-13h et 14h-17h; sam. 9h-12h sans RV.* Centre national de paludisme ☎ 01.40.25.88.99 (rens. téléphonique uniquement). **Hôpital de la Pitié-Salpêtrière**, 47, bd de l'Hôpital, 75013 Paris. Consultation de voyageur et RV ☎ 01.42.16.01.03. **Institut Pasteur**, centre médical, 211, rue de Vaugirard, 75015 Paris. Centre médical ☎ 01.40.61.38.00. Centre de vaccination ☎ 01.45.68.81.98. www.pasteur.fr/sante. *Ouv. lun.-ven. 9h-16h30 et sam. 9h-11h30 sans RV.*

Que faut-il emporter ?

Dans votre valise

Un conseil: voyagez «léger». Emportez des **vêtements en toile** ou coton aérés, faciles à laver. Le nylon est déconseillé: il devient imperméable dès que la sueur l'imprègne. N'oubliez pas un **lainage** pour supporter la fraîcheur des soirées et lutter contre les blizzards (baptisés «climatisation» ou «air conditionné») qui soufflent dans les halls de certains hôtels.

N'oubliez pas, bien sûr, les **maillots de bain**, les **lunettes de soleil**, un **chapeau** souple (sinon, gare aux coups de soleil), un **imperméable léger** entre juin et novembre et des **jumelles** pour observer les oiseaux.

Pensez aux **crèmes solaires**, aux **produits contre les moustiques** (nécessaires notamment en Casamance et dans le Sine Saloum).

En brousse, même si vous considérez que les pantalons sont plus chauds que les shorts et les jupes, évitez de vous habiller court, à la fois par courtoisie et à cause des insectes. À la tombée de la nuit, les moustiques vous obligeront à baisser les manches de votre chemise. Si vous voulez photographier les bêtes sauvages, portez des vêtements de couleur neutre; proscrivez tout ce qui est blanc et voyant. Vous chausserez des sandales ou des espadrilles et des souliers pour marcher dans les cailloux du Sénégal oriental.

Cartes et plans

La **carte Michelin 953** intitulée «Afrique de l'Ouest» au 1/4 000 000e est indispensable pour venir au Sénégal par la route. Vous pouvez aussi consulter la **carte IGN** au 1/1 000 000e. Si l'anglais ne vous pose pas de problèmes, l'**International Travel Map n° 901** est la carte la plus récente (1999). Elle inclut également la Gambie. Vous trouverez des plans de Dakar sur place dans les librairies *(p. 113)*.

Papiers

Le permis de conduire français est suffisant, mais, si vous traversez la Gambie, mieux vaut emporter un permis de conduire international.

Conseils aux photographes

Choisissez un **matériel** léger, de préférence un petit appareil reflex, robuste, avec un zoom. Prévoyez une bonne protection contre les chocs, la poussière, l'humidité. Pour les films, la meilleure formule est de les mettre au milieu des vêtements ou de les transporter dans des boîtes à glace en polystyrène expansé. Ne laissez pas vos appareils au soleil (attention à la plage arrière de la voiture). **Conseil** : les nouvelles normes de rayon x pour les bagages en soute voilent les pellicules. Gardez-les dans vos bagages à main.

Le ciel sénégalais est souvent très blanc et lumineux, de sorte que vous pouvez employer des **films** lents (50 ou 100 ASA). Attention toutefois, n'oubliez pas que l'usage d'un zoom ou d'un filtre polarisant peut vous faire perdre deux ou trois diaphragmes. Dans ces conditions, les pellicules 200 ASA seront plus adaptées, d'autant que vos meilleures photos seront prises au lever et au coucher du soleil.

Au Sénégal, les films et les pellicules coûtent plus cher qu'en France; pensez-y avant de partir, surtout si vous êtes un amateur de diapositives, dont la diffusion est confidentielle.

Trousse à pharmacie

En dehors de vos médicaments habituels, vous aurez intérêt à mettre les produits suivants dans votre trousse de pharmacie: le traitement antipaludéen choisi, des antiseptiques intestinaux et un antispasmodique, un antiseptique cutané, de la Biafine pour calmer les coups de soleil, des insecticides et crèmes apaisantes, des pansements (bandages, compresses et sparadraps) ainsi que des comprimés destinés à stériliser l'eau. Les pharmacies sénégalaises sont très bien fournies. Glissez dans votre portefeuille votre **carte de groupe sanguin**.

Adresses utiles

Bureau du Tourisme, dans l'enceinte de l'ambassade, 14, av. Robert-Schuman, 75007 Paris ☎ 01.47.05.30.73. *Ouv. lun.-ven. 9h-17h.* Dépliant touristique.

Le Sénégal à Paris

➤ **RESTAURANTS. Le Nioumré**, 7, rue des Poissonniers, 75018 Paris ☎ 01.42.51.24.94. *Ouv. 12h-23h30. F. lun.* Restaurant proposant toutes les spécialités sénégalaises: *tié-bou-dienne* (littéralement « riz au poisson »), *maffé* (à l'origine sauté de bœuf ou de mouton avec une pâte d'arachide; on le trouve aujourd'hui cuisiné avec toutes les viandes) et *yassa* (poulet macéré au citron vert avec des oignons), viande grillée. ♥ **Chez Aïda**, 48, rue Polonceau, 75018 Paris ☎ 01.42.58.26.20. *Ouv. 12h-23 h 30 non-stop. F. mer.* Délicieuse cuisine sénégalaise: *tié-boudienne, yassa, maffé*... C'est, avec raison, l'adresse préférée de nombreux Sénégalais de Paris, et la nôtre en prime. **Le Lac Rose**, 48, rue Doudeauville, 75018 Paris ☎ 01.42.23.14.73. *Ouv. t.l.j. 18h-2h du matin.* **Le Petit Dakar**, 6, rue Elsévir, 75003 Paris ☎ 01.44.59.34.74. *Ouv. 10 h-15 h et 19 h-1 h du matin. F. lun. et en août.* **Le Fogny**, 14, rue Bichat, 75010 Paris ☎ 01.42.41.99.84. *Ouv. t.l.j. jusqu'à 2h du matin.* De bons restaurants sénégalais.

➤ **MUSÉES.** Les objets en bois du Sénégal souffrant sur place de l'attaque des termites, il existe peu de masques anciens. Ce pays n'est donc pas représentatif des collections africaines que l'on a en France, en Belgique, en Allemagne, en Suisse ou aux États-Unis. On y trouve surtout des objets usuels (cuillères, calebasses) et des bijoux. Les Sénégalais sont les rois des bijoux en filigrane et des pendentifs. On peut voir cependant quelques pièces du Sénégal dans les musées africains de Paris.

Musée des Arts africains et océaniens, 293, av. Daumesnil, 75012 Paris ☎ 01.44.74.84.80. *Ouv. 10h-17h. F. mar.* Bibliothèque du musée *ouv. lun.-ven. 13h30-18h sur RV.*

Musée de l'Homme, 17, pl. du Trocadéro, 75016 Paris ☎ 01.44.05.72.00. *Ouv. 9h45-17h15. F. mar. et j.f.*

Musée Dapper, 35, rue Paul-Valéry, 75016 Paris ☎ 01.45.00.01.50. *Ouv. mer.-dim. 11h-19h. Entrée gratuite le dernier mer. du mois.* Un beau musée de l'art africain. Expositions thématiques sur plusieurs mois d'art africain et d'art contemporain africain, salle de spectacle, maison d'édition, librairie, café-petite restauration...

➤ **SHOPPING. Marché Dejean**, situé rue Dejean dans le 18e arrondissement, entre la rue des Poissonniers et la place Château-Rouge (M° Château-Rouge). Le meilleur endroit pour trouver tous les produits et poissons africains à des prix défiant toute concurrence. Dans les rues des Poissonniers, Poulet, et tout autour du marché Dejean, tout un choix de **tissus africains**: pagnes, lamés, bazin..., de **cassettes, disques et vidéos africains, d'artisanat**...

CSAO (Compagnie sénégalaise d'Afrique de l'Ouest), 1-6, rue Elsévir, 75003 Paris. Boutique où vous trouverez de très belles créations d'artistes, comme les fixés sous verre de Moussa Sakho, le design de Baye Xaly Sène, et d'artisans sénégalais, dans un souci de développement et de commerce équitable.

Le Sénégal en ligne

www.senegal-online.com : découverte du Sénégal à travers tous ses aspects : géographie, histoire, politique, population, culture. Informations pratiques.

www.refer.sn/tourisme : informations touristiques.

www.seneweb.com : annuaire, très nombreux liens (journaux, hôtels, touristiques, site du gouvernement...).

www.lesoleil.sn : édition en ligne du quotidien *Le Soleil.*

www.sudonline.sn : édition en ligne du journal indépendant *Sud Quotidien.*

www.ausenegal.com : informations de tous ordres sur le pays, ses grandes villes et ses traditions. Adresses d'hôtels et de campements. Réservation en ligne.

www.gites-senegal.com : pour trouver un hébergement à Saint-Louis, à Dakar, à Saly, au Sénégal oriental et en Casamance.

www.gouv.sn : site officiel du gouvernement et d'institutions du pays.

www.senegalhotel.sn : présentation des hôtels de la chaîne Sénégal Hôtels. Le Saly Princess à Saly, le Royal Cap et le Kabrousse à Cap-Skirring, le Dolia et le Nema-Kadiro à Ziguinchor, et enfin le Pelican du Saloum.

www.afric-network.fr : différentes rubriques : L'Afrique en livres, Le pays, Parler le wolof, Espace des entreprises. Site général.

www.casamance.net : présentation historique, géographique, culturelle, pratique et touristique de la Casamance.

www.senegalaisement.com : informations générales, pratiques, touristiques et culturelles.

www.osiris.sn : répertoire des sites sur le Sénégal.

africa21.net : site consacré à toute l'Afrique. Présentation d'un pays chaque semaine. ❖

➤ **Artistes.** Découvrir les œuvres d'artistes sénégalais à Paris. **Association Ars Ante Africa (AAARS)**, Sylvie Le Gall, 7, rue Lazare-Carnot, 92130 Issy-les-Moulineaux. Rens. ☎ 01.46.44.03.98 ou 06.03.01.65.19. aaarsslg@yahoo.fr. Fédère artistes, amateurs d'art et professionnels de l'art. Elle présente des œuvres de peintres, sculpteurs, designers. Exposition permanente sur RV et manifestations régulières. **Aude Minard**, 17, rue d'Enghien, 75010 Paris. Rens. ☎ 06.89.17.86.15. audeminard@hotmail.com. Galerie en appartement, sur RV et plusieurs soirs par mois. Jeunes artistes.

➤ **Films. Médiathèque des Trois Mondes**, 63 bis, rue du Cardinal-Lemoine, 75005 Paris ☎ 01.55.42.20.04. Vidéothèque ☎ 01.42.34.99.00.

➤ **Un peu de lecture sur l'Afrique. Africultures**, Les Pilles, 26110 Nyons ☎ 04.75.27.74.80. www.africultures.com. Propose une revue trimestrielle culturelle thématique et un site internet bien documentés. **Éditions L'Harmattan**, 5-7, rue de l'École-Polytechnique, 75005 Paris ☎ 01.40. 46.79.20. www.editions-harmattan.fr. **Éditions Revue noire**, 8, rue Cels, 75014 Paris ☎ 01.43.20.92.00. www.revuenoire.com. Art, photographie, architecture, monographies d'artistes africains. **Groupe Jeune Afrique/Éditions du Jaguar**, 57 bis, rue d'Auteuil, 75016 Paris ☎ 01.44.30.19.60. www.jeuneafrique.com/. Éditions du Jaguar ☎ 01.44.30.19.70. Jeune Afrique édite un hebdomadaire, *L'Intelligent*, un mensuel et un trimestriel sur toute l'actualité politique et économique. Les Éditions du Jaguar publient des guides et des beaux-livres sur les pays africains. **Présence africaine**, 25 bis, rue des Écoles, 75005 Paris ☎ 01.43.54.13.74. Fondée par le Sénégalais Alioune Diop en 1948. Livres et revues sur toute l'Afrique.

Librairies de voyage

Librairies en France

➤ **À Paris. L'Astrolabe**, 46, rue de Provence, 75009 ☎ 01.42.85.42.95. **Librairie L'Harmattan**, 16, rue des Écoles, 75005 ☎ 01.40.46.79.10. **IGN**, 107, rue La Boétie, 75008 ☎ 01.43.98.80.00. www.ign.fr. **Itinéraires**, 60, rue Saint-Honoré, 75001 ☎ 01.42.36.12.63. www.itineraires.com. **Ulysse**, 26, rue Saint-Louis-en-l'Île, 75004 ☎ 01.43.25.17.35. www.ulysse.fr. **Librairie Voyageurs du monde**, 55, rue Sainte-Anne, 75002 Paris ☎ 01.42.86.16.00.

➤ **En province. La Rose des Vents**, 40 rue Sainte-Colombe, 33000 Bordeaux ☎ 05.56.79.73.27. **Librairie Hémisphères**, 15, rue des Croisiers, B.P. 99, 14008 Caen Cedex ☎ 02.31.86.67.26. **Librairie La Carto**, 23, rue Saint-Genès, 63000 Clermont-Ferrand ☎ 04.73.91.67.75. **Le Furet du Nord**, 15, pl. du Général-de-Gaulle, 59800 Lille ☎ 03.20.78.43.43. www.furet.com. **Librairie Les Cinq Continents**, 20, rue Jacques-Cœur, 34000 Montpellier ☎ 04.67.66.46.70. **Géothèque**, 10, pl. du Pilori, 44000 Nantes ☎ 02.40.47.40.68. **Librairie Magellan**, 3, rue d'Italie, 06000 Nice ☎ 04.93.82.31.81. **Librairie Ariane**, 20, rue du Capitaine-Dreyfus, 35000 Rennes ☎ 02.99.79.68.47. **Géorama**, 20-22, rue du Fossé-des-Tanneurs, 67000 Strasbourg ☎ 03.88.75.01.95. **Géothèque**, 6, rue Michelet, 37000 Tours ☎ 02.47.05.23.56.

Librairies à l'étranger

➤ **En Suisse. Librairie du Voyageur**, 10, rue de Rive, 1204 Genève ☎ (022) 810.23.33 ; 18, rue Madeleine, 1003 Lausanne ☎ (021) 323.65.56. **Travel Bookshop**, Rindermarkte 20, 8000 Zurich ☎ (01). 252.38.83. www.travelbookshop.ch.

➤ **En Belgique. La Route de Jade**, rue de Stassart 116, 1050 Bruxelles ☎ 02.512.96.54. **Peuples et Continents**, rue Ravenstein 11, 1000 Bruxelles ☎ 02.511.27.75.

QUOTIDIEN

DÉGUSTER UN *YASSA*
OU UN *TIÉ-BOU-DIENNE*,
ASSISTER À UN COMBAT DE LUTTE
OU PARTICIPER À LA TABASKI,
SE DÉPLACER EN « CAR RAPIDE »,
ACHETER UN MASQUE
OU UNE STATUETTE EN ÉBÈNE,
LIRE LE *CAFARD LIBÉRÉ*.
DE A À Z, VIVRE LE SÉNÉGAL AU QUOTIDIEN.

Arrivée

Les avions atterrissent à l'**aéroport Léopold Sédar Senghor de Yoff**, plaque tournante des routes aériennes de la moitié occidentale de l'Afrique. L'aéroport est à 10 km N du centre de Dakar. Les **tranferts** se font en bus n° 8 (à dr. en sortant de l'aéroport) – solution économique (175 FCFA) mais peu rapide – qui sera un premier contact avec la population, ou en taxi (3 000 FCFA, 4 500 FCFA après minuit). Les tarifs sont affichés dans le hall des bagages de l'aéroport. Dans le hall de l'aéroport, vous trouverez une **poste** et un **bureau de change**. *Voir les pages pratiques de Dakar.*

Change

Il existe des **billets** de 10 000, 5 000, 2 500, 1 000 et 500 FCFA, des **pièces** de 250, 100, 50, 25, 10 et 5 FCFA. Rappel : **100 FCFA = 0,15 €**. Il n'y a pas de marché noir. Le taux de change légal est de 2 %. Pour 152 €, vous devez recevoir 98 000 FCFA.

Vous pouvez changer dans les **banques**, mais la plupart des **hôtels** effectuent ces opérations. Certains hôtels, à Dakar et ailleurs, prennent une commission de 5 %. Renseignez-vous et évitez-les.

Vous pouvez retirer de l'argent par **carte de paiement**, il vous en coûtera une commission prélevée en plus sur votre compte, variable selon les banques. Cette opération peut prendre du temps. Les grandes villes disposent de distributeurs de billets. Les cartes de paiement sont acceptées dans tous les grands hôtels (sauf en cas de coupure de courant: **toujours prévoir du liquide**), dans les agences de voyages et de location de voitures.

Si vous payez par **chèque bancaire français** – mais nous vous le déconseillons –, une commission (de 7 à 12 €) vous sera souvent demandée. À Dakar, vous pourrez facilement changer les chèques de voyage.

Courrier

Postez vos cartes et lettres de préférence à Dakar ou dans les grands centres touristiques. Affranchissez-les au tarif avion: elles arriveront en France en 3 ou 4 jours. Sinon, votre courrier a de fortes chances d'arriver à destination bien après la fin de vos vacances.

Les **timbres** s'achètent dans certains hôtels et dans les bureaux de poste.

Les **boîtes aux lettres** sont souvent vert et jaune, mais il n'y a pas de règle.

Il est possible de passer des **fax** depuis certains centres Sonatel (Société nationale des télécommunications) et de très nombreux télécentres privés installés dans tout le pays.

Cuisine

Au Sénégal les heures de repas sont les mêmes qu'en France. Le déjeuner a normalement lieu vers 12h30 ou 13h et le dîner à partir de 20 h. On mange généralement bien. Dans la plupart des hôtels et restaurants, on vous servira de la cuisine sénégalaise – souvent à base de poisson ou de poulet et de riz – et française.

Des spécialités locales

À Saint-Louis, offrez-vous le poisson à la saint-louisienne, un délicat **mulet farci**, dont l'origine remonte au temps des *signares* et des *créoles*. En Casamance et dans le Sine Saloum, goûtez aux **huîtres de palétuvier** cuites à la braise. Dans le Sine Saloum, dégustez le ***bassi-salté***. C'est un couscous mélangé à une foule d'ingrédients: mil, mouton (ou poisson), patates douces, carottes, haricots, choux, raisins secs, parfois même dattes. Dans les camps de chasse, dégustez du **gibier**, comme le phacochère.

Yassa au poulet

Pour 4 personnes

1 poulet, 4 citrons, 3 gros oignons, sel, poivre, 1 piment coupé en petits morceaux, vinaigre, 2 cuillerées à soupe d'huile d'arachide, eau.

La veille, coupez votre poulet en quatre, posez les morceaux sur une planche et battez-les pour ramollir la chair. Dans un plat creux, mettez le sel, le poivre et le piment. Versez dessus le jus des citrons et ajoutez une quantité égale de vinaigre et l'huile. Dans cette marinade, faites tremper vos morceaux de poulet et vos oignons coupés en tranches.

Le lendemain, posez votre gril soigneusement huilé sur un feu vif. Quand il est chaud, posez-y vos morceaux de poulet et faites-leur prendre une belle couleur dorée. Dans une casserole, mettez quatre ou cinq cuillerées d'huile. Quand l'huile est chaude, jetez-y vos tranches d'oignons. Laissez-les un moment. Ajoutez la marinade, les morceaux de poulet grillés et une petite quantité d'eau. Laissez cuire 10 minutes. Accompagnez de riz blanc nature. ❖

Du poisson sous toutes les formes

Dans les restaurants, on vous proposera une variété vertigineuse de poissons (thiof – mérou cendré –, capitaine, thon, sole, espadon, etc.), de crustacés (gambas, huîtres de palétuvier, crevettes, cigales de mer, etc.). La base de la cuisine est le poisson, apprêté de cent manières différentes, accompagné de riz, dont les Sénégalais raffolent. Le plat national est le ***tié-bou-dienne***, poisson accompagné d'oignons, de sauce tomate, de piment, de légumes et de riz cassé (plus onctueux que le riz long). N'oubliez pas non plus de goûter au fameux ***yassa***, poisson ou poulet mijoté avec du jus de citron et des oignons, aux différents **couscous** du pays réalisés avec du mil et au ***maffé***, poulet ou mouton à la sauce arachide.

Dibiteries et repas rapides

Si vous aimez le mouton, fréquentez les **dibiterics** (dont le nom viendrait du français « débiter »). On vous servira des platées de mouton grillé (environ 3 €). Selon la région, le mouton pourra être remplacé par de la chèvre. Allez également dans les **chawarmas** : ces restaurants libanais proposent du mouton grillé accompagné d'oignons et de frites. Dans les quartiers populaires, vous trouverez des dizaines d'**éventaires** installés en plein air. Moyennant quelques centaines de francs CFA, vous vous régalerez de beignets de poisson, de cacahuètes grillées salées ou « sucrées ».

Les fruits

Vous serez ébloui par la multitude et la variété des fruits, surtout en Casamance : **mangues** jaunes ou vertes, **ananas**, **bananes**, **oranges**, **noix de coco**, **papayes**, **pamplemousses**, **corossols** à la délicieuse pulpe blanche, **goyaves** à la chair rose délicatement parfumée... En brousse, vous aurez l'occasion de goûter au ***ditakh***, dont la chair fibreuse, riche en vitamine C, est adorée des enfants. Comment faut-il consommer les fruits exotiques ? Tels quels, nature, ou en jus de fruits. Dans les restaurants, on vous proposera une foule de délicieux sorbets, compotes, soufflés à base de mangue, goyave, ananas, corossol...

Les boissons

Que boit-on au Sénégal ? Du ***bissap*** , la boisson nationale laxative, faite à partir de fleurs d'hibiscus, de la **boisson au gingembre** (délicieuse macération de racines de gingembre pilées, de feuilles de menthe, de vanille et de sucre, légèrement piquante) : c'est bon, désaltérant et... reconstituant, de la **bière** de fabrication locale (Gazelle ou Flag), excellente et bon marché. Vous goûterez certainement une fois ou deux au **vin de palme**, servi frais ou fermenté, au **thé**. Vous goûterez aussi au ***dakhar***, décoction de tamarin acidulée et rafraîchissante (ne forcez pas, à cause des vertus purgatives du tamarin), à la ***bouye*** – la boisson au pain de singe (constipant) –, à la décoction de ***kinkiliba***, à la **bière de mil**, surprenante et agréable. À la campagne, attention toutefois à bien connaître l'origine de l'eau à la base de certaines de ces boissons, si elle n'a pas été bouillie. *Voir p. 98-99 et santé p. 49.*

Fêtes et manifestations

Hormis le Jour de l'an, l'anniversaire de l'indépendance (4 avril) et le 1er mai, toutes les fêtes légales commémorent des événements religieux, comme Noël ou la Korité, par exemple, qui sont des jours chômés.

Les fêtes musulmanes

➤ **Aïd es-Séghir** ou **Korité**. « Petite fête », célébrée le dernier jour du Ramadan *(encadré ci-contre)*.

➤ **Aïd el-Kébir** ou **Tabaski** (2 mois lunaires et 10 jours après la fin du Ramadan). Commémore le sacrifice du prophète Abraham qui immola un mouton au lieu de sacrifier à Dieu son fils Isaac. Lors de la « grande fête » du mouton, très populaire *(encadré ci-contre)*, chaque famille se doit de sacrifier un mouton. C'est aussi l'occasion de faire de nombreux dons aux plus démunis (l'aumône est une des cinq règles du croyant).

Ramadan et Aïd el-Kébir

Dans le fleuve face à Saint-Louis, le mouton est longuement nettoyé avant la cérémonie du sacrifice.

Le jeûne du **Ramadan** (29 ou 30 jours), l'une des cinq règles fondamentales du croyant, débute à la nouvelle lune du 9e des 12 mois lunaires que compte l'année hégirienne, laquelle est écourtée de 11 jours par rapport à notre calendrier grégorien (2003 : 27 octobre, 2004 : 16 octobre, 2005 : 5 octobre). Même s'il est très respecté, vous ne rencontrerez aucun problème durant cette période : cafés et restaurants demeurent ouverts. Seuls les horaires des administrations et des commerces peuvent changer. En revanche, ne demandez rien au moment du coucher du soleil à vos amis sénégalais, c'est l'heure de la rupture du jeûne et leur estomac réclame leur dû.

Au moment de la fête de l'**Aïd el-Kébir**, les marchés des villes sont envahis de moutons. Si vous devez quitter Dakar à cette période, faites-le 2 ou 3 jours avant l'événement, car l'avant-veille, la veille ou le jour même, tous les moyens de transport sont mobilisés par les Sénégalais qui rentrent dans leur village. Dakar souffre alors d'un embouteillage constant (notamment en direction de Rufisque), rythmé par la cacophonie des klaxons. Dans le centre, les taxis sont pris d'assaut. En revanche, le lendemain, l'activité urbaine est quasiment nulle : il n'y a pratiquement pas de taxis et trouver un restaurant où manger du poisson est cause perdue. Si vous résidez à Dakar à cette période, profitez plutôt de la plage, ou, mieux, soyez l'hôte d'une famille sénégalaise... ❖

➤ **Maouloud** ou **Gamou** (2003 : 14 mai ; 2004 : 4 mai ; 2005 : 24 avril). Anniversaire de la naissance du prophète Mahomet, marqué par un grand pèlerinage à Tivaouane, siège de la confrérie des tidjanes.

➤ **Achoura** ou **Tamkharite** (2003 : 2 mars ; 10 jours après le 1er *mouharram* qui ouvre l'année hégirienne). Commémoration de l'arrivée du prophète à Médine. Fête des Enfants et des Pauvres.

➤ **Magal** (4 mois et 20 jours après la fin du Ramadan). Grande fête à Touba, berceau de la confrérie des mourides, où se dresse l'une des plus grandes mosquées africaines.

Les fêtes chrétiennes

➤ **Avril**. Si vous êtes au Sénégal le lundi de Pentecôte, ne manquez pas le grand **pèlerinage de Popenguine** (au sud de Dakar).

➤ **Novembre**. Le 4, dans l'île de Gorée, c'est **saint Charles** que l'on célèbre.

➤ **Décembre**. Le 1er dimanche, à **Fadiouth**, le village de la Petite-Côte bâti sur des amoncellements de coquillages, on vénère **saint François-Xavier**.

Les fêtes traditionnelles

Malgré toute leur puissance, l'islam et le christianisme n'ont guère réussi à balayer les vieilles croyances. Là où l'animisme domine – dans le Sud et l'Est –, vous aurez l'occasion d'assister à de prodigieuses fêtes. Ailleurs, ces célébrations religieuses ont seulement changé de qualificatif; elles sont devenues « traditionnelles » ou « folkloriques ». Elles sont toujours liées aux principaux événements de la vie: à la récolte et aux pluies, à la pêche, aux mariages, aux cérémonies de circoncision, au rituel d'initiation des jeunes gens et jeunes filles passant de l'état d'adolescent à celui d'adulte.

Chaque village décide de ses fêtes en fonction de la pluie, de l'avance des récoltes... La cérémonie de circoncision, **bukut**, a lieu en Casamance, en moyenne tous les 25 ans. Dans l'arrondissement de Bignona, la dernière eut lieu en 1971. Voici un calendrier succinct des principales fêtes animistes. Les dates données sont très approximatives et demandent à être vérifiées chaque fois sur place auprès des villageois.

➤ **Toute l'année, le jeudi. N'Deup**, au village de Yoff (Dakar). Danse de possession autour de deux personnages symboliques: le malade et son guérisseur.

➤ **Janvier. Fête de l'O Lamata**, en pays bassâri (Sénégal oriental): les initiés sont séparés du reste du village pendant plusieurs semaines et mis en contact avec les ancêtres, c'est-à-dire les morts, qui sont les « éternels vivants ». **Fête de la Circoncision** (7 jours), en basse Casamance, chez les Mandingues. **Fête du Matyang** (3 jours), à Kédougou (Sénégal oriental), consacrée aux défunts.

➤ **Février. Fête du Merecsx** (1 jour), à Kédougou: procession de masques et danses. **Fête de l'O Mangare**, ou rite de transformation (3 jours), chez les Bassâris, non loin de Kédougou. Cette fête consiste à faire passer des sujets d'une classe d'âge à une autre.

➤ **Mars. Fête de l'Ibanyet**, en pays bédik, près de Kédougou, du mercredi au vendredi. Les jeunes filles font boire de la bière à leur fiancé, en gage de sincérité.

➤ **Mars-avril. Rituel du Fityay**, dans les environs de Ziguinchor. Les féticheurs supplient le génie Emit de protéger les habitants de l'ancien royaume d'Essil.

➤ **Avril. Fête du Nity** (7 jours), rite de réintégration, à Oussouye. Les initiés perdent leur ancienne personnalité pour mieux s'insérer dans leur communauté. **Fête du Manidan** (3 jours), dans les environs de Kédougou. Les hommes dansent au son d'instruments joués par des êtres masqués. Quant aux femmes, elles doivent rester cachées sous peine de stérilité.

➤ **Mai. Fête Koré**, ou rite de réintégration, chez les Bassâris. Les initiés reviennent au village et luttent contre les masques pour intégrer leur nouvelle classe d'âge. **Fête de l'Ufulung Dyendena** (2 jours), dans tout l'ancien royaume d'Essil, près de Ziguinchor (basse Casamance), avant et après la culture du riz. **Fête du Gamu** (1 semaine), dans la région de Kédougou. Au cours de danses et de chants, des personnages masqués dansent pour favoriser la fécondation de la femme et de la terre. **Fête du Fafaro** (3 jours), en pays mandingue (Casa-

L'animisme

C'est au cours des cérémonies que l'on communique avec les ancêtres via la musique. Ce tambourinaire casamançais a fiché provisoirement sa baguette dans ses cheveux.

L'animisme est « cette étroite communion entre l'homme et ce qui l'entoure. Un équilibre presque charnel où, pour qui sait voir et écouter, les pierres, les arbres, les marigots et les nuages répondent aux questions des hommes ; où la vie n'a de sens que par son alliance avec l'action des morts ; où il faut entendre la voix des ancêtres, qui font toujours partie de la communauté et avec lesquels il est essentiel de dialoguer par l'intermédiaire des fétiches. Ils peuvent d'ailleurs faire des ravages si on ne leur demande pas leur avis lors des grands événements ou si on ne les honore pas régulièrement par des sacrifices ou des libations. Les ancêtres demeurent dans l'ombre, comme pour contrôler les actes des vivants et le respect de la coutume.

Pour l'animiste, tout est vie, tout est vivant. Un monde parallèle peut s'animer à tout moment, au cœur d'un buisson ou à la croisée des chemins. Demeure l'intime croyance que les êtres et les choses ont une âme, un double. La conviction qu'il y a un esprit derrière chaque objet, une intelligence derrière chaque phénomène, une volonté dans chacun des événements. Le hasard n'existe pas ».

Christian Saglio, *Casamance*, L'Harmattan, 1984. ❖

mance). Rituel en l'honneur des ancêtres. On sort, à cette occasion, le masque Kagran, incarnation du principe de la fatalité et de l'esprit tutélaire.

➤ **FIN MAI-DÉBUT JUIN. O miss Oyo'Bay**, dans la région de Fatick (capitale du Sine). À l'approche de l'hivernage, chasse rituelle destinée à capturer l'animal incarnant la bonne récolte. En Casamance, les fêtes sont nombreuses : **Zulane**, fête du roi d'Oussouye ; **Kunyalen** (3 jours), rite de protection des nouveau-nés et des femmes ; **Futampaf** (2 à 3 semaines), rites d'initiation des adolescents qui vont permettre leur intégration dans le groupe des hommes. Autour de Kaolack (Sine Saloum), **Fête de l'A**

Tyuur a Pety (2 jours), à l'approche de l'hivernage. Les devins et les anciens prient et se soûlent autour des tombeaux des ancêtres. La fête se termine par des danses d'hommes et de femmes sous « l'arbre à palabres ».

➤ **Juin. Ekonkone,** à Oussouye : danse des lutteurs.

➤ **Juin-juillet. Lutte,** dans l'ancien royaume d'Essil (Casamance). Très impressionnantes séances de lutte entre hommes. **Cérémonie du Fil,** à Touba-Tou (région de Thiès), du samedi au mardi, juste avant la saison des pluies. Danses, chants et prédictions de l'avenir.

➤ **Novembre-décembre. Beweng** (2 jours). Les féticheurs implorent le génie de leur donner l'autorisation de transférer la récolte des champs au grenier.

Hébergement

L'hôtellerie offre une palette assez complète de ce que l'homme d'affaires, le touriste exigeant ou le routard peuvent attendre. Son niveau général figure parmi les meilleurs d'Afrique, même si les palaces y sont peu nombreux. Les prix pour une nuit, un petit déjeuner et un déjeuner, varient de 14,9 € (campement) à plus de 152 €. Le prix de la chambre ne comprend pas la taxe touristique (600 Fcfa/0,91 € par nuit et par personne). Dans certains hôtels, il est possible de négocier le prix pour plusieurs nuitées.

Les cartes de paiement Visa et MasterCard sont acceptées dans les grands hôtels et grands restaurants. Il est cependant nécessaire de prévoir du liquide.

Attention, la TVA des hôtels et des restaurants est passée en 2002 de 10 à 18 %, entraînant de substantielles augmentations.

On distingue plusieurs grandes catégories d'établissements :

➤ **Les hôtels d'affaires** situés à Dakar et dans les principales villes du Sénégal recouvrent toutes les catégories du 1 étoile au 5 étoiles. Certains offrent piscine et activités sportives. Ils constituent alors des étapes idéales car ils sont situés le plus souvent à quelques minutes des centres d'intérêt touristique.

➤ **Les hôtels-clubs** avec, en tête, les deux établissements du Club Med, mais aussi de très belles réalisations sur la Petite-Côte et en Casamance. Il est pratiquement impossible d'aller dans ces établissements si la réservation n'a pas été faite depuis Paris auprès des voyagistes qui les commercialisent souvent en exclusivité. Même si vous voyagez en individuel, il est plus intéressant d'acheter ces nuitées depuis la France *(p. 23)*.

➤ **Les hôtels de loisirs balnéaires,** les plus nombreux, sont disséminés sur la côte sénégalaise, de Toubab Dialao à Joal-Fadiouth, et en Casamance. Les prix et le style des établissements sont divers. Dans la plupart des cas, vous paierez moins cher si vous réservez avant votre départ *(p. 23)*.

➤ **Les Parahôtels.** Ensemble de résidences de qualité, indépendantes, spacieuses, sécurisées et confortables. Style intermédiaire entre l'hôtel classique et la maison. Prix attractifs. Acompte de 40 % exigé.

➤ **Les campements intégrés** de Casamance sont une alternative tout à fait originale en Afrique et peut-être dans le monde. Leur prix, très raisonnable, est toujours identique *(encadré ci-contre)*.

➤ **Les campements de brousse** spécialisés dans la chasse ou la pêche. Ils sont nombreux au Sénégal oriental, dans le Sine Saloum et en Casamance. Ils peuvent constituer des étapes idéales si l'on apprécie l'esprit chasseur.

Heure locale

Pendant l'horaire d'hiver, il y a une heure de différence entre Dakar et Paris : quand il est midi à Dakar, il est 13 h à Paris. Pendant l'horaire d'été, le décalage est de deux heures : quand il est midi à Dakar, il est 14 h à Paris.

Les campements

Dans les campements, ici la case à impluvium d'Affiniam, l'accueil est parfois rustique, mais le contact avec la vie villageoise est garanti.

La basse Casamance est la terre d'élection d'une sorte de tourisme à peu près unique au monde: les **campements intégrés**. Ils se présentent sous la forme de cases typiques de la région (rondes, carrées, à impluvium, à étages, etc.). Ils sont gérés directement par la communauté villageoise dont ils dépendent. Vos hôtes ne sont donc pas des professionnels de l'hôtellerie, mais les habitants du village, ce qui est l'occasion d'un contact tout à fait passionnant avec les populations locales. Le confort est rustique: rarement d'électricité, matelas de mousse, moustiquaire, W.-C. et douches collectives, nourriture locale. L'animation dépend des activités quotidiennes du village et il vous sera parfois possible d'assister à des fêtes ou des cérémonies religieuses parfaitement authentiques. Certains proposent aussi toutes sortes d'excursions.

Ces camps subissent de plein fouet la crise du tourisme en Casamance. Ils restent cependant bien gérés et innovent, comme celui d'Affiniam qui s'est équipé de plaques solaires. C'est dans ces campements que vous trouverez les tarifs les plus raisonnables du Sénégal (9 800 FCFA par jour et par personne en pension complète/14,9 €).

Le succès de ce type de tourisme original a d'ailleurs conduit à la création de **campements privés** obéissant au même concept; la différence est que ces derniers sont gérés par des personnes privées.

Horaires

Les **administrations** et les **ministères** ouvrent du lun. au ven. de 7h30 à 13h et de 14 h 30 à 16 h. Les **bureaux:** du lun. au ven., de 8h30 à 12h, de 14h30 à 18h; le sam. de 8h30 à 12 h.

Les **bureaux de poste** sont ouverts du lun. au ven. de 8h à 12h et de 15h à 18h30, le sam. de 8h à 12 h. La grande poste de Dakar ouvre de 8h à 19 h.

Méfiez-vous: les **guichets des banques** ne sont ouverts que du lun. au jeu., que de 7h45 à 12h15 et de 13h45 à 15h45 et le ven. de 7h45 à 13h et de 14h45 à 15h45.

Les **grands magasins**, les **supermarchés** ouvrent du lun. au sam., de 8h à 12h et de 16h à 19h30. Quant aux petits commerçants, ils baisseront leur rideau tard dans la soirée. Attention ! Durant le Ramadan, administrations, bureaux et commerces modifient leurs horaires.

Les **marchés** sont ouverts du lun. au sam. du lever au coucher du soleil.

➤ *Suite p. 44*

Rythmes, cordes et percussions

Les percussions sont reines au Sénégal, comme partout en Afrique. Au cours des cérémonies, leurs sons enflamment les danseurs et cadencent leurs mouvements.

La musique et la danse font partie de la vie quotidienne. Tout est prétexte à chants, battements de mains et déhanchements. Si l'inspiration joue une large part, l'exécution se fait toujours avec précision, clarté, dans un parfait accord entre les danseurs et ceux qui les soutiennent de leurs mélopées.

Si le balafon se retrouve dans toute l'Afrique noire occidentale, il reste peu utilisé au Sénégal en dehors des concerts ou des fêtes traditionnelles.

Les instruments

Vous serez surpris par la diversité des instruments de musique, tous construits à partir de matériaux naturels (calebasses, roseaux, etc.) ou de récupération.

➤ LES PERCUSSIONS. Le ***balafon*** est le plus connu des instruments à percussion. C'est une sorte de xylophone, dont le son est amplifié grâce à des résonateurs faits de calebasses de différentes tailles. Le musicien fait vibrer les lamelles de bois au moyen de deux baguettes dont les extrémités sont enveloppées de résine ou de caoutchouc. Vous entendrez, en pays wolof et sérère, le ***dioundioung***, long cylindre de bois tendu de deux peaux de bœuf et le ***tambour de bois***, morceau de bois évidé en son milieu qui peut transmettre des messages jusqu'à quinze kilomètres. Sans oublier le ***tama*** ou tambour d'aisselle, le ***gorong***, tambour central, le ***djembé*** et toute la gamme des instruments d'accompagnement : clochettes et sonnailles de jambe, courges séchées remplies de graines.

➤ LES CORDES. Le plus célèbre et sans doute le plus harmonieux des instruments à cordes est la ***kora***, harpe à 21 et parfois 28 cordes. Sa caisse est taillée dans une calebasse parfaitement sphérique, sciée aux trois quarts et tendue d'une peau de bête. Les Wolofs jouent volontiers du ***xalam***, sorte de guitare à 3 cordes ; les Toucouleurs du ***hoddou*** à quatre cordes, et les Peuls du ***riti***, un violon monocorde.

En Casamance, région fortement imprégnée de ses traditions, les danses rituelles attirent tout le village.

Des danses pour chaque moment de la vie

Il existe dans chaque peuple une rigoureuse répartition des genres musicaux, avec des rythmes, des rites et des sonorités propres. Chez les Sérères, par exemple, la **musique de cour**, dédiée aux rois et aux visiteurs de marque, consiste en chants polyphoniques accompagnés de claquements des mains et de tambours. La **musique populaire**, avec chœurs de femmes, est jouée à l'approche des récoltes. La **musique initiatique** précède la circoncision. La **musique religieuse** est exécutée dans la cour de la case mortuaire.

Une musique tournée vers le monde

La musique sénégalaise est portée par des noms tels que Doudou Ndiaye Rose, roi des percussions ou celui de **Youssou N'Dour**, disque d'or avec son tube *Seven Seconds.* Chef de file du mbalax (musique basée sur des rythmes traditionnels associés à des influences occidentales). Dans son sillage, d'autres groupes et musiciens, comme **Ismael Lô** ou **Baaba Maal**, connaissent la renommée hors de leurs frontières. Le Sénégal vit une explosion du mouvement hip-hop avec plus de 2 500 groupes comme **Positive Black Soul, Didier Awadi, Daara J** et **Pee Frois** qui rencontrent un franc succès. Quant à **Wasis Diop**, il a fait le tour du monde avec son émouvante chanson *Samba le berger.* Vous découvrirez les frères **Guissé, Pape et Cheikh, Abou Thiam** et son groupe Ngari Laaw, **Thione Seck, Omar Pène, Nakodjé, Touré Kounda, Ceddo** ou les groupes de salsa-mbalax comme **Supercayor** ou **African salsa**... : la musique sénégalaise est multiple et vivante. ■

Les messes sont en général rythmées par les percussions, mais certains prêtres préfèrent scander leur prêche au son des koras.

La cuiller de Koumba, petit conte wolof

Un homme avait deux épouses qui avaient chacune une fille. Allah fit qu'une des femmes mourut ; or les deux filles avaient le même nom. Pour les différencier, on les surnomma « Koumba-sans-mère » et « Koumba-avec-mère ». Le père de famille craignait tellement la femme qui lui restait qu'il acceptait tout ce qu'elle faisait, la laissant commander à Koumba-sans-mère tout le travail de la maison.

Un jour, en lavant la vaisselle, Koumba-sans-mère oublia de nettoyer une cuiller en bois. Sa marâtre, furieuse, l'envoya la laver à la mer de Ndayane. La jeune fille en pleurs se mit en route. Elle marcha deux jours et deux nuits, jusqu'à rencontrer une très vieille femme qui n'avait qu'une jambe, un bras, un œil, une oreille et un doigt. Koumba l'orpheline s'agenouilla et la salua. La vieille lui demanda : « Où vas-tu, petite ? » Koumba l'orpheline lui répondit : « Grand-mère, la co-épouse de ma mère défunte m'a envoyée laver cette cuiller à la mer de Ndayane. »

« Assieds-toi. Passe la nuit avec moi et préparons le repas car il fera bientôt sombre », lui dit la vieille en lui donnant un os blanchi dégarni. Koumba le prit et le mit dans la marmite, qui s'emplit aussitôt de viande. La vieille lui remit aussi un grain de mil que Koumba pila dans un mortier, qui s'emplit de couscous. Après ce dîner, Koumba fit la vaisselle, sans oublier sa cuiller. Puis elles se couchèrent et dormirent. Au matin, Koumba se leva et son hôtesse lui demanda de se préparer pour rentrer chez elle. Elle lui remit trois œufs et lui dit : « Fais attention, ne les confonds pas. Celui-ci, tu le casseras quand tu seras au milieu de la brousse, celui-là quand tu apercevras ton village, le dernier quand tu seras à l'entrée de ton village. Maintenant, pars, mon enfant, et qu'Allah guide tes pas. » Koumba s'agenouilla, salua la vieille dame, la remercia et se mit en marche. Au milieu de la brousse, elle cassa le premier œuf, duquel sortirent des lions, des panthères et d'autres animaux qui l'escortèrent pour que rien ne puisse l'atteindre. Elle poursuivit jusqu'à l'endroit d'où elle était partie. Elle cassa alors le deuxième œuf. Les cavaliers armés de fusils qui en sortirent tuèrent les fauves et tous les autres animaux. Koumba continua son chemin et, avant de pénétrer dans le village, cassa le dernier œuf. De nombreux esclaves en sortirent, certains battant des tam-tams, d'autres chargés de sacs d'or et d'argent, et accompagnés de troupeaux de bœufs.

Quand elle entra dans le village, Koumba avait un air royal et tout le monde était dehors pour la contempler.

Informations touristiques

OFFICES DU TOURISME. La recherche des informations touristiques n'est pas toujours facile. Mis à part à Saint-Louis, où il existe un office du tourisme digne de ce nom, ailleurs vous en serez réduit à vous débrouiller tout seul. *Voir les pages pratiques de chaque localité.*

GUIDES. Il vous sera, en revanche, facile de vous adjoindre les services d'un guide pour la visite de tel ou tel site. Les guides agréés par le ministère portent obligatoirement un badge. Sauf s'ils sont organisés en association, leurs prix seront fantaisistes. Si vous recherchez un guide compétent pour toute la durée de votre séjour, le mieux est de vous adresser à une agence de voyage dakaroise ou encore de demander un chauffeur-guide quand vous louez un véhicule. Faites attention aux faux guides, notamment à Dakar, dans les stations balnéaires de la Petite-Côte, et en général dans tous les lieux touristiques.

➤ **Journaux spécialisés.** À Saint-Louis, *Le Petit Saint-Louisien*, journal gratuit, vous donnera tous les renseignements sur les manifestations et autres informations utiles. Vous le trouverez dans votre hôtel, dans certains restaurants et au Syndicat d'initiative. Attention, il part très vite... *Voir les pages pratiques de Saint-Louis.*

Internet

Toutes les villes disposent de cybercentres et de cybercafés (où l'on peut boire un verre contrairement aux cybercentres). Dans les cybercentres, l'heure de connexion varie en moyenne entre 500 et 1 000 FCFA. Nombre d'hôtels internationaux offrent la possibilité d'envoyer des **e-mails** pour un coût cinq fois plus élevé. *Voir les pages pratiques de chaque localité.*

Langues

Le **français** est la langue officielle du Sénégal, celle que l'on enseigne dans les écoles et que l'on emploie dans l'administration et les affaires. S'y ajoutent 8 langues nationales : wolof, sérère, diola, soninké, pulaar, mandingue, baïnouk et balante. Le **wolof**, langue de la « minorité la plus importante », selon l'expression de Senghor, est parlé par 80 % des Sénégalais (la population wolof proprement dite ne représente que 43 % de la population). On parle anglais en Gambie.

Où que vous alliez, le français vous suffira. Pour des conversations plus approfondies, vous trouverez toujours sur place quelqu'un pour vous servir d'interprète. Vous n'avez donc pas besoin d'apprendre à fond le wolof, le diola, le sérère, etc., mais il est utile d'en savoir quelques mots, et si vous vous en servez, on y sera très sensible. N'oubliez pas de vous reporter au lexique en fin de volume *(p. 232)*.

Médias

La presse écrite

Vous trouverez la presse française (en général avec 1 jour de retard) à Dakar, sur la Petite-Côte et à Saint-Louis, parfois ailleurs. Mais, même si vous ne pouvez pas vous passer de votre quotidien favori, lisez la presse sénégalaise. Elle est riche, polémique, et même passionnante pour qui s'intéresse au pays.

Feuilletez par exemple *Le Soleil*, quotidien progouvernemental. Né en 1970, *Le Soleil* poursuit une vieille tradition remontant au XIXe siècle : c'est en 1854 que le Sénégal vit naître *Le Moniteur du Sénégal*, premier journal paraissant en Afrique Occidentale française. Deux autres grands quotidiens, *Sud Quotidien* et *Le Wal Fadjri*, se partagent le marché, mais il en existe bien d'autres.

Parmi les hebdos et mensuels de qualité, lisez en priorité *Le Cafard libéré*, magazine satirique directement inspiré de notre *Canard enchaîné*. Il fait preuve d'une grande liberté de ton et vous apprendra tout sur les potins et scandales du Sénégal. Feuilletez aussi *République* et *Démocraties* pour connaître les débats de fond qui agitent la société sénégalaise. *L'Intelligent-Jeune Afrique* et *L'Autre Afrique* sont également des outils précieux pour appréhender les problèmes africains.

À Dakar, vous lirez aussi *Bingo*, le plus populaire des magazines africains. L'hebdomadaire catholique *Afrique nouvelle* est également intéressant : il a servi de tribune à de nombreux leaders politiques africains et il a su conserver une totale liberté de jugement vis-à-vis du pouvoir civil et de la hiérarchie religieuse.

Radio et télévision

Vous pourrez suivre les programmes de la Radiodiffusion-télévision du Sénégal (RTS). Elle distille au total près de 150 heures de programmes par semaine. Sa triple mission est d'« éduquer, informer et distraire » Vous pourrez également suivre les programmes de RFI (Radio France Internationale) et les programmes musicaux d'Africa numéro 1.

Dans les grands hôtels, vous pourrez suivre TV5, CFI, CNN et d'autres chaînes sur le cable.

Parcs nationaux et réserves

Les Parcs nationaux sont gérés par l'administration centrale, tandis que les **réserves** dépendent d'autorités locales. Les parcs sont officiellement ouverts toute l'année. Cependant, pendant l'hivernage (de juin à fin octobre), les hôtels ferment et les guides rentrent chez eux car les pistes sont en général impraticables.

Le permis d'accès se prend à l'entrée des parcs. Il faut distinguer le permis d'accès pour la voiture, valable toute la durée du séjour: 5000 FCFA, et le permis de visite à la journée: 2000 FCFA par personne. Nous vous conseillons de prendre un guide pour ne manquer aucune information et repérer le moindre animal qui serait tapi dans un coin.

Il est interdit de circuler de nuit, de descendre de véhicule sans l'autorisation du guide, de conduire à plus de 20 km/h et de faire des bruits anormaux.

Politesse et usages

Comportement

➤ **Salutations.** Dans les localités peu fréquentées par les touristes, n'oubliez jamais d'aller **saluer, dès votre arrivée, les autorités locales**: préfet, sous-préfet, commissaire de police, brigadier de gendarmerie, chef de village. Sinon, vous risqueriez de passer pour un « suspect », un individu qui se cache. De toute façon, c'est votre intérêt de vous astreindre à quelques civilités: cela vous ouvrira de nombreuses portes. Au Sénégal, comme un peu partout en Afrique de l'Ouest, il est très important de saluer son interlocuteur en lui serrant la main, poignée de main à renouveler au moment de se séparer.

➤ **Tenue vestimentaire.** La population est musulmane dans sa grande majorité (sauf en Casamance), et même si la tolérance est une vertu cultivée avec sincérité, **évitez le monokini**. Si, cependant, vous êtes une adepte inconditionnelle, restez dans les stations balnéaires. Enfin, ne l'oubliez pas, **déchaussez-vous** avant d'entrer dans une mosquée, si on vous y invite. Messieurs, évitez les tenues négligées et les shorts, **préférez les bermudas**. Tâchez de **rester élégant** en toutes circonstances. Les Africains y sont particulièrement sensibles, c'est une marque de respect.

➤ **Photographies.** Ne photographiez jamais les gens sans leur en demander d'abord la permission. Ne prenez jamais en photo des soldats ni des postes militaires, surtout à la frontière gambienne et en Casamance.

➤ **Cadeaux.** Une règle d'or: **ne jamais distribuer ni cadeaux ni bonbons**: cette habitude des touristes entretient la mendicité infantile. En revanche, si vous êtes invité, **n'arrivez pas les mains vides**. Remettez de préférence, et en premier lieu, vos principaux présents au chef du village. Ne vous ruinez pas en cadeaux somptueux, mais pensez aux stylos, à du thé vert, à du sucre. Plus que les cadeaux, le soir, à l'étape, on attendra de vous que vous parliez, que vous donniez des nouvelles, que vous racontiez votre pays. Alors, si vous voulez vraiment faire plaisir, allez vous asseoir sous l'« arbre à palabres ». Bientôt, ils seront tous là, autour de vous, à vous écouter et à vous parler aussi d'eux et de leur vie. D'une manière générale, même si vous êtes fatigué, conservez toujours

Ndaanaan : le gentleman sénégalais

La peinture sous verre permet de conserver une trace importante des traditions wolofs, aujourd'hui en désuétude. Fixé sous verre de Gora Mbengue.

Homme de grande prestance, le *ndaanaan* a connu son apogée pendant la période coloniale. Revendiquant exclusivement la culture wolof et le respect des valeurs traditionnelles, il s'opposait alors à l'élite occidentalisée des villes et aux cadres de l'administration dont il critiquait le manque d'enracinement. Grand séducteur de femmes, passionné par les chevaux et le monde hippique, portant avec élégance un ample caftan, coiffé du casque colonial et tenant d'une main ferme le « quatre cinquante », un martinet joliment gainé de cuir, il observait une démarche lente, légèrement inclinée, et traînait à sa suite nombre de courtisans, notamment des griots qui lui chantaient ses louanges en échange de dons. De nos jours, le phénomène *ndaanaan* a presque disparu, si ce n'est lors de grandes cérémonies annuelles où il ressort son costume traditionnel. ❖

sourire et amabilité, les Sénégalais sauront vous les rendre.

Ne donnez jamais de médicaments à des particuliers, réservez-les aux médecins ou aux dispensaires.

➤ **Pourboire.** Pour les Africains, en une nuit d'hôtel, vous pouvez dépenser autant d'argent que le serveur en un mois pour faire vivre toute sa famille. Essayez de rétribuer à leur juste valeur les petits services que l'on peut vous rendre. Pour une personne qui garde votre voiture, donnez entre 100 et 200 FCFA (0,15 €).

Marchandage

Il faut savoir que, si vous achetez des souvenirs, on ne marchande pas de façon brutale, mais avec art. C'est à vous, le client, de demander au commerçant d'indiquer son prix. Il s'agit toujours d'un premier prix, d'une base que l'on fixe d'emblée à un niveau trop élevé.

Il y a une règle à suivre : ne pas se moquer de son partenaire, et surtout ne pas aller trop vite. Entre deux niveaux de prix inacceptables, ne soyez pas surpris si l'on vous interroge sur

L'hospitalité sénégalaise

La plupart des plats familiaux sont préparés dans la cour et cuits au feu de bois.

La maîtresse de maison sénégalaise ne lésine jamais sur la quantité quand elle met la main à la pâte. En s'attaquant à la confection du *tié-bou-dienne*, par exemple, elle ne songera pas seulement à nourrir sa famille, mais elle tiendra compte de l'arrivée possible et impromptue de quelque parent, ami ou visiteur inattendu. On placera le plat, toujours unique, au milieu des convives et l'on réservera, à vous l'étranger, l'ami de passage, les meilleurs morceaux. Pour ne pas vous embarrasser, on ira chercher, spécialement pour vous, une cuiller, mais si vous daignez manger avec les doigts, vous ferez grand plaisir à vos hôtes. Il existe une technique : 1°) utilisez toujours la même main, la droite (vous aurez besoin de l'autre pour boire sans tacher votre verre, par exemple, et la main gauche est réservée à la toilette intime) ; 2°) formez une sorte de conque avec le pouce, l'index et le majeur ; 3°) enfoncez les trois doigts profondément dans le plat ; 4°) opérez une manœuvre en glissant vos doigts sous un morceau de poisson (ou de viande) ; 5°) retournez les doigts ; 6°) retirez-les en roulant riz et poisson (ou viande). ❖

votre famille, vos enfants, etc. De votre côté, normalement, à la fin du jeu, vous devriez tout savoir sur votre vendeur.

Si vous n'aimez pas marchander et que vous connaissez la valeur de l'objet convoité, n'hésitez pas à ouvrir l'enchère à 10 ou 20 % en dessous du « prix du marché ». Les choses iront alors beaucoup plus vite car votre vendeur sentira qu'il est en présence d'un « expert ». Lorsque vous vous sentez sur le point de conclure, deux stratagèmes vous permettront le cas échéant d'optimiser l'opération : faire semblant de partir fera sans doute fléchir la patience du marchand ; exhiber les billets de banque aura à peu près le même effet, surtout si vous faites mine de partir avec…

Sexualité

Soyez prudent en cas de rencontre amoureuse. Emportez avec vous des préservatifs qui protègent de toutes les maladies sexuellement transmissibles. Malheureusement les grandes concentrations touristiques, comme sur la Petite-Côte, et les disparités énormes de trains de vie entraînent prostitution et dérives sexuelles.

➤ **Les femmes.** Pratiquement pas de harcèlement sexuel dans ce pays où les relations humaines sont chaleureuses et sûres. Plutôt beaucoup de curiosité à l'égard des femmes étrangères, surtout celles qui voyagent seules – ce qui est inhabituel au Sénégal. Inutile, toutefois, de provoquer en portant des tenues vestimentaires considérées localement comme provocantes. En particulier les jambes nues : couvrez-vous jusqu'aux genoux en dehors des plages.

➤ **Homosexualité**. Peu fréquente au Sénégal, elle est passible d'une peine de prison pouvant aller de 1 à 5 ans d'emprisonnement et d'une très forte amende, de 100 000 à 1 500 000 Fcfa. Si le partenaire a moins de 21 ans, la peine sera maximale.

Pourboire

Le service est généralement compris dans les tarifs des hôtels (entre 10 et 15 %). Dans les restaurants, le service n'est pas inclus ; on s'attend à ce que vous laissiez l'équivalent de 10 % du montant de votre addition.

Un peu partout, on proposera de vous rendre les services les plus divers (garder la voiture, vous guider dans tel ou tel site, vous acheter des cigarettes, etc.). La rémunération pour ces services est à votre entière discrétion, mais 100 Fcfa seront le plus souvent jugés suffisants.

Santé

Mis à part le paludisme et le sida si vous avez des rapports non protégés, guère de risques, surtout si vous vous déplacez avec un voyagiste. Prenez vos précautions avant le départ *(p. 28)*. En cas de problème sérieux, une seule solution : le rapatriement sanitaire.

➤ **Précautions élémentaires**. Ne buvez jamais une **eau** dont vous n'avez pas contrôlé l'origine. Consommez de l'eau en bouteilles capsulées (vérifiez que la collerette en plastique est bien soudée au bouchon) et du thé qui, d'après les spécialistes, est, en pays tropical, la meilleure boisson. Ne buvez jamais l'eau du robinet, excepté à Dakar, où elle est potable. De même, évitez les glaçons. Ne marchez jamais pieds nus dans le sable, la boue, ou l'eau des fleuves, sauf si elle est salée. Vous prendriez de grands risques d'attraper la **bilharziose** (larves qui pénètrent sous la peau). Évitez de vous baigner dans des eaux douces ou stagnantes, souvent porteuses de germes dangereux. Évitez aussi de vous promener dans les hautes herbes.

➤ **Hygiène alimentaire**. D'une manière générale, vous ne devriez pas avoir de problèmes. Évitez néanmoins de vous nourrir de porc ou de bœuf insuffisamment cuits et, si vous êtes fragile, ne consommez pas de crudités : les cultures maraîchères peuvent être entretenues avec de l'engrais humain et sont cause de dysenteries bacillaires aussi bien que d'infections intestinales diverses. Veillez à la propreté de vos mains. Surveillez attentivement les troubles intestinaux. Il est fréquent, notamment au cours du premier mois de séjour, d'observer une diarrhée d'acclimatation. Elle doit être traitée d'urgence par des antidiarrhéiques ou des antiseptiques intestinaux. Si elle persiste, il faut s'adresser au centre sanitaire le plus proche. *Voir les pages pratiques de chaque localité et urgences p. 59.*

Sécurité

D'une manière générale, les Sénégalais sont hospitaliers et, dans presque tous les cas, c'est sans arrière-pensée qu'ils vous abordent, engagent la conversation et même vous invitent à partager leur repas. Cependant, sur certains marchés, des pickpockets attendent les touristes. Soyez vigilant.

Les bana-banas

Les *bana-banas* sont des vendeurs à la sauvette, enfants ou adultes. Ils sont partout dans la capitale et, comme tous les vendeurs, ils essayent d'être très persuasifs… Offrez-leur un grand sourire et ils comprendront très bien que vous n'ayez besoin de rien.

Quelques précautions

Vous voyagez dans un pays pauvre qui subit les effets du tourisme de masse. Évitez donc toute ostentation qui pourrait tourner la tête à des gens dont le revenu annuel équivaut à peine à ce que vous avez dépensé pour venir au Sénégal. Ne sortez pas avec de

Les régions à risques

➤ **La Casamance**. Cette région a connu des tensions qui l'ont rendue parfois dangereuse, une réputation qui lui colle à la peau. Le calme est revenu depuis 1999, mais des mines antipersonnel restent dispersées au sud de la route Ziguinchor-Cap-Skirring, dans l'ancien parc national de Basse Casamance, malgré un important déminage. Partez en excursion avec un guide qui saura vous faire découvrir cette belle région en toute sécurité.

➤ **La Gambie**. Corruption, « coupeurs de routes », régime dictatorial font de la Gambie un pays à éviter pour l'instant.

➤ **La haute vallée du Sénégal**. La région du fleuve entre Matam et Kidira a été à plusieurs reprises le théâtre d'agressions. Des « coupeurs de routes » armés y ont tendu des embuscades. ❖

grosses sommes d'argent ou avec des bijoux de valeur ; évitez les appareils photo en bandoulière et les tenues trop courtes et voyantes. *Voir politesse et usages p. 46.*

À Dakar, vous trouverez un gardien de voiture, un petit métier facile. Confiez votre argent au coffre de votre hôtel, ne laissez pas traîner votre matériel photographique. Prenez garde à ne pas vous laisser circonvenir par un vendeur à la sauvette trop jovial qui vous propose de venir voir sa boutique ou celle de son cousin. Lorsqu'un quartier ou une rue ne vous inspirent pas confiance, n'ayez pas honte de tourner les talons et continuez votre promenade dans une autre direction. Ne dormez pas à la belle étoile.

Le milieu naturel

Une rencontre avec un **serpent** est rarissime car il fuit le bruit : vous ne courrez aucun risque si vous suivez les conseils de prudence les plus élémentaires.

Les insectes de type guêpes, abeilles, frelons… sont agressifs. Ne les excitez pas en portant des parfums trop lourds, des couleurs trop vives, ou en gesticulant lorsqu'ils s'approchent. Quant aux moustiques, qui peuvent représenter un vrai danger (paludisme), il faut savoir s'en prémunir *(p. 29)*.

Shopping

Prévoyez de la place dans vos valises et un budget spécial pour vos achats : à Dakar et dans les petites localités, les tentations sont grandes. Où que vous alliez, vous trouverez des étalages de « souvenirs ». Que faut-il rapporter ? Tout dépend de vos moyens et de la place dans vos bagages. *Voir les pages pratiques de chaque localité.*

➤ **Art et antiquités**. Attention, la majorité des œuvres exposées chez les antiquaires ne sont pas originaires du Sénégal. Ce marché des antiquités est à réserver aux personnes capables de juger la valeur des pièces proposées. On ne peut parfois s'empêcher de ressentir un certain malaise devant des pièces qui seraient plus à leur place dans un musée que dans une galerie marchande…

➤ **Bijoux**. Si vous les aimez originaux, vous serez à la fête, car vous en verrez de superbes, notamment à Dakar, au marché de l'or de Sandaga et à la Cour des Maures où vous observerez des ciseleurs travaillant l'argent. Vous pouvez aussi y faire réaliser un bijou spécialement pour vous.

➤ **Cuir**. Vous trouverez des sacs, ceintures, portefeuilles en crocodile, lézard, boa, iguane au marché de Soumbédioune.

Peintures ou fixés sous verre et tableaux en sable. Les fixés sous verre étaient l'objet de décoration préféré des familles qui se faisaient autrefois peindre sous verre, en couleur, plutôt que prendre en photo en noir et blanc. Les sujets sont maintenant très variés, depuis le portrait jusqu'au car rapide. Le motif est peint à l'envers, directement sous le verre, chaque couche de peinture se superposant à la précédente. Les couleurs sont en général très vive. À Dakar, les murs de l'avenue Peytavin et des alentours, vers la cathédrale, en sont couverts. Les prix varient selon la complexité du motif, donc du temps passé à le peindre. Ils sont l'œuvre d'artisans, les artistes ne vendant pas dans la rue.

Vous y verrez aussi des tableaux en sables de différentes tonalités collés sur une planchette. Il n'est pas toujours certain que le sable tienne longtemps sous nos climats.

Les poteries traditionnelles (poules bariolées en terre de la ville de Khombole, brûle-parfums, pots de fleurs...) se trouvent en nombre à Dakar du côté de l'avenue Émile Badiane, au coin de la rue de Thiong.

Sculptures. Vous en trouverez toutes sortes en bois d'ébène ou de kolatier (rouge) : masques, statuettes, peignes, cannes. Elles sont faites le plus souvent à la chaîne. Une spécialité sénégalaise : les assiettes et plats rectangulaires en bois.

La mode sénégalaise vous séduira certainement. Cotonnades imprimées en batik, tissus de pagne, boubous, broderies, le choix est immense et les prix sont relativement raisonnables. À Dakar, au village de Soumbédioune et sur la route de Ouakam, un des quartiers de Dakar (après la station-service Shell), vous verrez des dizaines de petites boutiques où, devant vous, sur vous, l'on taillera et coudra la parure de votre choix.

Vannerie. Vous serez également tenté par les objets en osier (paniers à linge, petit mobilier), largement exposés près du marché Kermel de Dakar, au village artisanal de Soumbédioune et entre Thiès et Tivaouane, sur la route de Saint-Louis.

Villages artisanaux. Ces marchés ont été spécialement créés dans de nombreux centres urbains. Vous y verrez des artisans en plein travail pour une production malheureusement très en dessous de leurs capacités. Deux villages méritent un détour : ceux de Soumbédioune à Dakar et de Ziguinchor, en Casamance.

La technique du batik, bien qu'elle ne soit pas originaire d'Afrique, a totalement imprégné l'artisanat textile.

Sports et loisirs

Les Sénégalais sont des fans de **football** et ils ont soutenus avec ardeur leur équipe nationale, les Lions de la Teranga, arrivée en quart de finale lors de la Coupe du monde 2002. Des matchs ont lieu quotidiennement à travers tout le pays. Chaque ville possède son terrain de foot, plus ou moins boueux, plus ou moins réglementaire… la plage étant un lieu d'entraînement privilégié. Rien ne vous empêche de vous mêler à un groupe, vous y serez le bienvenu, encore plus si vous apportez votre ballon. C'est un excellent moyen de faire connaissance.

À Dakar, sur la Petite-Côte et à Cap-Skirring, un grand nombre d'activités sportives vous seront proposées: tennis, planche à voile, golf, équitation, ski nautique, tir à l'arc, scooter marin, jet-ski, plongée, etc. *Voir les pages pratiques de chaque localité.*

Baignade et plages

Les hôtels de Dakar et des grandes stations balnéaires sont, pour la plupart, équipés de superbes **piscines**.

Le Sénégal bénéficie surtout de plusieurs centaines de kilomètres de **plages**, qui font de ce pays l'une des destinations balnéaires d'hiver les plus proches de l'Europe. On distingue quatre secteurs principaux:

Du ♥ **lac Retba**** à ♥ **Saint-Louis*****, une immense plage de sable fin s'étend sur plus de 200 km. Totalement déserte, elle est parmi les plus belles du Sénégal et la plus impressionnante par les rouleaux qui y déferlent continuellement. Là plus que partout ailleurs, vous pourrez goûter au calme absolu. Cependant, l'eau n'y est jamais très chaude et, surtout, elle est extrêmement dangereuse: le sous-sol marin formant un plissement parallèle à la côte, il s'y forme ces rouleaux que l'on appelle «la barre». Elle est si forte qu'elle vous entraîne vers le large puis vous empêche de revenir vers la plage. Dernier inconvénient: il n'existe aucune infrastructure touristique *(p. 126)*.

Les plages de l'**île de N'Gor**** et de la presqu'île **des Almadies***, à 30 mn du centre de Dakar, ne sont pas les plus belles du pays, mais elles sont sûres *(p. 107)*.

La **Petite-Côte** offre de belles plages de sable blond dont l'une des grandes qualités est l'absence du phénomène de barre. Vous pourrez vous y baigner en toute sécurité *(p. 168)*.

À ♥ **Abéné***** *(p. 196)* et à ♥ **Cap-Skirring***** *(p. 206)*, vous découvrirez les plus belles plages du Sénégal. La mer y est perpétuellement tiède et la baignade sûre si vous ne vous éloignez pas trop du bord. Même au plus fort de la saison touristique, de décembre à avril, vous n'aurez aucune peine à trouver un coin de plage pour vous tout seul. Et ce, au pied même de votre hôtel. En tout état de cause, soyez toujours prudent et sachez que plus les rouleaux sont impressionnants, plus la barre a des chances d'être puissante.

Chasse

Sur le plan cynégétique, le Sénégal ne peut rivaliser avec certains pays d'Afrique centrale, mais les mordus de la gâchette ne seront pas déçus.

La **période de chasse** s'étend du 14 décembre au 1er mai et, exceptionnellement, du 15 novembre au 30 juin pour le gibier d'eau. En règle générale, les **quotas** sont d'un phacochère et d'une cinquantaine de gibiers d'eau par semaine.

Vous devrez, au préalable, vous soumettre à trois **formalités**: l'autorisation de détention d'armes, l'acquisition d'un permis de chasse et la souscription d'une assurance *(p. 26 et p. 27)*.

Vous remplirez toutes ces formalités avec le voyagiste ou le guide de chasse qui se chargera de votre séjour. Il s'occupera également des autorisations nécessaires pour emporter votre arme. On distingue quatre **régions principales de chasse**: le Sine Saloum, la Casamance, le Djoudj et le Sénégal oriental; chaque région a sa spécificité *(p. 27)*.

La lutte sénégalaise

Dans les villages, l'apprentissage de la lutte se fait dans le cadre de séances officielles. Ce sont d'abord les enfants qui commencent à les animer par leurs affrontements. Puis les groupes d'âges se succèdent, des plus jeunes aux plus âgés.

Sport national, la lutte ou *lamb* est un des passe-temps favoris des Sénégalais. À l'origine, elle était pratiquée essentiellement en milieu rural par de jeunes paysans pour fêter la fin des récoltes.

Enracinée dans les traditions ancestrales du Sénégal, la lutte véhicule les richesses culturelles du pays à travers les chants de bravoure et de défiance, les pratiques magiques, l'évocation de la mémoire. C'est aussi un moment de célébration de l'élégance des *dryankés*, ces dames de grande prestance qu'on reconnaît à leurs formes imposantes, à l'opulence de leurs tenues vestimentaires et à leurs parures en or.

Il existe trois sortes de lutte au Sénégal. Elles renvoient généralement à des traditions ethniques : la « lutte avec frappe », la « lutte sans frappe » (pratiquée le plus souvent par les gens du Sud, en pays diola, chez les Peuls de Casamance ou les Sérères du Sine Saloum) et la « lutte gréco-romaine », très peu connue du grand public.

Quelques grands champions ont donné à la lutte sénégalaise ses lettres de noblesse : Fodé Doussouba, au physique massif, champion hors pair des années 1950 ; Doudou Baka Sarr et Falaye Baldé, Mame Gorgui Ndiaye, Falang, les rois des arènes pendant les années 1960 et 1970 ; Robert Diouf, Mbaye Gueye, les coqueluches des années 1980.

Le dernier grand combat dans les années 1990 a opposé les deux meilleurs lutteurs du pays, représentant deux générations : Tyson et Manga. Le combat s'est soldé par la victoire du premier.

La lutte sénégalaise est désormais sortie de son cadre traditionnel et désintéressé pour devenir une affaire lucrative où certains cachets peuvent dépasser 30 millions de FCFA. Les plus beaux combats, qui représentent une véritable attraction, se déroulent dans le stade Demba-Diop de Dakar *(p. 114)*. ❖

Pêche

Si vous voulez rêver que vous êtes Hemingway aux prises avec des poissons fabuleux, offrez-vous une séance de pêche au gros. Vous ramènerez peut-être une prise somptueuse, comme un de ces marlins bleus, réputés les plus combatifs du monde. Une partie de pêche coûte relativement cher, mais vous moissonnerez un paquet d'émotions et de souvenirs merveilleux. Il faut apporter son matériel.

Les eaux du Sénégal et notamment celles qui bordent le Cap-Vert sont réputées dans le monde entier pour leur richesse. Les chalutiers viennent du fin fond du Japon y jeter leurs filets.

Dakar est située au bord d'une presqu'île d'origine volcanique. Le plateau continental s'arrête, notamment devant la pointe des Almadies, à quelques milles de la côte, ménageant des zones rocheuses où s'abritent des centaines d'espèces de poissons.

Vous pouvez pêcher d'un bout de l'année à l'autre, mais, à Dakar et dans sa région, c'est du 15 mai au 15 décembre que vous ramènerez les plus belles prises. En revanche, dans le Sine Saloum, réputé pour ses barracudas, carangues, carpes rouges et autres, la pêche sera bonne toute l'année.

Pour la **pêche au gros**, on reconnaît une cinquantaine d'espèces, dont 22, reconnues par l'International Game Fish Association de Floride, attendent les amateurs: espadon, voilier, marlin bleu, thon albacore, thon ventru, barracuda, todie, coryphène, sériole, bonite, requin, thiof, tarpon, tassergal, taupe de mer, renard de mer, ombrine, thonine, mérou gris, mérou rayé, mérou à bandes, sarde, dante, poisson-scie, etc.

La **pêche au lancer** est possible sur la plupart des plages. Au « surf casting » (pêche depuis la plage) on peut trouver, suivant la saison: bars mouchetés, badêches, bonites, carangues, thonites, liches, palomètes, tassergals, barracudas, etc.

Téléphone

Le téléphone marche bien. Un peu partout, sauf en pleine brousse, vous trouverez des télécentres ou des cabines à carte, y compris dans certains hôtels. Vous achèterez ces cartes dans tous les télécentres. Avec une carte de 40 unités (6 €), vous pouvez rester en ligne avec la France environ 5 minutes. Les cartes de 120 unités coûtent un peu moins de 15 €. Excepté à Dakar, vous trouverez rarement des téléphones directs dans votre chambre. Il est néanmoins possible de téléphoner depuis ces hôtels mais le prix est 5 fois plus élevé.

➤ **Le téléphone portable**. Le réseau GSM est très étendu au Sénégal. Des villages qui n'étaient pas reliés par fil téléphonique peuvent maintenant avoir le téléphone portable. Faites décoder le vôtre avant le départ ou à Dakar et achetez une puce du réseau sénégalais « Alizé » avec recharge par carte Diamono. Coût: 10000 FCFA le décodage, 25 000 FCFA l'achat de la puce, comprenant 10000 FCFA de crédit de communication.

➤ **Pour appeler du Sénégal**. Composez le 00 puis, après la tonalité, l'indicatif du pays (France 33, Belgique 32, Canada 11, Suisse 41), l'indicatif urbain (en France, ôtez le 0 de l'indicatif régional) et le numéro de votre correspondant.

Transports intérieurs

Transports individuels

La vitesse est limitée à 90 km/h en dehors des villages et 50 km/h en agglomération.

Les distances

Prévoir toujours large: un arrêt en cours de route, un embouteillage, un troupeau baguenaudant ou un incident mécanique sont imprévisibles *(encadré ci-contre)*.

Réseau routier

Le réseau routier est goudronné sur tous les axes principaux, mais son état

Distances/temps de voyage entre les principales villes

Ces distances/temps sont indicatives. Un aléa peut toujours vous retarder, notamment les embouteillages à la sortie de Dakar.

➤ **Vers le nord et l'est.** Dakar/Saint-Louis : 272 km/4 h. Saint-Louis/Matam par la N2 : 422 km/6 h 30. Saint-Louis/Matam *via* Linguère : 430 km/9 h avec un 4x4. Matam/Bakel : 151 km/3 h. Bakel/Tambacounda : 243 km/3 h. Tambacounda/Kédougou : 233 km/2 h 30.

➤ **Vers le sud.** Dakar/Mbour : 83 km/2 h 30 en tenant compte de la sortie de Dakar. Dakar/Joal-Fadiouth : 114 km/3 h. Dakar/Kaolack : 190 km/4 h 30. Dakar/Tambacounda : 467 km/9 h.

Kaolack/Ziguinchor par la N4 « Transgambienne » : 251 km/6 h. Kaolack/Ziguinchor *via* Banjul : environ 262 km/7 h selon les bacs. Ziguinchor/Cap-Skirring : 70 km/1 h 30.

est très variable. Certaines sections sont couvertes de nids-de-poule et d'autres font penser à des montagnes russes. En règle générale, le réseau routier du Nord, de la région du Fleuve, de l'Est et du début de la Petite-Côte est dans un état acceptable, tout en se détériorant parfois rapidement alors que, dans le Sud et autour de la Gambie, il est fortement dégradé. Sur les routes, comme sur les pistes, vous verrez souvent des enfants comblant les ornières avec de la terre. Ils attendent quelques pièces des automobilistes reconnaissants. La circulation devient dense aux abords des agglomérations et, dans les grandes villes, il faut compter avec les encombrements…

Les pistes

Leur viabilité dépend de la saison et de multiples facteurs tels que la fréquence de l'entretien. Renseignez-vous auprès d'autres conducteurs avant le départ. De novembre à fin mai, en saison sèche, vous rencontrerez deux sortes de pistes : la piste ordinaire et la piste de latérite, que le passage fréquent des véhicules et le vent transforment en « tôle ondulée ». Si vous voulez éviter la résonance des vibrations, vous devrez y rouler vite, atteindre rapidement la vitesse critique (entre 70 et 90 km/h) et vous y maintenir. Sous l'effet de la « tôle ondulée », la voiture subira un certain flottement ; aussi ne faut-il jamais freiner brutalement à cette vitesse. Si vous devez ralentir ou vous arrêter, prévoyez-le à l'avance. Méfiez-vous des nids-de-poule, parfois très profonds : franchissez-les à vitesse modérée. Sur piste ordinaire, vous roulerez moins vite, mais vous vous sentirez plus en sécurité. En toutes occasions faites attention aux obstacles.

Méfiez-vous du fech-fech !

Le *fech-fech* est un sable pulvérulent reconnaissable à sa couleur blanchâtre, uniquement présent dans une petite partie du Ferlo et du Sénégal oriental. Si l'étendue de sable vous paraît courte, essayez de rouler sur le bas-côté, parfois plus dur. Sinon, attaquez la zone avec un maximum d'élan et de puissance. En aucun cas le fait de rétrograder ne doit agir en frein moteur. Attendez que le moteur peine pour passer à la vitesse inférieure et, à ce moment-là, faites vite. Si vous sentez que l'ensablement est inévitable, n'insistez pas. Arrêtez-vous avant que le véhicule ne soit trop enfoncé. Pas question de manœuvres marche avant et marche arrière, dont le seul résultat serait d'enliser un peu plus la voiture et de rendre difficile son dégagement, sans compter les risques pour l'embrayage, la boîte de vitesses, etc. Attendez patiemment le passage d'un véhicule : en brousse, on s'entraide toujours. Tôt ou tard, des gens viendront vous pousser.

Attention aux autres !

Sur les pistes, méfiez-vous des **camions** qui vous croisent. Les poids lourds roulent en effet bien au milieu de la tôle ondulée. Le plus sage – car vous ne faites pas le poids – est de vous ranger. Attendez pour repartir que le nuage de poussière se soit dissipé. De même, quand vous suivez un autre véhicule, respectez la « distance poussière ».

Faites attention aux **troupeaux d'animaux**, aux vaches, aux moutons et surtout aux chèvres qui jaillissent au dernier moment. Quant aux ânes, s'ils ont décidé de ne pas bouger, vous aurez beau corner, rien n'y fera ! Méfiez-vous aussi des nombreux camions arrêtés sur le bord de la chaussée et aux arrêts intempestifs des cars rapides.

Levez le pied quand vous arrivez dans une agglomération. Les enfants et même les adultes sont peu habitués aux voitures. Ils ne se rendent pas compte de leur vitesse et du danger qu'elles représentent ; ils traversent la piste alors que vous êtes à une dizaine de mètres d'eux. Ralentissez donc.

Si un seul conseil était à retenir, ce serait d'éviter de conduire après la tombée du jour, car la plupart de ces obstacles ne sont pas visibles la nuit. Méfiez-vous également de la terrible circulation sur la route à « trois » voies qui relie Dakar à la Petite-Côte. Elle est dangereuse, surtout la nuit. En cas de pépin, contactez la société de location qui vous a fourni le véhicule, elle vous indiquera la marche à suivre. En cas d'accident corporel, si vous sentez des réactions hostiles, n'hésitez pas à fuir et à vous réfugier auprès des autorités compétentes (gendarmerie, police, etc.).

Essence

Il serait excessif de dire que les pompes à essence sont rares ; soyez prudent cependant et faites le plein dès que votre réservoir est à moitié vide. En cas d'urgence, demandez de l'aide aux villageois. Un peu partout (en particulier près de la frontière gambienne), il est possible de trouver quelques litres d'essence, même dans des endroits où vous penseriez que la civilisation de l'automobile n'est pas encore parvenue.

Le prix du carburant est 30 % moins cher qu'en France soit 482 FCFA le litre de super. Les stations-service sont toujours très visibles, sur les grands axes routiers.

Location

Voir les pages pratiques de chaque localité.

➤ **La location d'une voiture** constitue la meilleure solution pour ceux qui veulent découvrir le Sénégal. Il existe un grand nombre de loueurs, notamment à Dakar, mais nous vous recommandons la plus grande prudence en les choisissant. Adressez-vous toujours de préférence à un des réseaux internationaux représentés au Sénégal. Certaines agences proposent des locations avec chauffeur. Celui-ci connaît les routes et sera bien utile en cas de panne. Parfois, il pourra même vous servir de guide. Cette solution n'est guère plus onéreuse qu'une location simple. Vous payerez bien sûr un supplément pour le chauffeur mais les frais d'assurance seront moins élevés. *Voir les pages pratiques de Dakar.*

➤ **Un 4x4.** Les véhicules tout-terrain, qui peuvent être loués sans chauffeur, coûtent plus du double d'une voiture normale. Nous vous conseillons donc de n'en louer que ponctuellement.

➤ **Les deux-roues** peuvent se révéler un moyen pratique et bon marché de visiter le pays. Des agences de location proposent aussi bien des vélos classiques que des VTT. En cas de fatigue, vous pourrez toujours monter votre bicyclette à bord d'un taxi-brousse. Emportez des pièces de rechange en suffisance.

Les « cars rapides »

Les cars rapides qui sillonnent le Sénégal sont certainement le moyen de transport le plus typique du pays. Mais voyager avec eux nécessite du temps et de la patience, beaucoup de patience... Ne prévoyez jamais d'heure précise pour votre arrivée.

Ces camionnettes, ornées de fresques multicolores enrichies de mots d'hommage adressés à la mère, à la bien-aimée ou au marabout, n'ont de rapides que le nom. Décriés pour l'anarchie de leur conduite, les cars rapides sont pourtant d'une grande utilité. Ils desservent des endroits enclavés jusqu'à des heures tardives de la nuit à des prix défiant toute concurrence. Ils traînent autour d'eux tout un monde d'« apprentis encaisseurs » qui perçoivent l'argent auprès des voyageurs et de « coxeurs » dont le rôle est d'aller rabattre à la ronde les voyageurs. Durant leur périple, ils traversent des quartiers populaires pleins de vie. Si vous n'avez pas trop peur du risque et si vous aimez vous mêler aux gens, prenez un car rapide au moins une fois lors de votre séjour. Quelques émotions et beaucoup de surprises vous y attendent. ❖

Transports collectifs

Voir les pages pratiques de chaque localité.

TRAIN

Si vous n'êtes pas un maniaque de l'exactitude et si vous aimez les contacts humains, prenez au moins une fois le train au Sénégal. La Régie des chemins de fer sénégalais (RCFS) exploite pour l'instant une seule ligne, à voie unique, qui relie Dakar à Bamako (république du Mali), *via* Kidira. Il faut compter 36 h pour effectuer les 1680 km qui séparent les deux capitales. Le train s'arrête dans 152 gares ! Deux liaisons ont lieu chaque semaine. Le nouveau train comporte des couchettes et des cabines. On peut également y embarquer sa voiture en s'y prenant à l'avance, surtout dans le sens Dakar-Bamako où le train est souvent bondé.

La ligne **Dakar-Saint-Louis** est en fin de restauration. Elle peut être rouverte d'un jour à l'autre.

Aux alentours de la Grande Mosquée à Dakar, et comme dans toute la ville, les « cars rapides » sillonnent les rues à la recherche de potentiels voyageurs. À l'arrière, le « coxeur », l'assistant du chauffeur, crie la destination du car qui s'arrête à la demande.

Taxis et bus urbains

➤ **Taxi.** Où que vous soyez, vous trouverez toujours un taxi – reconnaissable à ses couleurs jaune et noir – prêt à vous conduire. Il est peu coûteux. Mais attention, de minuit à 6 h, les prix doublent. À Dakar, aucun compteur ne marche ! Alors, sachez qu'une petite course vous coûtera 500 FCFA (0,76 €), une moyenne 1 000 FCFA (1,5 €) et une longue (par exemple jusqu'aux Almadies) environ 2 000 FCFA (3 €).

➤ **Bus.** En ville, ne le dédaignez pas, tant il est bon marché. Mais attention à la bousculade. Pour payer, si le receveur est inaccessible, faites comme tout le monde : donnez votre argent à votre voisin qui le donnera à son voisin, qui… Votre monnaie reviendra par le même chemin. Le réseau des autobus dakarois est très complet.

Taxis-brousse et cars de brousse

En brousse, mieux vaut ne pas être pressé : ne comptez jamais partir et arriver à l'heure. En taxi ou car de brousse, vous partirez quand le véhicule sera plein ; vous arriverez quand Allah le voudra ! Mais c'est quand même un moyen de transport économique et une expérience incomparable. Ils partent des gares routières dans chaque ville.

➤ **Les taxis-brousse** sont prévus pour emporter 7 passagers en plus du chauffeur. Vous les trouverez à la gare routière, garés derrière des écriteaux indiquant leur destination. Des gérants essaieront de vous happer en vous faisant croire que le véhicule est complet, prêt à partir. Ne payez pas avant d'avoir vérifié vous-même ces déclarations, sinon le départ imminent risque fort de se prolonger plusieurs heures. Si vous voyagez en petit groupe, de trois à cinq personnes, vous avez intérêt à affréter un taxi entier : cela ne vous ruinera pas, vous n'attendrez pas et vous ne serez pas trop serrés à l'intérieur du véhicule. Tous les villages possèdent leur gare routière.

Sachez enfin qu'il existe des prix fixes pour toutes les destinations. À titre indicatif, un trajet Dakar-Saint-Louis vous coûtera 3 100 FCFA (4,65 €). Pour vos bagages, un supplément sera exigé, en fonction de leur taille. Pour une valise, comptez 100 FCFA.

Les cars de brousse coûtent un peu moins cher que les taxis-brousse, mais quelle expédition ! Ces cars sont fréquentés exclusivement par les Africains et il est très rare d'y trouver un Européen. Avant de vous embarquer, emportez une petite provision d'eau et quelques sandwichs, car nul ne saurait dire quand vous arriverez. Essayez d'obtenir la place à côté du chauffeur, c'est la plus confortable. Vous arriverez à destination, c'est certain. Mais quand ? Les pannes (mécaniques, pneus crevés, etc.) sont fréquentes et imprévisibles. Il faut alors attendre le passage d'une voiture qui emportera le jeune commis du chauffeur vers la ville la plus proche; patienter jusqu'au retour du commis; et, enfin, espérer que le car voudra bien repartir. De toute façon, on fera appel aux voyageurs pour qu'ils poussent.

Avion

La compagnie **Air Sénégal International** relie toute l'année quotidiennement Dakar à Ziguinchor, en Casamance et Cap-Skirring. Les prix sont sensiblement les mêmes que ceux pratiqués en France. Vous pouvez également louer des avions auprès de **Sénégalair**. Cette dernière solution est coûteuse. Pour ceux qui sont nombreux et vraiment pressés...

Bateau et pirogue

Outre le **bateau de ligne** qui assure la liaison Dakar-Ziguinchor *(p. 109)*, il existe, dans le Sine Saloum et en basse Casamance, un moyen de locomotion très agréable, quoiqu'un peu coûteux : la **pirogue**. Prévoyez des sacs de marin étanches pour vos bagages. L'essence et les moteurs étant fort chers, ne comptez pas avoir une grande pirogue pour moins de 25 000 FCFA la journée (37,5 €).

Urgences

Aux numéros d'urgences de la Police, des Pompiers voire aussi de SOS médecins, on vous indiquera l'hôpital le plus proche ou une pharmacie de garde. Si vous êtes confronté à des ennuis médicaux, le mieux est de vous faire rapatrier. En cas de problèmes avec les autorités locales, adressez-vous à l'ambassade ou à l'agent consulaire situé dans la ville la plus proche. *Voir les pages pratiques de chaque localité.*

Voltage

Le courant est partout à 220 volts. Aucun adaptateur n'est donc nécessaire pour le matériel électrique européen.

DÉCOUVRIR

Ci-contre : La modernisation du Sénégal a fait une nouvelle place aux femmes. Les jeunes générations, de plus en plus citadines, étudient, travaillent, s'intéressent à la mode et composent assez librement avec leurs traditions.

En haut : Le volume du chargement dépasse souvent la taille du camion, d'où son équilibre parfois précaire…

HÉRITAGE

Les origines du Sénégal se perdent dans la nuit des temps. Le nom même du pays, « Sénégal », viendrait du wolof *sunu gal*, qui signifie « notre pirogue ».

La découverte d'ossements et de nombreux outils en pierre taillée dans la région du fleuve Sénégal et dans les environs de Dakar prouve que la région fut occupée par l'homme dès le paléolithique inférieur (plus de 150 000 ans avant notre ère). À l'époque du néolithique, des agriculteurs sédentaires et des pêcheurs occupaient la presqu'île du Cap-Vert et le Bao Bolon (environs de Nioro du Rip), au sud de Kaolack *(p. 184)*. On a retrouvé dans ce dernier secteur des monuments mégalithiques en latérite qui rappellent les menhirs bretons, ainsi qu'une multitude de *mbanar* (tumulus) témoignant de l'existence ancienne d'une civilisation d'adorateurs du soleil.

À l'embouchure du Saloum et plus au nord vers Saint-Louis, les hommes entassaient les coquillages qu'ils consommaient (huîtres de palétuvier et murex), élevant à la longue d'énormes buttes artificielles qui jalonnent toujours les estuaires du littoral.

L'ère des grands empires

Le Ghana, fondé au IIIe ou IVe siècle de notre ère par des Sarakollés, dominait tout le Soudan occidental. Riche en or, il entretenait d'étroites relations commerciales avec l'Afrique du Nord. De grandes caravanes traversaient périodiquement le Sahara. Cette prospérité permettait à l'empire de nourrir une armée de Peuls, Wolofs et Sérères qui peuplaient son territoire.

Apparition de l'islam

Au XIe siècle, les Almoravides (en arabe *Al Muràbitùn*), des moines guerriers berbères partis du Sahara pour conquérir le Maroc et une partie de l'Algérie, poussent leurs chevauchées jusqu'au fleuve Sénégal et renversent l'empire du Ghana; le chef peul Wara-Oyobé, vassal du Ghana, se convertit à l'islam et fait sécession. Cependant, les Almoravides ne parviennent pas à islamiser les masses, de religion animiste. Seuls des Peuls, au nord, succombent aux charmes de cette religion. Ces nouveaux musulmans adoptent le nom de leur royaume, Tekrour ou Tokoror, qui, par déformation, donnera Toucouleur. Après avoir fondé leur royaume, les Toucouleurs s'allient aux Almoravides. Mais ces derniers disparaissent très vite; leur empire se disloque en de nombreux petits royaumes.

La découverte du Sénégal par les Européens au XVIIe siècle a généré une iconographie plus ou moins fantaisiste. En ht à g.: guerrier du XVIIIe siècle (BNF, Paris). Ci-dessus: Mandingues du haut Sénégal entre le XVIIe et le XVIIIe siècle (Archives d'outre-mer, Lisbonne).

L'empire mandingue

Au début du XIIIe siècle, un second empire noir surgit, celui du Mali, appelé aussi empire mandingue. D'après la légende entretenue par les griots, les habitants du Manding, seraient venus d'Arabie. Leur chef, Bilali Bounama, entre dans l'histoire sous le nom de Soundjata, le roi lion ou roi buffle. Douzième et dernier fils du roi du Manding, il échappe au massacre ordonné par Soumangourou Kanté, souverain ghanéen du Sosso, dans lequel périrent ses frères et sœurs.

En 1234, Soundjata rassemble une armée et revient en triomphateur dans sa capitale, Diarba. Soumangourou marche contre lui pour l'écraser mais il est tué à Karina (1235). Cette victoire permet à Soundjata de conquérir le Ghana, dont il pille la capitale. Il s'empare des mines d'or du Bambouk et ne cesse d'étendre sa domination. Ses successeurs agrandissent encore l'empire. L'un d'eux, Abou Bakari II (1310-1312), atteint les côtes de l'Atlantique. Se découvrant une vocation de navigateur, il lance une flotte, s'embarque, prend le large et disparaît.

En 1312, Kankan Moussa succède à Abou Bakari II. Sous le règne de ce musulman pieux et sage, l'empire mandingue atteint son apogée. Il s'étend de l'océan Atlantique à Agadez (Niger), de la forêt guinéenne au cœur du Sahara.

En 1324, Kankan Moussa fait le pèlerinage de La Mecque, accompagné d'une suite dont le faste étonne les Arabes. Il entretient des relations suivies avec les souverains du Maroc et de l'Égypte, attire des commerçants maghrébins et s'entoure d'une cour de savants et de lettrés arabes.

Après sa mort en 1337, le Mali commence à décliner. Chassés de Tombouctou par les Touaregs, razziés par les Mossis, harcelés par les Bambaras, les Songhaïs et les Toucouleurs, les guerriers mandingues émigrent en Casamance, où ils resteront.

Le royaume du Djolof

À l'origine du royaume du Djolof, on trouve un descendant des conquérants almoravides, Abou Beker Ben Omar.

À sa mort, sa veuve, Fatima Sal, se remarie avec un de ses captifs, Mbarik Bo. Le fils du défunt, Amadou, désapprouve ce mariage. Il quitte la maison et devient une sorte d'ermite vagabond. Il hante les marécages entourant le fleuve Sénégal, apparaissant tantôt ici tantôt là, jouant les juges de paix et s'entremettant au milieu des querelles.

Un jour, il jaillit des eaux pour arbitrer un différend opposant des pêcheurs de deux localités rivales. Le mystère de son apparition, les paroles pleines de bon sens qu'il prononce intriguent les foules. Sa réputation court de village en village. Elle arrive jusqu'au *lamane* (chef local) Diaw, qui décide de demander conseil au célèbre roi-féticheur du Sine, Maïssa Wali Dione. Celui-ci s'exclame: «*Ndiadiane-o!*» («C'est une chose étonnante!»). Il ajoute: «*Nda Bour Ba!*» («Mais c'est un roi!»). Aussitôt, en signe d'allégeance, Maïssa Wali Dione envoie à Amadou une délégation chargée de présents. Amadou, reconnu comme roi par l'ensemble des *lamanes*, prend le nom de Ndiadiane Ndiaye. Il fonde le royaume du Djolof, qui s'étend sur le Walo, le Cayor, le Baol, le Sine Saloum, le Dimar et une partie du Bambouk.

Cet État est le creuset de l'unité culturelle des Wolofs, qui forment aujourd'hui le peuple le plus important du Sénégal. La structure sociale du royaume du Djolof est une pyramide dont la base est formée d'esclaves, dominés par les gens de caste (dont les griots), puis par les hommes libres, dont la plupart sont des paysans. Enfin, tout au sommet, l'aristocratie et le roi *(bour)*. Mais cette belle unité ne dure pas. Avec les années, les querelles et les problèmes de succession ébranlent le Djolof, tandis que les *lamanes* s'agitent pour se libérer de la tutelle du *bour*.

En 1559, le souverain du Cayor, appelé *damel* «celui qui brise», devient indépendant. Dès lors, toutes les régions soumises recouvrent leur autonomie. Cela ne met pas un terme aux dissensions qui se poursuivent jusqu'en 1886, date de la bataille de Yang-Yang, qui voit l'écrasement de l'armée du Cayor par les troupes du Djolof. Mais déjà le Djolof est passé sous protectorat français. Et c'est de la puissance coloniale que viendra l'unification du pays.

Navigateurs et marchands

La pénétration française aurait commencé presque trois siècles avant l'éclatement de l'empire du Djolof au XVIe siècle, suivi plus tard par l'arrivée des Portugais, des Hollandais et des Anglais.

Les premiers Français

Selon certains récits publiés vers la fin du XVIIe siècle pour étayer les droits de la France sur ces côtes – ne présentant pas de sérieuses garanties historiques –, des marins dieppois faisant route vers les Canaries auraient découvert le Cap-Vert en 1364 : longeant la côte jusqu'en Casamance, ils échangent leur pacotille contre de l'or, de l'ivoire et du poivre.

Ils reviennent en 1365 et les années suivantes, accompagnés de marchands rouennais. Ces relations se seraient poursuivies jusqu'en 1410. Puis, la guerre de Cent Ans faisant rage en France, le pavillon français disparaît des côtes africaines jusqu'en 1488. Entre-temps, les Portugais ont pris pied au large du Cap-Vert, dans ce qui deviendra l'île de Gorée.

Les Portugais

Au XVe siècle, Henri le Navigateur, prince du Portugal, finance de nombreux voyages d'exploration des côtes d'Afrique. À la recherche d'une nouvelle route des épices, ses vaisseaux touchent Madère en 1418 et le Rio de Oro dans le Sud marocain en 1436. En 1444, Dinis Dias arrive en vue de l'embouchure du Sénégal mais il passe sans l'apercevoir. En revanche, il découvre plus au sud, au large du Cap-Vert, une île où ne vivent que des chèvres sauvages : Gorée.

Bien qu'inhabitée, Gorée, alors baptisée Palma, prend tout de suite une grande importance. Face au littoral inhospitalier, l'île offre un mouillage facile et sûr. Les caravelles en route vers les Indes ou le Brésil y font toutes relâche. Vasco de Gama, le futur saint François-Xavier, ou encore le poète Luis de Camões (auteur des *Lusíades*, œuvre maîtresse de la littérature portugaise du XVIe siècle) y font escale.

De leur base à Gorée, les marchands lusitaniens essaiment à travers le Djolof. Ils ouvrent des comptoirs dans les principaux villages côtiers. Ils troquent des fusils, de la poudre, des bijoux de verroterie, des étoffes et de l'eau-de-vie contre des peaux, de l'or, de l'ivoire, des plumes d'autruche, du musc, de l'ambre, et bientôt des esclaves.

Les Hollandais à Gorée

Derrière les Portugais arrivent les Hollandais, qui viennent de s'affranchir de la tutelle hispanique. Ils se hâtent de profiter de la destruction de la flotte portugaise lors de sa tentative d'invasion de l'Angleterre pour s'approprier Gorée et s'y installent en 1588.

En 1617, en échange de barres de fer, les Hollandais achètent l'île au chef du Cap-Vert et à un pêcheur. Ils la rebaptisent *Goede Reede* – « bonne rade » – qui, par contraction, se transformera en « Gorée ». Ils y construisent deux forts, une forge, une boulangerie, quelques magasins et paillotes.

Les Concessions du Sénégal

Vers 1638, les Français reviennent à la charge : la Compagnie normande, constituée avec les encouragements de Richelieu par des marchands de Rouen et de Dieppe,

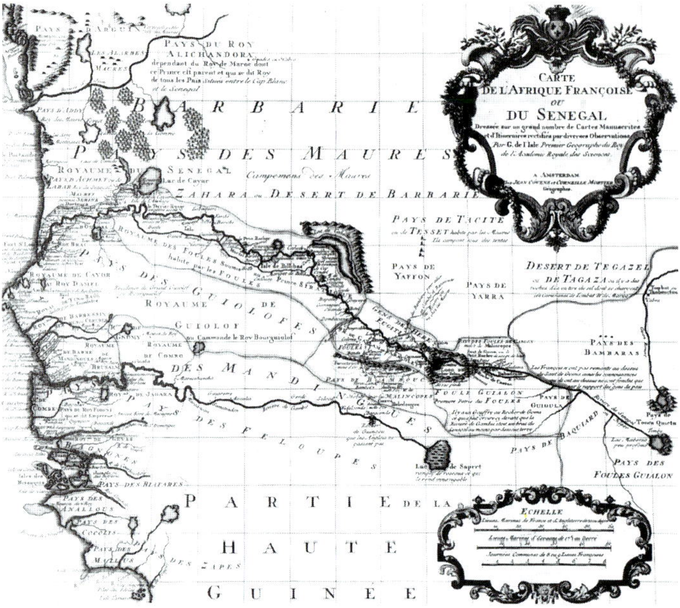

Si la côte du Sénégal est bien connue au XVIIIe siècle, il n'en va pas de même de l'intérieur des terres.

fonde un comptoir sur un îlot situé à l'embouchure du fleuve Sénégal. En 1659, le commis de la Compagnie normande, Louis Caullier, le transfère sur l'actuelle île Saint-Louis et y édifie un corps de logis, créant la première cité française en Afrique. Cette solide tête de pont permet aux Français d'explorer l'intérieur du pays.

Tandis que les Anglais chassent les Hollandais de Gorée, avant d'être évincés à leur tour par les Français, la vie s'organise à Saint-Louis. Des compagnies marchandes se succèdent – une douzaine de 1638 à 1763 –: mauvaises affaires, mauvaises gestions et naufrages entraînent leur disparition. Les établissements sont tout d'abord cédés en 1664 à la puissante Compagnie des Indes occidentales qui vient d'être créée. Elle détient le monopole du commerce sur toutes les côtes de l'Atlantique, du Canada, d'Amérique centrale et d'Afrique. Fonctionnant grâce à la concession du monopole royal sur le Sénégal, toutes ces compagnies prendront le nom officiel de « Concession royale du Sénégal ». Elles « avaient pour objet la traite qui portait sur les produits suivants : la poudre d'or, l'ivoire, la gomme, la cire, le cuir et les Nègres. Ces marchandises étaient traitées en échange de celles que la Compagnie faisait venir de France : du cuivre, du fer, de la verroterie, des toiles grossières du Nord et des Indes, de l'eau-de-vie et autres articles de pacotille. »

La Compagnie des Indes réalise des bénéfices considérables : en une année, avec un investissement de 900 000 livres consacré aux achats, elle gagne 7 200 000 livres, multipliant son investissement initial par huit, avant de faire faillite et d'être remplacée par une nouvelle compagnie !

En 1745, le directeur David installe un fort à Podor, sur l'île à Morfil, pour contrôler le pays toucouleur et la navigation sur le fleuve. Puis, de 1749 à 1753, a lieu au Sénégal la première expédition scientifique africaine, réalisée par le naturaliste Michel Adanson.

Chassé-croisé avec les Anglais

En 1758, en pleine guerre de Sept Ans, les Anglais s'approprient la Concession royale du Sénégal. Cinq ans plus tard, le traité de Paris du 10 février 1763 consacre leur victoire. La France, battue, doit leur céder le Canada, plusieurs îles antillaises et le Sénégal – moins Gorée. Mais le 30 janvier 1779, à la faveur de la guerre d'Indépendance américaine, les Français reviennent et prennent d'assaut Saint-Louis. En 1793, les hostilités reprennent en Europe. Les Anglais en profitent pour attaquer Gorée et s'y installer. La ville de Saint-Louis résiste héroïquement mais tombe en 1809. Finalement, le 30 mai 1814, le traité de Paris restitue le Sénégal à la France.

Pendant ce temps, sous la conduite de Dial Diop, les Lébous du Cap-Vert se rendent indépendants du *damel* du Cayor, leur ancien suzerain. Ils construisent alors sur plusieurs kilomètres de longs murs de pierre sèche. En 1812, le *damel* Birama Fatma Tioup reconnaît l'indépendance de la république lébou.

La colonisation

Après toutes ces péripéties, le retour de la France au Sénégal devient effectif en 1817. Elle n'y possède pas grand-chose : l'île de Gorée et la ville de Saint-Louis. Un moment, il est même question de renoncer à l'Afrique. Autour de Victor Hugo, Lamartine et Victor Schœlcher, une vigoureuse campagne contre la traite des Noirs se développe. Elle aboutit à son abolition en 1848. Dès lors, on s'interroge à Paris : « Est-il vraiment nécessaire de garder les colonies ? » Mais l'Angleterre, la vieille rivale, poursuit son expansion à travers le monde. La France ne peut demeurer les bras croisés.

Des débuts difficiles

Louis Faidherbe est nommé gouverneur du Sénégal en 1854 *(encadré p. 143)*. Le pays est alors divisé entre plusieurs minuscules royaumes rivaux (Cayor, Fouk, Walo, Sine, Essil, Djolof, etc.). Faidherbe en entreprend la réunification avec des moyens réduits :

La Méduse

Le 17 juin 1816, la frégate *La Méduse* quitte l'île d'Aix à destination du Sénégal, avec à son bord 400 marins et soldats ainsi que le gouverneur Schmalz, chargé de reprendre possession des comptoirs français. Le navire s'échoue le 2 juillet sur le banc d'Arguin (côte mauritanienne). Les canots de sauvetage ne peuvent sauver tous les membres de l'équipage et les passagers. Parmi eux, 150 s'entassent sur un radeau de fortune qui, parti à la dérive, devient le théâtre de scènes cauchemardesques. Quand le brick *L'Argus* recueille les naufragés, ils ne sont plus que quinze, presque moribonds. Géricault s'est inspiré de ce drame pour peindre sa toile *Le Radeau de la Méduse*, exposée au Louvre à Paris. ❖

Sur cette publication française du XIXe siècle est mise en avant la bravoure des régiments français en Afrique à l'occasion de la victoire française sur les troupes d'El Hadj Omar à Médine (BNF, cabinet des Estampes, Paris).

deux bataillons de tirailleurs sénégalais *(encadré p. 70)*, une canonnière et dix avisos (petits bâtiments de faible tonnage). Il pacifie d'abord le Nord, en rejetant les Maures. En 1858, il annexe le pays wolof. Mais la résistance s'organise. Dans le Fouta, un authentique chef militaire surgit. Né près de Podor en 1797, **El Hadj Omar** est revenu d'un pèlerinage à La Mecque avec le titre de khalife. Il en appelle à la guerre sainte. Avec 20000 hommes, il assiège le fort de Médine tenu par Paul Holl et 57 hommes. Après deux mois, Faidherbe repousse El Hadj Omar. Battu, celui-ci abandonne le Fouta pour s'en aller guerroyer du côté de Tombouctou.

La colonisation en marche

Dès 1845-1846, des missionnaires construisent sur la presqu'île du Cap-Vert, à l'emplacement de l'actuelle mairie de Dakar, le premier établissement français d'importance. Puis, en 1857, le capitaine de vaisseau Protet bâtit un fort à côté. Quant au gouverneur Pinet-Laprade, il dessine un premier plan de la future ville et envisage la construction d'une voie de chemin de fer pour relier Dakar à Saint-Louis. Faidherbe décide la réalisation de cette voie qui doit permettre l'évacuation de l'arachide, dont la culture ne cesse de se développer depuis son introduction en 1840. Mais le *damel* du Cayor, **Lat Dyor Ngoné Latir Diop** *(encadré ci-dessous)*, est, dès 1862, hostile au projet. Il pressent que l'établissement d'une ligne de chemin de fer – mise en service en 1895 – risque de conduire à la perte de son indépendance et il luttera contre ce projet jusqu'à sa mort à Dekhlé en 1886. D'autres chefs se soulèvent, comme Mamadou Lamine, mais aucun ne peut endiguer l'implantation française.

En 1871-1872, Saint-Louis, Gorée et Dakar sont érigées en communes, rejointes par Rufisque en 1880. Leurs habitants bénéficient du statut de « citoyen français ».

À l'extérieur de ces quatre communes, les Sénégalais « sujets » restent soumis au régime de l'indigénat, sous la coupe des commandants de cercle (anciens préfets de région), contraints aux travaux forcés et à des autorisations de déplacement.

Parallèlement, la colonisation s'étend en Afrique de l'Ouest. Le gouvernement français pense nécessaire de regrouper ses territoires sous une même autorité pour harmoniser leur développement. Par décret du 16 juin 1895, le président Félix Faure crée le gouvernement général de l'Afrique Occidentale française (AOF), qui réunit le Sénégal, la Guinée, la Côte-d'Ivoire et le Soudan, rejoints en 1899 par le Dahomey (le Bénin actuel). Le gouverneur de l'AOF est aussi gouverneur du Sénégal dont Saint-Louis est la double capitale.

Lat Dyor Ngoné Latir Diop, héros national du Sénégal

Dernier souverain du royaume du Cayor, Lat Dyor naquit en 1842. Ses faits d'armes et son accession au pouvoir, en passant outre la tradition qui réservait ce privilège exclusivement à la famille régnante des Fall, lui valurent le titre de *damel*.

Il fut à l'origine de multiples alliances et mésalliances avec les souverains locaux et finit même par embrasser l'islam auprès de l'almany Ma Bâ Diakhou, marabout guerrier, figure de proue de la guerre sainte et grand résistant contre la colonisation, dont il demeura plusieurs années le principal chef de guerre. À la mort de ce dernier, il revint au Cayor pour conquérir le trône.

Résistant contre l'engagement de son prédécesseur, le *damel* Madiodo, qui avait accordé aux Français une bande de terre le long du littoral pour le tracé de la ligne de chemin de fer entre Dakar et Saint-Louis, il mena une ultime bataille contre les forces coloniales à Dekhlé où il mourut le 27 octobre 1886. La légende veut que pour l'éliminer, les forces occupantes eurent recours à une balle en or fondue spécialement pour la circonstance. Grâce à ses prouesses, Lat Dyor fut officiellement élevé au rang de héros national. ❖

Les tirailleurs sénégalais

À l'occasion des manifestations nationales, les anciens combattants arborent fièrement leur passé militaire.

Napoléon III créa ce corps en 1857 sous l'impulsion de Faidherbe. Ces troupes participèrent à la conquête de l'Empire aux côtés de l'armée française. À l'approche de la Première Guerre mondiale, le général Mangin rêva de transformer l'Afrique en réservoir humain destiné aux armées. Ce « rêve » se concrétisa en 1914-1918 : près de 30 000 soldats africains participèrent aux combats. L'affiche publicitaire pour Banania représentant un tirailleur popularisa le corps.

Celui-ci s'illustra lors de la Seconde Guerre mondiale, notamment au cours des campagnes d'Italie et de France, mais le retour au pays fut marqué par le drame du Camp de Thiaroye où ils furent nombreux à être massacrés par l'armée française. Le cinéaste Sembène Ousmane en tira un film poignant. On rencontre encore au Sénégal quelques-uns de ces anciens combattants. ❖

Une politique d'assimilation

Dans ce contexte de colonisation, le développement de l'enseignement s'avère primordial : multiplication des écoles de brousse, ouverture d'un premier lycée à Saint-Louis en 1910 et création de l'école normale William-Ponty à Gorée. Une nouvelle génération de Sénégalais apparaît au début du XXe siècle. Jusqu'alors, la vie politique et culturelle était dominée par les Français et les Créoles. Ils contrôlent les assemblées municipales, le Conseil général et ils se partagent l'unique siège de député à l'Assemblée nationale. En 1914, pour la première fois, un Noir représente le Sénégal au Palais-Bourbon : **Blaise Diagne**. Ce natif de Gorée, élevé à Saint-Louis, est marié à une Française. Convaincu que le Sénégal fait partie de la République française, une et indivisible, il en tire les conséquences logiques : si les Sénégalais veulent être les égaux des Français, ils doivent porter secours à la mère-patrie en danger. Blaise Diagne parcourt l'Afrique occidentale pour inciter les Noirs à s'engager dans l'armée française espérant ainsi obtenir « l'accès pour ses frères sénégalais à des droits politiques de plus en plus étendus ».

Dès 1945, la marche vers l'indépendance

De toutes les colonies françaises d'Afrique, c'est le Sénégal qui bénéficia le plus d'investissements de la part de l'administration métropolitaine : construction du plus beau réseau routier de l'Afrique noire ; édification, à Dakar, du plus important complexe universitaire, aménagement des installations portuaires les plus modernes ; mise en place des premières industries dans la presqu'île du Cap-Vert. Métropole politique, administrative, militaire, économique, sociale et même culturelle de l'Afrique Occidentale française depuis 1907, Dakar assuma un rôle bien plus considérable que celui d'une simple capitale de république. D'ailleurs, son port desservait presque toute l'Afrique de l'Ouest.

Cependant, les années passent, amenant une prise de conscience des peuples d'outre-mer. En février 1944, avant même que cessent les combats de la Seconde Guerre mondiale, le général de Gaulle réunit une conférence à Brazzaville pour établir la nouvelle politique coloniale de la France. Elle posera comme premier principe que « toute autonomie, toute possibilité d'évolution hors du bloc français est rejetée ».

Amadou Lamine Gueye et Léopold Sédar Senghor

Le 22 août 1945, une ordonnance établit que les élections auront lieu outre-mer au double collège, qui comprend, d'une part les citoyens français et ceux des « quatre communes » et d'autre part les « indigènes », c'est-à-dire les citoyens de l'empire. En novembre de la même année, Amadou Lamine Gueye est l'élu du premier collège, Léopold Sédar Senghor celui du second. Les deux hommes appartiennent l'un et l'autre au parti socialiste (SFIO). La Constituante hésite alors entre l'assimilation totale, telle que les promoteurs de la conférence de Brazzaville la souhaitent, et l'association.

Pendant plus de vingt ans, Léopold Sédar Senghor a été au centre de la vie politique et culturelle du Sénégal.

Le 25 avril 1946, un texte, dit « loi Lamine Gueye », stipule que « tous les ressortissants des territoires d'outre-mer ont la qualité de citoyens au même titre que les nationaux français de la métropole ou des territoires d'outre-mer ». Le 27 octobre de la même année, la Constitution de la IVe République institue l'Union française.

Aux élections législatives de 1946, Senghor et Lamine Gueye sont réélus. Amadou Lamine Gueye devient secrétaire d'État à la présidence du Conseil du gouvernement de Léon Blum. Deux députés et deux sénateurs représentent le Sénégal au Parlement français. Toute évolution de type fédéraliste semble interdite puisque le Sénégal fait partie intégrante de la République française.

La création du Bloc démocratique sénégalais

Senghor, élu sous l'étiquette socialiste (SFIO), ne tarde pas à comprendre que seul un parti authentiquement africain peut permettre de répondre aux aspirations de son peuple. Rejetant le Rassemblement démocratique africain (RDA), alors très proche des communistes, il fonde en 1948 le Bloc démocratique sénégalais (BDS). En 1951, aux élections législatives françaises, il bat de très loin le candidat SFIO Lamine Gueye.

Les événements s'accélèrent. La guerre d'Indochine, les débuts de la guerre d'Algérie, l'immobilisme de la politique française d'outremer, l'indépendance des anciens protectorats du Maghreb et les efforts de décolonisation des Britanniques en Afrique occidentale alourdissent le climat. À partir de 1955, les partis politiques sénégalais durcissent leurs positions.

La loi-cadre Defferre, votée par l'Assemblée nationale le 23 juin 1956, crée huit républiques semi-autonomes en Afrique Occidentale française, dont le Sénégal. Elle instaure le suffrage universel, établit une Assemblée et un Conseil de gouvernement. L'ensemble de la Fédération est placé sous l'autorité d'un haut commissaire assisté d'un Grand Conseil. Le 28 septembre 1958 a lieu le référendum par lequel tous les territoires de l'ancienne AOF – sauf la Guinée – acceptent le statut d'États membres d'une communauté institutionnelle, où ils restent solidaires de la France : par 870 000 « oui » contre 21 000 « non », le Sénégal approuve ce projet. Le 25 novembre 1958, le Sénégal devient une république. Le dernier gouverneur français sera Pierre Messmer qui quitte Dakar en décembre 1959, avant la dernière étape de la décolonisation. Une nouvelle histoire commence. Elle conduira deux ans plus tard à l'indépendance du Sénégal.

Naissance d'une démocratie

Lorsque la république est proclamée en 1958, Léopold Sédar Senghor est l'un des rares hommes politiques à s'opposer à ce qu'il appelle « la balkanisation de l'Afrique occidentale ». En décembre 1958, il crée la Fédération du Mali, qui regroupe le Sénégal, le Soudan (actuel Mali), le Niger et la Haute-Volta (Burkina Faso). Modibo Keita prend la présidence du gouvernement tandis que Senghor est appelé à la tête de l'Assemblée fédérale. Quelques semaines plus tard, le Niger et la Haute-Volta se retirent de cet ensemble. En décembre 1959, à l'occasion de la réunion du

Les femmes participent activement aux élections et prennent de plus en plus part à la vie politique du pays.

Conseil exécutif de la Communauté française à Saint-Louis, Senghor demande solennellement au général de Gaulle l'indépendance de la Fédération du Mali. Elle est proclamée le 20 juin 1960. Mais, au sein de cette fédération, des divergences ne tardent pas à se produire.

L'indépendance du Sénégal

Les Sénégalais souhaitent le maintien d'un système fédéral souple, alors que les Soudanais défendent une conception unitaire. En réalité, au-delà des doctrines, deux styles s'affrontent: celui des Sénégalais, défenseurs d'une certaine tradition parlementaire et du pluralisme, et celui des dirigeants soudanais, qui préconisent l'établissement d'un régime de parti unique et l'institution d'une économie de type socialiste.

Au cours de l'été 1960, le fossé s'élargit entre Sénégalais et Soudanais. La querelle au sujet de la désignation du président de la Fédération sert de prétexte à une rupture que tout laissait prévoir depuis plusieurs mois.

Le 20 août 1960, le Sénégal proclame son indépendance, tandis que le Soudan adopte la dénomination de « république du Mali » et conserve l'ancien drapeau et l'hymne fédéral. Rompant tout lien politique avec la France, les dirigeants maliens quittent avec éclat la Communauté française.

Des débuts agités

Senghor devient président de la République du Sénégal, tandis que **Mamadou Dia** prend la tête du Conseil. Cette répartition des tâches ne dure pas: le 17 décembre 1962, la crise éclate lorsque Mamadou Dia tente de s'emparer du pouvoir. Les Sénégalais font front aux côtés de leur président. Mamadou Dia est arrêté, traduit en Haute Cour et condamné à la détention à perpétuité.

Une nouvelle Constitution est approuvée le 4 mars 1963, par 99,4 % des votants. Elle institue un régime présidentiel. Aux élections législatives de février 1963, la liste de l'Union progressiste sénégalaise (UPS), le parti socialiste qui avait

Depuis l'avènement de la démocratie, les murs de la ville ont la parole. Ici dans les rues de Dakar.

remplacé le BDS, remporte un large succès. Léopold Sédar Senghor est réélu triomphalement à la présidence de la République.

L'ouverture démocratique

De 1966 à 1974, l'UPS – bientôt renommé Parti socialiste – ayant absorbé les autres partis, le Sénégal vit de fait sous le régime du parti unique. Il faut attendre 1974 pour qu'Abdoulaye Wade, professeur agrégé d'économie politique et ancien doyen de la faculté de droit de Dakar, crée un mouvement d'opposition : le Parti démocratique sénégalais (PDS).

En 1976, le président Senghor, qui prône l'ouverture démocratique, consacre officiellement cet élargissement en modifiant la Constitution. Celle-ci autorise alors trois partis qui « doivent représenter respectivement les courants suivants de pensée : libéral et démocratique ; socialiste et démocratique ; communiste et marxiste-léniniste ». L'UPS au pouvoir se proclamant d'emblée « socialiste et démocratique », le PDS, qui se réclamait pourtant du travaillisme, se déclare « libéral et démocratique ». Il reste la place pour les « communistes et les marxistes-léninistes » : le Parti africain de l'indépendance de Mahjemout Diop, semi-clandestin, s'empresse de l'occuper. En 1979, une nouvelle réforme constitutionnelle autorise la formation d'un nouveau parti, le MRS (Mouvement républicain sénégalais), qui se déclare conservateur.

L'après-Senghor

Le 1er janvier 1981, le président Senghor abandonne volontairement le pouvoir, fait rarissime en Afrique. Conformément à la Constitution, **Abdou Diouf**, Premier ministre, lui succède comme chef de l'État. Il autorise tous les partis politiques. S'il est élu triomphalement en 1983, les élections de 1988 se présentent pour lui sous un autre jour. Il l'emporte largement dès le premier tour, mais la proclamation des résultats provoque dans le pays de violentes manifestations dénonçant des fraudes. La répression qui s'ensuit touche directement le camp de l'opposition. Abdoulaye Wade, arrêté et condamné à la prison, s'exile en France. Mais Abdou Diouf revient sur ses positions au début des années 1990 en raison de problèmes internes – la Casamance, violemment séparatiste – et riverains – la Mauritanie.

Au retour d'exil d'Abdoulaye Wade en 1990, il l'appelle au gouvernement, le nommant Premier ministre en 1991. Toutefois, celui-ci démissionne de son poste pour se présenter contre Abdou Diouf aux élections présidentielles de février 1993. Abdou Diouf, réélu, porte le mandat présidentiel à sept ans. Aux élections de mars 2000, **Abdoulaye Wade** l'emporte enfin sur son adversaire. Pour la première fois au Sénégal, la victoire des forces libérales met fin à un régime de quarante ans.

Le Sénégal et le monde

Le Sénégal entend, selon la formule de son premier président Léopold Sédar Senghor, « établir avec le monde entier un réseau de relations amicales ». Ce petit pays pacifique, sans ambitions territoriales, se montre très actif au plan international. Membre de l'Union africaine (UA) créée le 8 juillet 2002 à Durban en Afrique du Sud en remplacement de l'Organisation de l'unité africaine (OUA) –, le Sénégal a reçu en 1992 l'Organisation de la conférence islamique (OCI), qui réunit les États musulmans. Il entretient d'excellents rapports avec l'Occident, comme le prouve l'envoi en 1991 de troupes en Arabie Saoudite lors de la guerre du Golfe. Sa force armée, même peu importante, est réputée pour être bien organisée et correctement entraînée.

Le président Abdoulaye Wade est l'un des principaux animateurs, avec le président algérien Bouteflika, du NEPAD – le nouveau partenariat pour le développement de l'Afrique ; plan contesté par les mouvements antimondialisation.

La Gambie

Enclavée dans le Sénégal avec une ouverture sur l'océan, la Gambie fait figure de nain économique et politique à côté de son voisin. Ce petit pays, qui sert de tête de pont aux intérêts anglophones dans la région, est aussi une terre d'intense contrebande. En 1981, le président Jawara, chassé par un coup d'État, appelle l'armée sénégalaise à la rescousse. En 1982, les deux pays décident de former une Confédération de Sénégambie. En 1989, la Gambie, effrayée peut-être par la forte présence militaire sénégalaise et par un projet d'intégration économique, met fin, en accord avec le Sénégal, à la confédération. ■

ACTUALITÉ

D'où viennent les Sénégalais ? De partout, pourrait-on répondre. Carrefour géographique, le Sénégal est aussi un carrefour humain où peuples, langues, religions et traditions n'ont cessé de se croiser. La république apparaît comme une mosaïque de peuples, quelquefois apparentés. Vous rencontrerez aussi bien les Wolofs *(encadré p. 79)*, les Sérères *(encadré p. 189)*, les Toucouleurs, *(encadré p. 161)*, les Peuls *(encadré p. 134)*, les Diolas *(encadré p. 203)*, les Lébous *(encadré p. 106)*, les Mandingues *(encadré p. 226)*, les Sarakollés *(encadré p. 166)* et les Bassâris *(p. 220-221)* qu'une minorité française et libanaise et une petite communauté maure *(encadré p. 80)*.

Visages de la société

Le Sénégal compte environ 9,9 millions d'habitants, dont 58 % a moins de 20 ans. Avec un taux de croissance démographique de 2,8 %, la population, dont la répartition géographique est déséquilibrée, doublera à l'horizon 2020. Cet accroissement pose d'épineux problèmes, car, à l'instar d'autres pays africains, le Sénégal s'urbanise de plus en plus : 45 % de la population vit en ville. Les principales causes remontent à la sécheresse des années 1970 (exode rural) ainsi qu'à l'effondrement de la culture de l'arachide sur laquelle reposait l'essentiel de l'économie. Ainsi, le Ferlo, le Sénégal oriental et la région du Fleuve (Sahel) se dépeuplent à une allure drama-

Carte d'identité

Le drapeau national est formé de trois bandes aux couleurs panafricaines. L'étoile verte à cinq branches figurant au centre symbolise le progrès et la liberté.

➤ **SITUATION**. Sur la pointe extrême occidentale de l'Afrique.

➤ **SUPERFICIE**. 196 722 km^2.

➤ **POINT CULMINANT**. 581 m.

➤ **CLIMAT**. Ensoleillé et chaud la plus grande partie de l'année. Saison des pluies juin-fin octobre.

➤ **FRONTIÈRES**. Mauritanie au nord, puis, dans le sens des aiguilles d'une montre, Mali, Guinée et Guinée-Bissau. La Gambie est enclavée dans la partie sud du Sénégal avec une ouverture sur l'océan.

➤ **CÔTES**. 700 km de côtes sablonneusesouvertes sur l'océan Atlantique.

➤ **DÉMOGRAPHIE**. Environ 9 900 000 habitants. **Populations** : Wolofs, 43 % ; Sérères, 19 % ; Toucouleurs, 12 % ; Peuls, 10,5 % ; Diolas, 8 %. Puis viennent les Lébous, les Mandingues, les Sarakollés et les Bassâris. Également fortes minorités française, libanaise et petite communauté maure. *Carte des populations p. 78.*

➤ **CAPITALE**. Dakar (environ 2 000 000 habitants). **Villes principales** : Thiès (160 000 habitants) ; Saint-Louis (200 000 habitants) ; Kaolack (200 000 habitants) ; Ziguinchor (200 000 habitants).

➤ **RELIGIONS**. Musulmane (90 %), chrétienne (5 %) et animiste.

➤ **CONFRÉRIES**. Elles jouent un rôle capital dans la vie politique et économique. Les principales sont les mourides, les tidjanes, les layènes et les khadrias.

➤ **LANGUES**. **Officielle** : français. **Nationales** : wolof (80 % de la population parle cette langue), sérère, diola, soninké, pulaar (Peuls et Toucouleurs), mandingue, baïnouk et balante.

➤ **NATURE DU RÉGIME**. République ; démocratie multipartite.

➤ **CHEF DE L'ÉTAT**. Abdoulaye Wade, président depuis mars 2000.

➤ **PAYSAGE POLITIQUE**. Libéraux, socialistes et divers gauche.

➤ **DEVISE**. « Un peuple, un but, une foi. »

➤ **EMBLÈMES**. Le lion et le baobab.

➤ **MONNAIE**. Franc CFA. Rappel : 1€ = 657 FCFA.

➤ **PRINCIPALES RESSOURCES**. Pêche, tourisme (400 000 visiteurs par an), phosphates, agriculture (arachide).

➤ **EXPORTATIONS**. Produits de la pêche, arachide...

➤ **IMPORTATIONS**. Produits manufacturés, riz...

➤ **SALAIRE MINIMUM**. 30 000 FCFA soit environ 45 € par mois. ❖

LES POPULATIONS DU SÉNÉGAL

tique au profit des zones littorales plus favorisées et des villes. Dakar (environ 2 millions d'habitants) connaît un taux d'accroissement annuel de 4 % (soit 80 000 habitants de plus par an!). La région du Cap-Vert – incluant Dakar, Rufisque et Guédiawaye (au nord-est de Dakar) – concentre le quart de la population du pays, les trois quarts du PIB et 80 % des entreprises. Mais depuis les années 1980, la mise en place d'une politique démographique axée sur le planning familial, le recours aux moyens contraceptifs, notamment en ville, les contraintes économiques liées à la crise et à la paupérisation ont ramené le noyau familial à un modèle plus raisonnable.

Quelques règles sociales

➤ **LA FAMILLE ÉLARGIE.** Pour mieux comprendre la société sénégalaise, il faut tenir compte du rôle écrasant que joue la famille : chaque Sénégalais qui a la chance d'avoir un travail doit faire vivre sa femme (ou ses femmes), ses enfants, ses parents, ses frères et sœurs, ses cousins, etc. Il ne lui est pas possible, sous peine de renier le groupe auquel il appartient, de se soustraire à ce devoir. Le Sénégalais qui atteint un niveau de responsabilités doit donner du travail en priorité à sa famille : compétent ou incompétent, le cousin ou le frère l'emportera. Pris entre le népotisme et l'assistance sociale, le Sénégalais, aussi brillant soit-il, a les plus grandes difficultés à jouer son rôle économique. La cohésion du système social constitue une chance de survie et un obstacle puissant à l'évolution économique.

➤ **LA PLACE DE LA FEMME.** La femme est, elle aussi, dépendante du fossé qui existe entre la société traditionnelle et le modèle occidental. Si, à Dakar, des femmes travaillent, occupant parfois des postes à responsabilité, il ne faut pas croire

Les Wolofs

Forts de plus de quatre millions d'individus, les Wolofs peuplent surtout le bas Sénégal, les régions de Dakar, Louga, Thiès, Diourbel, Kaolack et Linguère. Cette communauté dynamique, la plus importante du pays, est aussi la plus représentative. Inévitablement, ses us et coutumes ont tendance à imprégner les autres cultures.

Une société hiérarchisée

Les Wolofs, comme la plupart des sociétés africaines, sont divisés en structures hiérarchisées que certains auteurs ont cru pouvoir qualifier de « castes ». L'emploi de ce terme paraît contestable, car il constitue un rapprochement trop sommaire avec l'Inde. Les strates africaines sont, en réalité, des catégories sociales complexes, plutôt juxtaposées et qui ne se mélangent pas, sans être pour autant très nettement différenciées les unes des autres. Quoi qu'il en soit, on distingue chez les Wolofs la classe des *diambours* (hommes libres), subdivisée en *garmis* (noblesse), *badolos* (paysans libres) et *sérignés* (marabouts). La noblesse comprend les familles de sang royal, les chefs de province et les chefs militaires. Puis viennent les *nyenos* (classe des artisans): forgeron, cordonnier, tisserand, sculpteur sur bois, griot. Les griots (tout à la fois poètes, musiciens et historiens) forment une caste à part, à la fois respectée et redoutée car ils possèdent la mémoire et la parole. Tout en bas se trouvaient autrefois les *diames* (esclaves), subdivisés en «esclaves de case», liés à un maître, et en «esclaves de la couronne», guerriers au service de la noblesse. Ces appartenances à une caste perdurent, même si, au XXIe siècle, l'on exerce un métier parfois éloigné: on est toujours griot, tisserand, sculpteur sur bois… de père en fils, que l'on devienne médecin, homme d'affaires ou cinéaste…

Les femmes, hiératiques sous leur chevelure minutieusement tressée, se drapent dans de somptueux pagnes colorés accompagnés de bijoux fins. Tandis que les hommes, grands et minces, portent d'amples boubous et sont souvent coiffés d'une petite calotte aux formes géométriques.

Un peuple d'agriculteurs

L'agriculture constitue l'activité traditionnelle des Wolofs. La culture principale est celle du millet, pratiquée à l'aide de l'*iler*, sorte de bêche au bout d'un long manche, parfaitement adaptée à la terre sablonneuse, qu'elle ne retourne pas trop profondément. La culture commerciale de l'arachide a pris chez les Wolofs une part importante, souvent au détriment des cultures vivrières traditionnelles. ■

Libanais, Maures et Français : une population hétéroclite

Le Sénégal compte environ 200 000 « non-Africains », libanais, français et originaires des pays limitrophes. Les premiers descendent de migrants qui se rendaient en Amérique du Sud, vers la fin du XIXe siècle. Leur navire ayant fait escale à Dakar, les voyageurs libanais descendirent à terre, s'y plurent et y restèrent, avec la bénédiction des autorités françaises. Rejoints par d'autres compatriotes, les Libanais constituent une communauté forte de 20 000 âmes qui prospère, notamment, dans le moyen commerce. Les Maures, Berbères arabisés et souvent métissés, sont avant tout commerçants, bijoutiers, éleveurs… Les Français du Sénégal, au nombre de 18 000 environ, constituent l'encadrement technique du pays. Historiquement, le Sénégal n'a jamais constitué une colonie de peuplement européen, surtout parce que l'arachide n'était pas assez lucrative pour asseoir un colonat européen. À la différence des colons blancs qui, ailleurs en Afrique, s'étaient identifiés au pays comme algériens ou rhodésiens, les Français du Sénégal ne relâchèrent pas leurs liens avec la France métropolitaine. Rares en fait sont ceux qui ont choisi de s'y établir définitivement. À ceux-là, on décerne le titre affectueux de Sénégaulois. ❖

cependant qu'il suffise de venir à la ville pour acquérir le statut de « femme libérée ». Les femmes sénégalaises ne sont ni soumises ni féministes. Elles portent le boubou multicolore ou s'habillent à l'européenne et jouissent d'une indépendance, mais l'homme reste le chef de famille quelle que soit la situation professionnelle de la femme.

Quant à l'excision, elle est interdite officiellement et combattue. Il n'en demeure pas moins que le sujet est difficile à aborder avec des Sénégalais…

➤ **LE « DEUXIÈME BUREAU ».** Aucun agent secret derrière cette expression, mais bien une charmante jeune femme. Le « deuxième bureau » est la maîtresse que des hommes fortunés entretiennent. Au Sénégal, pays musulman, la polygamie est répandue. Il faut noter, en ville, une recrudescence des divorces ou des abandons du domicile conjugal.

➤ **LES ANCÊTRES.** « Chaque fois qu'un vieillard meurt, c'est une bibliothèque qui disparaît. » Ce dicton montre l'attachement des Africains à leurs ancêtres. Comme le soulignait Hassan II, « le jour où des maisons de retraite ouvriront, notre continent aura perdu son âme ». Les personnes âgées, à peine 6 % de la population, représentent les gardiens de la connaissance et de la sagesse. Ils ont recueilli, de la bouche de leurs propres parents et grands-parents, l'héritage culturel auquel ils ont ajouté le savoir acquis tout au long de leur existence. Cette sagesse leur donne voix au chapitre dans toutes les affaires du village, entraînant parfois une gérontocratie qui freine tout développement.

D'une religion à l'autre

➤ **UN ISLAM TOLÉRANT.** Bien que l'islamisation du pays ait débuté au XIe siècle *(p. 63)*, elle s'est faite

Les talibés

Ce talibé, élève de l'école coranique, présente son ardoise en bois où sont inscrits les versets du Coran.

Dans la rue, aux carrefours, dans les stations-service, vous verrez des gamins mendier, une boîte de conserve à la main. Ces gamins sont des talibés. Littéralement, le talibé est l'adepte d'un marabout auquel il se dévoue corps et âme, en échange de quoi le marabout doit lui offrir protection et assistance. À ce titre, de nombreux adultes talibés cultivent des champs d'arachide pour le compte d'un marabout.

Mais le problème de ces enfants est différent. Le plus souvent issus des milieux les plus défavorisés, ceux-ci ont été confiés par leurs parents à un marabout pour qu'il leur enseigne le Coran. Dans les faits, ces enfants passent deux fois plus de temps à mendier qu'à apprendre les rudiments du Livre saint. Les marabouts les obligent, en effet, à rapporter, outre leur nourriture quotidienne, une somme d'argent dérisoire, de l'ordre d'un franc ou deux, faute de quoi ils sont souvent soumis à des châtiments corporels. Cette situation a fini par émouvoir aussi bien le gouvernement que l'opinion publique. Le phénomène est d'autant plus alarmant qu'il concernerait, selon une étude de l'Unicef, 150 000 enfants âgés en moyenne de 10 ans. ❖

surtout pendant la seconde moitié du XIXe siècle. Historiquement, ce phénomène s'explique par le fait que l'islam représentait une force d'opposition à la colonisation. L'islam apparaît – pas seulement au Sénégal, mais dans l'Ouest africain – comme la religion en progression constante.

➤ **UN CATHOLICISME BIEN PRÉSENT.** Le catholicisme, propagé par les missionnaires portugais suivis des prêtres français, n'a jamais été imposé par le pouvoir colonial. Il est pratiqué par 5 % de la population, sur la Petite-Côte, en Casamance et dans le Sine Saloum. Le clergé est en majorité africain et les messes sont accompagnées de tam-tams, de coras et de balafons. Les mariages mixtes sont fréquents (Abdou Diouf est marié à une catholique), et le fait d'être chrétien n'a pas empêché Senghor d'être élu président d'un pays à 90 % musulman.

➤ **LES CONFRÉRIES : UN PHÉNOMÈNE SÉNÉGALAIS.** L'islam sénégalais se distingue par l'importance des confréries. Ces confréries, dont le développement remonte au XIXe siècle, reposent sur l'obéissance au fondateur de l'ordre. Quatre confréries dominent le pays : mourides, tidjanes, layènes et khadrias. Les mourides et les tidjanes sont les deux plus importantes. Elles ont assis leur pouvoir au XIXe siècle sur la culture de l'arachide. Leur rôle est primordial dans les affaires économiques et politiques du pays. Ces confréries servent de courroie de transmission entre le pouvoir et le peuple et aucun parti politique ne peut ignorer leur influence. Comme le souligne Moriba Magassouba, elles « devaient peu à peu glisser vers le maraboutisme, mélange astucieux de spirituel et de temporel, de croyances religieuses et populaires, fondé sur l'exaltation d'une personnalité "hors série" et de ses vertus d'intercesseur ».

➤ **La place des marabouts.** Le marabout présente souvent l'image d'un quasi-sorcier, fabricant de gris-gris et autres amulettes. Mais au Sénégal, il est avant tout un chef religieux qui dispose d'un grand pouvoir à tous les échelons de la société sénégalaise. Moriba Magassouba décrit très bien le rôle joué par le marabout : il est « à la fois intercesseur entre son disciple et Dieu et intermédiaire entre ce même disciple et les pouvoirs publics ». À ce titre, le pouvoir des marabouts est incontournable : ils sont consultés avant les grands événements (match de foot, élections, etc.). Chaque Nouvel An, les plus grands marabouts du pays se réunissent et annoncent à la télévision leurs prévisions pour la nouvelle année.

Une société en crise

La situation sociale du Sénégal n'est guère brillante, mais le dynamisme des populations et l'émigration ont contribué au développement du pays et ont concouru à juguler les carences de l'État et du service public. L'électrification des villages, la construction de dispensaires ou d'écoles sont de plus en plus le fait des populations, dans les régions du fleuve, du Sénégal oriental et de Louga.

➤ **Une société à deux vitesses.** Si l'on ne meurt pas de faim au Sénégal, les campagnes vivent malgré tout dans une autosubsistance où seul le minimum vital est assuré. À Dakar, une société à deux vitesses se développe un peu plus chaque jour avec, d'une part, un mode de vie à l'européenne qui nécessite des revenus équivalents, voire supérieurs à ceux de l'Europe, et, d'autre part, une vie traditionnelle adaptée à la ville où cinq à dix personnes peuvent vivre dans une chambre de 10 m^2, où les chauffeurs de taxis dorment dans leur voiture, etc. Ceux dont le revenu ou l'éducation permettrait d'accéder au mode de vie auquel ils aspirent sont maintenus dans une relative pauvreté par la nécessité d'entretenir une famille élargie. On peut, d'ailleurs, se demander ce qu'il adviendrait si cette solidarité venait à disparaître.

➤ **Le secteur informel.** L'administration embauchant peu et l'industrie n'étant guère florissante, les petits métiers pullulent, qui permettent de survivre tant bien que mal. Gardiens et laveurs de voitures, vendeurs de journaux, tailleurs, cireurs de chaussures, *bana-banas*, etc. forment ce qu'on appelle le « secteur informel ».

➤ **Un revenu en diminution.** Phénomène commun à la plupart des pays du tiers monde, la croissance de la population (environ 3 % par an) est supérieure à l'augmentation du PIB, ce qui signifie que le revenu par habitant diminue chaque année. En 30 ans, on estime que ce revenu a baissé de plus de 50 %. La gravité de ce phénomène est accentuée par l'exode rural qui entraîne des besoins accrus en revenus monétaires, puisque la part des habitants vivant en autosubsistance dans les villages diminue.

➤ **L'ÉDUCATION**. Malgré des efforts considérables – le Sénégal consacre un tiers de son budget à l'éducation –, l'objectif fixé par Senghor, qui souhaitait « rendre l'enseignement primaire universel, gratuit et obligatoire », est loin d'être atteint. Pis, sous l'effet de la crise et de la politique d'austérité imposée par le FMI (Fond monétaire international), la situation se dégrade. Quelques chiffres résument la situation. Le niveau de scolarisation s'élève à 55,7 % dans le primaire, 16 % dans le secondaire et 3 % dans le supérieur. Les élèves qui ont la chance d'être scolarisés dans le primaire manquent le plus souvent du matériel nécessaire et se retrouvent en moyenne à 58 par classe. Plus grave, le pays compte 2,4 millions d'analphabètes, dont 1,5 million de femmes. Enfin, l'université, autrefois réputée dans toute l'Afrique et fleuron du système éducatif, connaît de graves difficultés. Beaucoup d'étudiants diplômés désœuvrés exercent, s'ils en ont l'opportunité, des métiers éloignés de leur qualification d'origine : ils sont petits vendeurs, boulangers, etc. Pour lutter contre ce déséquilibre, le gouvernement tente de mettre en place des programmes d'insertion appelés « opérations maîtrisards ».

➤ **LA SANTÉ**. Aucune affection ne revêt le caractère de fléau implacable qu'on leur connaissait autrefois. Seuls le paludisme et le sida, comme dans toute l'Afrique, semblent en expansion, sans toutefois atteindre les taux alarmants que connaissent d'autres pays africains.

À la campagne, les conditions sanitaires laissent à désirer. Le manque d'hygiène et le déséquilibre des équipements de santé en sont la cause : la plupart des médecins exercent dans la capitale ; on y trouve un médecin pour 1 000 habitants contre 1 pour

➤ *Suite p. 86*

Développement : des chiffres modestes

Le Sénégal n'occupe pas une place de choix dans le classement annuel établi par le programme des Nations unies pour le développement. Quelques indicateurs parmi les plus récents fournis par les services de l'État donnent une idée de ces inégalités :

- accès aux services de santé : 70 %
- accès à l'eau potable : 58 %
- taux d'alphabétisation des adultes : 32,1 %
- taux de scolarisation : 55,7 %
- taux d'électrification rurale : 4 %
- lignes téléphoniques pour 100 habitants : 0,9
- postes de télévision pour 100 habitants : 4. ❖

Une vocation artistique

Autrefois gouverné par un président-poète, le Sénégal compte encore nombre d'artistes. Ce mouvement semble répondre au vœu formulé par Senghor: « La politique de développement économique et social doit avoir la culture comme fondement et comme but ultime. »

Des arts plastiques dynamiques

Si le premier Festival mondial des arts nègres, organisé à Dakar en 1966, a permis de révéler le potentiel artistique du pays, Dak'Art, la Biennale de l'Art africain contemporain est désormais une des rencontres majeures du continent. Parmi les artistes contemporains marquants, il faut retenir le peintre **Mor Faye** et le sculpteur **Mustapha Dimé** (tous deux décédés), **Viyé Diba** pour sa peinture et ses installations, **Serin N'Diaye** pour ses portraits et ses fixés sous verre révolutionnaires, **El Hadji Sy** pour ses abstractions, **Ousmane Sow** pour ses fantastiques guerriers *(encadré p. 101)*, **Soly Cissé**, **Jacob Yakouba**. De formidables sculpteurs comme **Ndari Lô**, **Mansour Ciss**, **Gabriel Kenzo Malou** ou **Mamadi Seydi** sont des valeurs sûres. Les citer tous est impossible: il faut aller à leur rencontre au village des Arts de Dakar, dans les ateliers de Gorée ou d'ailleurs.

Ousmane Sow connaît depuis son exposition sur le pont des Arts de Paris une notoriété internationale qui le consacre comme l'un des artistes majeurs.

L'art est dans la rue

En 1990, la jeunesse était descendue dans la rue pour la nettoyer et la repeindre aux couleurs de l'espoir dans un grand mouvement appelé Set Setal (Propre! Rendre propre!). Un art naïf s'est alors développé, couvrant façades et carrosseries d'autocars de fresques bariolées représentant des scènes de la vie quotidienne.

Des artistes comme Moussa Sakho, Adrien Abdou Sène ou Baye Xaly Sène utilisent des matériaux de la rue, de chantier pour des créations nouvelles. Tout un art de la récupé-

Le carnaval de Dakar et la Semaine internationale de la mode, organisés par la styliste Oumou Sy, sont des occasions d'exprimer l'immense créativité sénégalaise de manière très contemporaine. Robe d'Oumou Sy.

Ce film d'Ousmane Sembène, sorti en 1988 au Sénégal, est l'un des deux derniers, avec *Guelwaar* (1991), à avoir confirmé la réputation internationale de son réalisateur.

ration se crée également rue des Dardanelles et sous l'influence de l'ONG Enda-Tiers Monde à l'Écopôle situé dans l'ancien quartier rail *(p. 101)*.

Le premier cinéma d'Afrique

L'Afrique a été exclue du cinéma jusqu'à l'aube des années 1960. **Ousmane Sembène** est l'un des plus grands réalisateurs sénégalais. Cet écrivain, conscient des limites de la littérature dans un pays peu alphabétisé, réalise en 1963 *Borrom Sarret*, considéré comme le premier film africain. *Le Mandat* (1968), premier long métrage en wolof, obtient le Prix du jury à Venise.

En dépit d'énormes difficultés (absence de production, de moyens financiers, etc.), le Sénégal développe un cinéma original comme **Djibril Diop Mambéty** qui réalisa *Hyènes* (1992), une adaptation originale de *La Visite de la vieille dame*, de F. Dürrenmatt, dans un style rempli d'images visionnaires. Son dernier film, *La Petite Vendeuse de soleil* (1999), terminé juste avant sa mort (prématurée), est un hommage aux exclus et aux enfants de la rue. Le Sénégal a aussi donné au continent africain sa première femme cinéaste avec **Safi Faye** (*La Lettre paysanne*, 1975). Depuis, des cinéastes comme Moussa Touré (*TGV*, 1999), Alain Gomis (*L'Afrance*, 2001) ou Joseph Gaïkamaka, avec son film *Karmen* (2002), continuent l'aventure.

Le stylisme, un art porté haut

La mode sénégalaise explose avec des stylistes de renommée internationale comme **Oumou Sy, Dasha, Mame Fagueye Bâ, Claire Kane, Denis Devaed**… Une extraordinaire créativité au service des matériaux les plus divers met en lumière l'élégance naturelle sénégalaise. Les ateliers Leydi d'Oumou Sy assurent la formation des futurs jeunes talents de la mode et de la bijouterie. Aïssa Dione crée des tissus nouveaux, poursuivant une longue tradition de tissage tout en l'adaptant au monde moderne. La mode a aussi ses artisans, tous ces petits tailleurs qui, dans les quartiers, sont porteurs d'un grand savoir-faire.

15 000 en brousse. Voilà pourquoi il meurt cinq fois plus d'enfants en bas âge dans les zones rurales qu'à Dakar. Enfin, si le Sénégal, comparé au reste de l'Afrique, est privilégié avec ses 10 hôpitaux, ses 285 cliniques, ses maternités et ses dispensaires, l'espérance de vie n'y est pour autant que de 50 ans.

Un îlot de stabilité

Dans un continent secoué par les coups d'État et les révolutions, le Sénégal, fidèle aux principes de la démocratie, offre l'image d'un havre de paix et de stabilité. La démocratie est, il est vrai, une vieille connaissance de ce pays qui, dès le 15 avril 1789, expédiait aux États généraux de Versailles un « Cahier de doléances et de remontrances » et qui, depuis, a eu des représentants au Parlement français. Il n'est donc pas étonnant que, depuis l'indépendance, le pays ait connu une stabilité politique et une démocratie réelle, même si elle ne fut pas sans heurts. Les dernières élections présidentielles de février 2000 en sont un exemple : le Sénégal est le seul pays d'Afrique (hormis l'Afrique du Sud) qui ait connu une alternance démocratique.

Les ressources de l'État

Grâce à l'habileté de ses diplomates, à son rôle de pionnier de la démocratie et à l'amitié franco-sénégalaise, le Sénégal est le plus aidé de tous les pays d'Afrique francophone. Il reçoit une aide deux fois supérieure à celle de la Côte-d'Ivoire. En 15 ans, cette aide a presque triplé. La France est de loin le principal pourvoyeur. Toutefois, une grande partie de cette aide sert à l'annulation de la dette, tandis qu'un tiers est utilisé pour la santé et l'éducation.

Visages de l'économie

Avec l'indépendance, l'économie sénégalaise a vu son champ d'action se rétrécir d'un seul coup aux limites d'un petit État sous-développé et sans grandes ressources naturelles, mis à part du phosphate. Le Sénégal connaît une situation comparable à celle de bon nombre de pays en voie de développement. Les ressources de l'État ne suffisent pas à boucler le budget et seule l'aide internationale permet de boucher les trous. De plus, les perspectives économiques demeurent moroses. Un simple chiffre résume la situation : le PNB des pays de l'Afrique subsaharienne est égal à celui de la Belgique.

Une agriculture prédominante

Au Sénégal, l'agriculture représente le principal secteur de l'économie, du moins en terme d'emplois. Elle fait vivre cinq habitants sur dix et occupe une place importante dans l'activité des industries de transformation. Peu intensive, elle tend à se moderniser, le gouvernement cherchant à favoriser le monde paysan grâce à des mesures concrètes telles que le relèvement substantiel des prix d'achat des productions d'arachide et de mil.

➤ **LES ALÉAS CLIMATIQUES.** La sécheresse constitue une menace permanente. Elle réapparaît une fois toutes les décennies – c'est la fameuse histoire de la Bible des sept années de « vaches grasses » suivies de sept années de « vaches maigres ». À titre d'exemple, le cycle de sécheresse survenu dans les années 1970-1980 a provoqué une baisse générale du revenu de 18 à 20 %. Chaque cycle laisse des séquelles définitives accrues par

Un régime à l'image de la Ve République

Le **président de la République** est élu au suffrage universel direct. À partir de 2007, son mandat sera de cinq ans, renouvelable une seule fois. Chef du pouvoir exécutif, il « détermine la politique de la nation », a la haute main sur les affaires étrangères et la défense. Depuis avril 1991, il désigne le Premier ministre, qui assume la charge de chef du gouvernement.

Le pouvoir législatif appartient à l'**Assemblée nationale**, élue pour cinq ans au suffrage universel. Elle vote les lois, peut rejeter les textes proposés par le président de la République, poser des questions écrites ou orales aux membres du gouvernement et provoquer la chute du cabinet.

La décentralisation, avec des pouvoirs accrus donnés aux régions, est mise en œuvre lentement. ❖

une déforestation intempestive. Petit à petit, le désert gagne sur les terres cultivées. Durant l'été, les fleuves ne coulent plus et leurs eaux stagnent au soleil, transformant les lits en lacs immenses que les marées remontent de plus en plus loin.

➤ **Une agriculture primitive.** Le travail de la terre se fait entre octobre et mai. L'homme commence par brûler les herbes sèches, provoquant ainsi de temps à autre de catastrophiques feux de brousse qui accélèrent l'érosion et appauvrissent le couvert végétal naturel. En outre, l'outillage, archaïque, ne permet pas de cultiver des champs d'une superficie de plus de deux hectares.

➤ **La monoculture de l'arachide.** L'arachide, favorisée par le pouvoir colonial, a longtemps fait la fortune du Sénégal. Mais la chute des prix, l'apparition de nouveaux producteurs et la concurrence d'autres huiles a entraîné un déclin du secteur. Il continue pourtant à marquer l'économie et les paysages du pays par son ampleur *(p. 186-187)*.

➤ **Un espoir pour l'avenir ?** La création de barrages sur le fleuve Sénégal, une meilleure organisation de la paysannerie, une diversification vers les cultures maraîchères… Ces solutions permettent d'espérer que l'agriculture pourrait devenir une activité rentable pour le pays. Dans le Sine Saloum et en basse Casamance, le riz est en plein essor même si sa production ne couvre que la moitié des besoins de la population. Le maïs, qui s'adapte bien aux secteurs arrosés du Sénégal oriental et de la Casamance, est aussi en progression constante. Le coton, rentable, a vu sa production grimper en flèche. La canne à sucre, expérimentée dans le delta du Sénégal, couvre des milliers d'hectares et alimente l'usine sucrière de Richard-Toll, dans la vallée du fleuve Sénégal. Le maraîchage connaît aussi une progression spectaculaire dans les Niayes du Cap-Vert et de la région de Thiès. Mais, pour que ces productions se développent, il faudrait que les capacités de stockage et de transport suivent.

Les secteurs d'activité

➤ **La pêche.** La pêche industrielle a débuté en 1954 et ne cesse de se développer. Elle mobilise plus de 150 unités modernes – sardiniers, thoniers, chalutiers. Depuis 1971, des textes réglementent la pêche à l'intérieur d'une zone de 110 milles marins au-delà des eaux territoriales. Tout navire étranger opérant à l'intérieur de cette limite doit acquitter des droits. Malheureusement, rares sont les « prédateurs » soucieux de respecter ces règlements, ce qui prive le Sénégal d'une source de revenus importants. D'autre part, si la dévaluation du franc CFA en 1994 a permis aux produits sénégalais de retrouver un niveau acceptable de rentabilité, la crise en Europe, et le protectionnisme masqué qui en découle, a également rétréci ses marchés. Quant à la pêche artisanale, elle mobilise des milliers d'embarcations tout le long du littoral *(p. 174-175)*.

➤ **L'élevage.** Malgré l'existence de grands troupeaux, l'élevage tient une place restreinte dans l'économie du pays. Pourtant, il pourrait faire la fortune du Sénégal. En effet, le cheptel compte actuellement quelque 2 950 000 bovins (zébus à bosse, en majorité, et bœufs trapus), 8 300 000 chèvres et moutons (de grande taille mais ne fournissant pas de laine) et 200 000 chevaux. Ces immenses troupeaux se trouvent le long du Ferlo et dans la vallée du fleuve Sénégal. Cependant, bien que sa place soit importante dans l'économie nationale, il rapporte peu. Par exemple, les Peuls *(encadré p. 134)*, propriétaires de l'essentiel des troupeaux, considèrent leur bétail comme un bien inaliénable auquel on ne saurait toucher sans déchoir. Mais les dirigeants sénégalais, conscients des difficultés, font des efforts pour modifier cet état d'esprit.

➤ **L'industrie.** Pauvre en ressources énergétiques et minières, le Sénégal demeure l'un des États d'Afrique francophone les plus avancés sur le plan industriel. Néanmoins, depuis l'indépendance, son industrie se heurte à l'étroitesse du marché intérieur, en faible croissance, et à ses coûts de production élevés qui enlèvent toute compétitivité à ses produits. Une part importante de l'industrie sénégalaise est liée à la transformation des matières premières disponibles sur place. Avec ses huileries, ses unités de décorticage des arachides et du riz, son complexe sucrier de Richard-Toll, ses brasseries (surtout celle de la SOBOA) et ses conserveries, l'industrie alimentaire se taille la première place. De leur sous-sol, les Sénégalais extraient du phosphate qu'ils exportent vers la France, le Royaume-Uni, le Japon et l'Allemagne. Près de Thiès, à Pallo, se trouve le seul gisement de phosphate d'alumine connu dans le monde (100 millions de tonnes de réserve). On trouve aussi de l'ilménite (dont on tire le titanium), du zircon, des salines… Des mines de fer importantes ont été découvertes dans le Sénégal oriental, mais elles ne sont pas encore exploitées. Quant à l'artisanat traditionnel, il est loin de jouer un rôle négligeable, puisqu'il emploie plus de 40 000 personnes.

➤ **Le tourisme.** Le gouvernement de Dakar compte sur le développement du tourisme pour rééquilibrer sa balance commerciale. Après une forte baisse dans les années 1990 due à la crise mauritanienne, à la guerre du Golfe et aux événements de Casamance, le tourisme

Sur la Petite-Côte, les barques de pêcheurs rentrées trop lourdes sont déchargées en mer. Une fois vides, elles sont tirées sur la plage.

retrouve de la vigueur. Le Sénégal ne manque pas d'atouts pour assurer le succès de cette politique : destination balnéaire tropicale la plus proche des « réservoirs » européens, le pays offre un soleil qui brille presque toute l'année, des plages qui s'étirent sur plus de 700 km et la chaleureuse hospitalité de sa population. Même si sur la Petite-Côte se développent des infrastructures touristiques mercantiles toujours discutables, qui attirent les fonds financiers de grands groupes étrangers, l'accent est mis sur la création de campements-hôtels à l'intérieur même des villages, là où les touristes peuvent rencontrer les Sénégalais, échanger avec eux et découvrir ainsi leur quotidien.

Le commerce extérieur

Comme dans la plupart des pays en voie de développement, la balance commerciale du Sénégal est déficitaire. L'arachide, ses dérivés, les poissons et les phosphates constituent l'essentiel des exportations d'une économie qui demeure soutenue par les pays riches (la France en tête, suivie par l'Italie, l'Allemagne, les États-Unis, le Japon) et les institutions internationales. Enfin, si le Sénégal entretient des relations commerciales avec une centaine d'États, la France demeure son premier client et son premier fournisseur, loin devant l'Allemagne et les États-Unis. ■

Les repères de l'histoire

Au Sénégal	Dates	Dans le monde
Début de la civilisation mégalithique près du fleuve Gambie qui durera jusqu'au XVIe siècle.	200 av. J.-C.	Extension de l'Empire romain.
Début de la civilisation « coquillages » dans le Sine Saloum. Elle se prolongera jusqu'au XIVe siècle.	IVe s.	Conversion de l'Empire romain au christianisme.
Empire du Ghana.	IVe-XIe s.	Invasions barbares en Europe occidentale.
1080 : invasion des Almoravides et début de la conversion de la population à l'islam.	Fin du XIe s.	**1095-1099** : première croisade.
Empire du Djolof au centre du Sénégal et extension de l'empire du Mali au Sénégal oriental.	XIIIe-XIVe s.	**1250** : apogée de la France capétienne. **1337** : début de la guerre de Cent Ans.
1444 : les premiers colons portugais débarquent au Cap-Vert.	XVe s.	**1453** : prise de Constantinople par les Turcs et fin de l'Empire romain d'Orient. **1492** : chute du royaume de Grenade.
1510 : début de la traite des Noirs par les Portugais. Elle s'amplifiera jusqu'au XIXe siècle.	XVIe s.	Règnes de François Ier et Henri IV. Guerres de Religion en France.
1617 : les Hollandais achètent Gorée. **1638-1659** : établissement d'un comptoir et fondation de la future ville de Saint-Louis par les Français. **1677** : les Français s'emparent de Gorée.	XVIIe s.	**1616** : achèvement de la Mosquée bleue à Istanbul. **1610-1643** : règne de Louis XIII. **1660-1715** : règne personnel de Louis XIV. **1664** : Colbert crée la Cie des Indes occidentales.
1758-1814 : Gorée et la Concession royale du Sénégal (Saint-Louis) sont l'objet d'une compétition entre France et Angleterre. **30 mai 1814** : traité de Paris : le Sénégal appartient définitivement à la France.	XVIIIe-début XIXe s.	**1789** : fin de l'Ancien Régime. La France (sous la Révolution et Napoléon) est en guerre avec toute l'Europe.
1818 : première abolition de la traite des Noirs. **1848** : seconde abolition de la traite des Noirs.	XIXe s.	**1814** : Napoléon à l'île d'Elbe. **1815** : le Congrès de Vienne remodèle l'Europe post napoléonienne. **1817** : Géricault peint *Le Radeau de la Méduse*.

Saint-Louis, chef-lieu des établissements français au Sénégal depuis le XVIIe siècle (Gravure de E. de Bérard d'après Nouveaux, Le Tour du Monde, 1er semestre 1861).

1854 : Faidherbe, gouverneur du Sénégal. **1857** : fonde Dakar. **1858** : annexion du royaume Djolof. **1865**: conquête du royaume du Cayor. **1871-1872 et 1880 :** citoyenneté française aux habitants des « quatre communes ». **1895** : création du gouvernement général de l'Afrique Occidentale française (AOF).		**1848** : À Paris, la Révolution met fin à la monarchie de Juillet. **1852-1870**: sous le Second Empire, la France entre dans l'ère industrielle. **1896** : les Jeux olympiques de l'ère moderne à Athènes.
1916 : les tirailleurs sénégalais participent au conflit européen. **1946** : institution de l'Union française. Senghor et Lamine Gueye réélus au Parlement français. **1948** : création par Senghor du Bloc démocratique sénégalais ou BDS.	**1900-1950**	**1914-1918**: l'Europe est plongée dans la Première Guerre mondiale. **1945** : fin de la Seconde Guerre mondiale. **1948** : Déclaration universelle des droits de l'homme à l'ONU.
1956 : loi-cadre Defferre en France qui crée les huit républiques semi-autonomes en AOF, dont le Sénégal. **1958** : Senghor crée la Fédération du Mali.	**1950-1960**	**1954-1962**: guerre d'Algérie. **1956** : débuts de la décolonisation en Afrique. Sommet des pays non alignés à Bandung. **1958** : Ve République en France. De Gaulle président.
20 août 1960: indépendance du Sénégal: Senghor est élu à la présidence de la République. **1963** : nouvelle Constitution et réélection de Senghor.	**1960-1970**	Les pays d'Afrique francophone deviennent indépendants. **1963** : création de l'Organisation de l'unité africaine (OUA). Assassinat de J. F. Kennedy.
1970 : Abdou Diouf est nommé Premier ministre. **1974** : Abdoulaye Wade crée le Parti (d'opposition) démocratique sénégalais.	**1970-1980**	**1973** : premier choc pétrolier. **1979** : proclamation de la république islamique en Iran.
Début 1980: naissance d'un mouvement séparatiste en Casamance. **1981** : Senghor se retire du pouvoir. Abdou Diouf lui succède. **1981-1989**: après un coup d'État en Gambie, le Sénégal intervient et forme la Confédération de Sénégambie. **1988** : réélection contestée d'Abdou Diouf à la présidence. **1989-1990**: conflit sénégalo-mauritanien. **1991** : le leader de l'opposition, Abdoulaye Wade, au gouvernement.	**1980-1990**	**1981** : Mitterrand président de la République. **1984-1985**: famine en Éthiopie. **1988** : réélection de Mitterrand. **1989** : création de l'Union du Maghreb arabe (UMA). **1991** : guerre du Golfe. Fin de l'apartheid en Afrique du Sud. Dissolution de l'URSS. **1992** : création de l'Union africaine (UA).
Mars 2000: Abdoulaye Wade remporte l'élection présidentielle. **2001** : nouvelle Constitution. Incidents en Casamance. **2002** : élections municipales et régionales : large majorité au PDS.	**2000-2002**	**2000** : guerre civile en Sierra Leone. **2001** : attentats aux États-Unis. Guerre en Afghanistan. **2002** : Chirac président. Le Pen au second tour. ■

SUR PLACE

Ci-contre : L'habitat de terre au Sénégal est largement répandu. Les cases les mieux conçues et sans doute les plus belles sont celles de Casamance, comme ici à Mlomp où elles ont une structure à étages, des arcades et des piliers sculptés.

En haut : La palabre est un art où les Sénégalais excellent. Toute discussion commence par un rituel de politesse, sans qu'aucun interlocuteur sache quand et comment elle va se terminer. Un passe-temps qui prend des allures professionnelles lorsqu'il s'agit de négocier quoi que ce soit.

DAKAR ET LE CAP-VERT

Un marabout en boubou traverse lentement hors des clous, sans se soucier des voitures. Les marchands de lunettes, de chemises, de perceuses électriques alpaguent les passants. Wolofs, Lébous, Toucouleurs, Sérères, Peuls, Libanais et Français vaquent à leurs occupations, sans agitation inutile. Dakar la cosmopolite joue les provinciales. Mais surtout, Dakar s'offre à l'océan. Derrière ses maisons coloniales, ses immeubles de verre et d'acier, l'Atlantique règne en maître absolu.

Bâtie sur un magnifique site, la capitale du Sénégal ressemble à une ville du sud de l'Europe avec son centre où les gratte-ciel jaillissent entre les immeubles. La vie s'y organise autour de la place de l'Indépendance. Au-delà de ce quartier historique, « Dakar Plateau », fouetté par les embruns, la ville envahit toute la presqu'île du Cap-Vert. La Corniche Ouest est le lieu de résidence privilégié des nantis. Dès que l'on s'éloigne vers les quartiers populaires (direction la Médina au-delà de l'avenue Hadj Malik Sy), Dakar prend le visage

Programme à Dakar

Autour du marché Kermel, une multitude d'échoppes occupent les trottoirs et proposent une gamme de souvenirs aux touristes de passage.

➤ **DAKAR**. Si vous avez prévu un séjour en brousse, partez-y tout de suite et terminez votre voyage à Dakar : la ville vous paraîtra plus facile à aborder. Deux ou trois jours suffisent pour découvrir les principaux monuments, mais si vous vous intéressez à la culture sénégalaise, vous pouvez y rester une semaine, ou plus, sans vous ennuyer. Le ♥ **musée de l'IFAN***** *(p. 96)* retiendra votre attention. La visite à pied de la ville consiste en une promenade autour de la place de l'Indépendance **C3**, vers les **marchés Kermel*** *(p. 102)* et **Sandaga*** *(p. 100)*. En une demi-journée, vous en aurez fait le tour. En chemin, prenez un verre dans l'un des hôtels situés sur la Corniche Est *(p. 102)*, superbe vue sur l'océan et sur Gorée. *Plan de Dakar en rabat.*

➤ **LE CAP-VERT**. Il vous faudra une voiture. Louer un taxi à la journée peut être une bonne solution Si vous avez du temps, allez à la **pointe des Almadies*** ou à **N'Gor**** *(p. 107)*. La bourgeoisie locale aime y déjeuner à l'écart de l'agitation. Enfin, les amateurs d'oiseaux ne manqueront pas les **îles de la Madeleine**** *(p. 105)*. Pour vos achats, le village artisanal de Soumbédioune est à voir *(p. 104)*.

➤ **GORÉE**. Une visite de Dakar, c'est avant une ♥ **promenade à Gorée*****. En prenant votre temps, vous y consacrerez une demi-journée *(p. 115)*. ❖

de n'importe quelle ville du tiers monde dont la croissance effrénée pose les sempiternels problèmes d'une urbanisation anarchique.

L'emplacement de l'actuelle Dakar était initialement occupé par quelques villages de pêcheurs lébous. Les colons européens – Portugais, Hollandais et Français – ne s'intéressent pas à la presqu'île du Cap-Vert, lui préférant Saint-Louis et Gorée. Le nom de Dakar apparaît pour la première fois en mars 1750 sur un croquis dessiné par le naturaliste français Michel Adanson en mission au Sénégal *(p. 67)*. Le mot Dakar viendrait du wolof, mais les deux étymologies connues sont contestées : soit *dacar*, le « tamarinier », soit *dëkraw*, le « refuge ».

Et si, ensuite, le chevalier Jean Stanislas de Boufflers, fils d'une dame de compagnie de la reine de Pologne, parcourt à cheval la presqu'île en 1787 *(p. 117)*, ce n'est qu'au XIXe siècle, lorsque Gorée s'avère manifestement surpeuplée, que germe l'idée de s'implanter à Dakar. En 1857, le capitaine de vaisseau Protet, alors gouverneur de la région côtière, transfère, sur la future place de l'Indépendance, l'armée qui se trouvait cantonnée à Gorée. Dès lors, la ville profite de son formidable port naturel – l'un des meilleurs d'Afrique – pour s'affirmer au détriment de Gorée et de Saint-Louis qu'elle supplante comme capitale de l'AOF en 1902 puis de la République autonome du Sénégal en 1958. En 1878, Dakar comptait 1 500 habitants. Durant le XXe siècle, sa croissance est formidable : de 18 000 habitants en 1904, elle passe à 300 000 en 1960 et à près de 2 millions en 2002, s'étendant chaque jour davantage. Désormais, Dakar s'impose, avec Abidjan (Côte-d'Ivoire) comme capitale économique et culturelle de l'Afrique de l'Ouest.

Circuler

Le centre-ville, situé autour de la place de l'Indépendance, se parcourt facilement **à pied**. Trois quartiers excentrés vous attireront : Soumbédioune, les Almadies et N'Gor.

Vous pourrez vous y rendre en **taxi** ou avec votre **propre voiture**. La circulation est rendue difficile par l'absence de panneaux de signalisation (y compris de sens interdit) et de plaques de rue. **Un conseil** : regardez les enseignes des boutiques, elles portent souvent leur adresse. ❖

Le centre de Dakar*

➤ *Taxi pour la pl. de l'Indépendance. Visite d'1 journée, jusqu'au port.* ***Plan*** *en rabat arrière de couverture.* ***Informations pratiques et bonnes adresses*** *p. 109.*

Cette visite de Dakar vous mènera à travers les marchés, les principales curiosités et les plus jolis quartiers de la ville. Partez de la **place de l'Indépendance C3**, cœur du Plateau, quartier historique et centre nerveux de la capitale.

Le quartier administratif et ♥ le musée de l'IFAN***

➤ **C3-B4** *De la pl. de l'Indépendance, prendre l'av. L.-S. Senghor.*

En prenant l'avenue Léopold Sédar Senghor (ex-Roume), vous passerez devant la **présidence de la République* BC4**. Ce palais, construit en 1907 pour le gouverneur général de l'Afrique Occidentale française, surnommé « la Maison Blanche », se dresse au milieu d'un parc magnifique, face à l'océan. Par l'avenue Nelson Mandela, à droite, vous arrivez place Soweto **B4**. Sur cette place se trouvent l'Assemblée nationale, ancien building construit en 1954 pour abriter le Grand Conseil de l'AOF et le musée de l'IFAN.

➤ ♥ **Le musée de l'IFAN*** B4**. *Institut fondamental d'Afrique noire, 1 pl. Soweto ☎ 821.40.15. bifan@sentoo.sn. Ouv. t.l.j. sf lun. 9h-12h30 et 14h-18h30. Entrée : 200 Fcfa.* Construit en 1931 dans le style soudanais *(p. 164-165)*, rénové en 1995, ce musée, le plus intéressant du Sénégal, est consacré à l'Afrique de l'Ouest. Trois cents objets, sur 12 000 en réserve, sont exposés. Le rez-de-chaussée est consacré aux arts et traditions. À partir de 2003, de nouvelles pièces seront présentées au public. Plusieurs scènes de la vie quotidienne sont mises en situation, comme les rites d'apaise

➤ *Suite p. 100*

Se repérer dans Dakar

« Dakar Plateau » est le centre résidentiel et administratif avec, au milieu, la cathédrale du Souvenir africain et, en haut à droite, la présidence de la République à côté du building, siège de nombreux ministères.

Tout s'articule autour de la **place de l'Indépendance C3**. Installez-vous sur cette place, repérez l'hôtel du même nom et tournez-lui le dos.

En face de vous se trouve l'avenue Albert Sarraut **C3**. Elle conduit au **port C2-1** et à la **Corniche Est C3-4** en laissant sur la gauche le **marché Kermel C3**.

À droite de la place, vous partez vers la **présidence BC4**, la **cathédrale B4**, le musée de l'**IFAN B4** et le quartier administratif.

Dans votre dos se trouve le **centre-ville** proprement dit avec le **marché Sandaga B3** à environ 400 m ; c'est aussi le quartier des antiquaires (rue Mohammed V **B3-4**).

Beaucoup plus loin, dans cette direction, se situe le quartier de la **Médina hors plan par A2**.

En prenant sur votre gauche enfin, vous vous dirigez vers le **port C2**, la **gare B2**, puis la sortie de Dakar.

Les **quartiers résidentiels** de la ville se trouvent en dehors du centre. Ils s'étalent du **village artisanal de Soumbédioune** jusqu'à l'**aéroport hors plan par A3,** le long de la Corniche Ouest.

Nous avons mis entre parenthèses les anciennes dénominations des rues qui ont changé de nom lorsqu'il y a équivoque, car, si sur les plans elles portent leur nouvelle appellation, beaucoup continuent à les appeler par leur ancien nom. ❖

Les produits du marché

Ne ratez surtout jamais la visite d'un marché en Afrique. Ils sont l'âme des villes et des villages. Laissez-vous guider par les odeurs, les couleurs et les mouvements de la foule. Un tas de produits inconnus vous attendent... Petit inventaire pour vous y retrouver !

Arachide: les graines sont utilisées de multiples façons, notamment dans le célèbre *maffé*.

Baobab: son fruit blanc appelé « pain de singe » ou *buuy* se mange tel quel ou en jus, très rafraîchissant.

Beurre de karité: présenté en grosses meules, sert à masser les nouveau-nés et à s'enduire le visage pour se protéger du soleil et du sel, comme au lac Retba (ou lac Rose).

Bissap: hibiscus. Les feuilles sont utilisées comme légume d'accompagnement pour les plats à base de mil ou de riz; avec les fleurs on confectionne la boisson.

Cauri: petit coquillage qui servait de monnaie. Aujourd'hui on en fait des ceintures et on s'en sert pour prédire l'avenir.

Corne de bélier: indispensable pour fabriquer des gris-gris.

Gombos: ou cornes grecques. Légumes oblongs et verts de la taille d'un cornichon que l'on consomme en ragoût.

Sur les marchés, les produits sont toujours présentés par petits lots. De gauche à droite, on reconnaît de la courge, des gombos, des petites tomates, des aubergines noires et rouges.

Si vous prenez la route entre Dakar et Saint-Louis, prenez le temps de vous arrêter pour déguster de savoureuses mangues et demandez à ce que l'on vous apprenne à les éplucher.

La fleur d'hibiscus utilisée pour le *bissap* se trouve en très grande quantité sur les marchés. N'hésitez pas à goûter la boisson qu'on en fait, vendue dans des petits sachets sur le bord des routes, et ne craignez rien : l'eau est bouillie.

La noix de kola est un des fruits les plus répandus du Sénégal. Réputée localement pour ses vertus aphrodisiaques, elle n'accomplira peut-être pas les miracles que l'on vous vantera…

Guet : écorce de l'arbre du même nom. Utilisé contre la goutte.

Igname : tubercule que l'on apprête comme les pommes de terre.

Jujube : petit fruit rouge.

Kinkiliba : feuilles torsadées en de longs cônes que l'on coupe et prépare en infusion pour prévenir le paludisme.

Lalo : c'est la feuille du baobab. On la sèche et on la pile pour l'incorporer dans la sauce du couscous.

Manioc : se présente sous forme de racines, en tapioca, ou en feuilles qui se préparent comme les épinards. Les Sénégalaises les mélangent volontiers à leurs préparations pour… stimuler les ardeurs amoureuses de leur époux.

Mil : céréale qui sert, entre autres, à la confection du couscous.

Netetou : graine du *néré*, aux allures de haricot noir, utilisé comme épice pour le *maffé*.

Niébés : petits haricots locaux.

Sangol : ces bouts de bois sont consommés en cas de douleurs d'estomac.

Sothiou : long bout de bois que les Sénégalais mâchent en permanence pour se curer les dents.

Tamarin : longue gousse utilisée en cuisine et pour préparer le *dakhar* (boisson).

Préparez votre bissap

Prenez une poignée de *bissap*. Lavez-le rapidement sous l'eau et jetez-le dans de l'eau bouillante. Réduisez le feu et laissez une dizaine de minutes à petits bouillons. Enlevez les fleurs et versez la boisson dans un récipient.

Mettez-y une ou deux gouttes de fleur d'oranger. Ajoutez du sucre glace selon votre convenance. Consommez très frais. Attention, boisson purgative !

ment chez les Yorubas du Nigéria, des sorties de masques chez les Sénoufos de Côte-d'Ivoire et les Mendés de Sierra Leone, ou encore des scènes agraires, funéraires ou de chasse. Quant au 1er étage, il est réservé aux expositions temporaires. Faites un détour par le bâtiment situé derrière le musée. Il abrite lui aussi des expositions temporaires, souvent intéressantes.

De la place Soweto, l'avenue Jean XXIII mène au boulevard de la République et à la **cathédrale du Souvenir africain* B4**, inaugurée en 1929. Elle est surmontée d'un dôme de style byzantin et sa façade ressemble à une mosquée avec ses deux tours. Jetez un coup d'œil à la coupole intérieure, pour sa farandole africaine.

Autour du marché couvert Sandaga*

➤ **B3-4** *À dr. en face de la cathédrale, remonter l'av. du Président Lamine Gueye.*

Vous déboucherez sur un bâtiment de style néosoudanais. C'est le **marché couvert Sandaga***, installé sur plusieurs niveaux. Ce haut lieu du petit commerce et du pittoresque dakarois est plein de vie (attention aux pickpockets). Légumes, poissons frais et fumés, viandes, mais aussi encens, plantes médicinales, comme le *kinkiliba*… Tout autour, les trottoirs sont envahis de minuscules boutiques de disques et cassettes, fripes, chaussures, quincaillerie, bijoux, livres d'occasion… La foule est dense, la circulation difficile lorsqu'un livreur tente de passer avec sa marchandise empilée sur sa charrette à bras. C'est l'un des quartiers les plus vivants de Dakar où il fait bon flâner pour sentir l'ambiance d'une ville africaine.

Si vous souhaitez vous offrir un boubou, visitez les rues adjacentes au marché où sont installés tailleurs et couturiers. **Avenue Émile Badiane AB3** *(à g. du marché)*, vous trouverez de superbes éventaires de tissus en satin, popeline et coton, industriels ou teints à la main avec de l'indigo et de la kola. Choisissez une étoffe: en une journée, on la taillera à vos mesures.

Vers la Cour des Orfèvres* et la Médina*

➤ **Hors plan par A2** *Dans le prolongement de l'av. Émile Badiane, prendre l'av. Blaise Diagne.* ***Shopping*** *p. 113.*

Au croisement des avenues Blaise Diagne et V. Q. Petersen s'ouvre à gauche la petite **rue des Dardanelles A2-3** où des artisans travaillent des métaux de récupération. Revenez sur vos pas et tournez à gauche. Au numéro 69 avenue Blaise Diagne se trouve la **Cour des Orfèvres* A2**. Des artisans comme More Guèye, qui peint des fixés sous verre *(encadré p. 129)*, des marchands d'artisanat s'y sont regroupés, remplaçant les bijoutiers maures réinstallés juste en face au 70 avenue Blaise Diagne, à la **Cour des Maures* A2**. Là, une quinzaine de bijoutiers fondent, martèlent ou cisèlent en filigrane des bijoux d'argent, d'or et de corne. Ces ouvriers, en majorité mauritaniens, ne sont pas les seuls à hanter les ruelles et les cours du secteur: une porte à moitié ouverte permet d'apercevoir un potier lébou, un brodeur ou encore un maroquinier imprimant sur le cuir les savants entrelacs d'un dessin géométrique.

➤ **Le marché Tilène hors plan par A2**. *Continuer l'avenue Blaise Diagne vers le nord en traversant l'avenue El Hadj Malik Sy qui coupe*

Ousmane Sow

Né à Dakar en 1935, Ousmane Sow a longtemps exercé, en France puis au Sénégal, le métier de kinésithérapeute, avant de se consacrer totalement à sa passion, la sculpture. Révélé en 1987 avec la série des Noubas du Sud-Soudan, il poursuit sa quête des « hommes debout » avec les Masaïs, les Zoulous puis les Peuls – son peuple. Des expositions à la Dokumenta de Kassel (Allemagne) et à la Biennale de Venise (Italie) suivront. En 1999, sa série sur les Indiens a attiré plus de 3 millions de visiteurs sur le pont des Arts à Paris. Il y retrace la bataille de Little Big Horn aux États-Unis qui symbolise, pour lui, la révolte et la victoire des peuples opprimés. En 2001, il réalise trois bronzes à partir de ses premières sculptures, exposés au musée Dapper à Paris. Après Le Cap, Ousmane Sow exposera en mars-avril 2003 au palais des Congrès de Vichy, avant de partir à Anvers et à Miami.

Ousmane Sow compte parmi les plus grands artistes contemporains. Sculptant la plupart du temps des hommes en action, travaillant par séries, il fait de la lutte la métaphore et le lieu même de son travail. « On lutte pour conquérir la femme qu'on aime, on lutte pour conquérir l'espace, la lutte est une façon d'exister et de reconnaître l'autre », dit-il. Ses œuvres, réalisées avec un matériau qu'il a lui-même conçu, sont étonnantes de force expressive.

Voir p. 84-85 et bibliographie p. 234. ❖

la presqu'île selon un axe sud-ouest/nord-est. Elle sépare « Dakar Plateau », le quartier européen, de la **Médina***, la « ville africaine ». Elle fut créée en 1914 pour protéger le quartier européen des rébellions. Le marché Tilène, le plus « africain » des trois marchés de Dakar (les Européens s'y font rares), occupe un vaste quadrilatère couvert. Les passages entre les ruelles sont très étroits. Chaque centimètre carré est occupé. Ici, c'est le royaume des vendeurs de gris-gris, poudres, griffes de fauves, cornes et potions magiques, pour lutter contre les voleurs, la maladie et les mauvais esprits, ramener vers soi les amours perdues ou permettre à l'étudiant de réussir son examen.

➤ **La Grande Mosquée* A1**. *Du marché, revenir sur vos pas et prendre à g. l'av. El Hadj Malik Sy. Accès interdit aux non-musulmans.* Inaugurée en 1964 par le roi du Maroc Mohammed V, la Grande Mosquée est l'un des plus vastes et des plus beaux monuments religieux d'Afrique. Son minaret d'une hauteur de 76 m, qui se voit de toute la ville, est illuminé la nuit. Œuvre de Gustave Collet, son architecture s'inspire de la mosquée Mohammed-V de Casablanca. Des artisans marocains ont réalisé les mosaïques et les décorations intérieures en stuc avec des panneaux sculptés en bois de cèdre.

Vers le port

➤ **A2** *De la Grande Mosquée, dos à l'obélisque du monument de l'Indépendance, suivre les allées Papa Guèye Fall. À g. sur la pl. A. Cabral, prendre la rue Félix Éboué sur 100 m jusqu'à l'Écopôle.* ***Écopôle-association Enda-Tiers Monde****, rue Félix*

Éboué ☎ *823.56.63. Ouv. lun.-ven. 10h-12h30 et 14h-17h.*

Au sein de l'Écopôle, les jeunes de l'association Enda-Tiers Monde fabriquent des voitures-jouets, des malettes, des lampes, des bougeoirs en «boite de conserve», des calebasses... Des ateliers qui leur donnent un métier et une chance de s'en sortir.

Vous pourrez aussi visiter un petit musée sur «l'Afrique ingénieuse» où sont présentés des objets de la vie courante fabriqués à partir de matériaux de récupération.

Revenir place A. Cabral, suivre à gauche l'avenue Faidherbe **B1-2**, jusqu'à la place de Casablanca au fond de laquelle se trouve la gare **B2**, si pittoresque qu'elle semble sortie d'un décor de théâtre.

Les vieux quartiers*

➤ *Laisser la gare sur la g., afin d'arriver au port et à l'embarcadère pour Gorée.*

Le port

➤ **C2** *Parking. Marché.*

Le port a vu le jour en 1862 et, dès 1866, les paquebots des Messageries impériales y accostent. Il a permis à Dakar de se développer et de devenir la première ville du pays. Escale obligée sur la route du Cap, Dakar constitue la porte océane de l'Afrique noire. Son port demeure l'un des mieux équipés de la côte ouest-africaine, avec une rade profonde, sûre et facile d'accès ainsi que des installations modernes. Vous en aurez une bonne vue en allant à Gorée *(p. 115)*.

Sur le parking de l'embarcadère se tient un marché typique où se retrouvent les mamas casamançaises. Amateurs de pêche au lancer, si vous continuez jusqu'au bout du **boulevard de la Libération** sur 300 m **D2**, vous arrivez à la pointe de Dakar, un lieu très prisé par les pêcheurs. Installez-vous vers l'extrémité de la digue. Vous en reviendrez avec une collection d'histoires à faire pâlir d'envie tous les pêcheurs de France.

Vers le marché Kermel*

➤ **BC2-3** *Du port, dos à l'embarcadère pour Gorée, prendre les allées Delmas puis tourner à g.*

Vous passez devant l'Hôtel de ville construit en 1914 à l'emplacement de la première mission des Pères du Saint-Esprit (1847). Musardez le long du boulevard Djily Mbaye **BC2**, ombragé de caïlcedrats *(p. 204-205)* et bordé de maisons coloniales, où demeuraient autrefois les Européens. Puis, avant l'**Hôtel des Postes C2**, tournez à droite pour découvrir le **marché Kermel* C3**. Reconstruit à l'identique en 1998 après un incendie, le marché est haut en couleur, animé et bruyant. Les commerçants installés en cercles concentriques sous la vaste rotonde vendent de la nourriture tandis qu'à l'extérieur les vendeuses de fleurs monnayent leurs photos et que les marchands de souvenirs vous invitent à visiter leur échoppe. Gardez le sourire!

La Corniche Est

➤ **D3-C3-4** *Elle longe la côte, de la pointe de Dakar, à l'est du port, jusqu'au cap Manuel où elle prend le nom de Petite Corniche, à l'extrémité sud de la ville. Il est possible de suivre la Corniche à mobylette, à vélo ou à pied.* ***Informations pratiques et bonnes adresses*** *p. 109.*

Cette longue promenade permet de mieux ressentir les liens de la ville et de la mer qui l'entoure sur

Le marché Kermel est situé dans le quartier des vendeurs de fleurs... et des agrippeurs de tout poil auxquels il est parfois difficile d'échapper !

deux côtés, tout en jouissant de beaux points de vue sur l'île de Gorée. Arrêtez-vous par exemple au **Lagon I D3**, au bar de la piscine du **Teranga C3** ou au **Savana hors plan par C4** pour profiter de la vue en buvant un verre.

Les plages de l'est et l'anse Bernard

➤ **CD3-4**.

À partir du port, vous passez devant la **plage du Lagon CD3** – hôtel et restaurant du même nom –, la **plage des Enfants C3**, puis la piscine et le bar-restaurant L'Assiette au Grill de l'hôtel **Teranga**. Vous longez ensuite l'**anse Bernard C4**, ainsi dénommée en souvenir du capitaine Bernard, commandant du navire *Le Léger*, qui reprit l'île de Gorée aux Anglais en 1693. À la hauteur de l'anse Bernard, un chemin – tantôt sentier, tantôt escalier – vous mène à la plage.

Le cap Manuel

➤ **Hors plan par BC4**.

Taillée dans le roc et dominant l'océan, la Corniche Est contourne le cap Manuel, qui doit son nom à Manuel III, roi du Portugal de 1495 à 1521. Un phare de 45 m de hauteur, d'une portée de 20 milles, se dresse au bord de la route. Sur le côté abrité du cap, vers la pointe Bernard, autrefois terrain militaire, ont été découverts des outils de pierre et des vestiges datant du IIe s. av. J.-C. D'après la forme des outils, ces habitants devaient fabriquer des bateaux.

La presqu'île du Cap-Vert**

➤ *Env. 15 km. En dehors de Soumbédioune, voiture nécessaire. Départ de la baie de Soumbédioune.* ***Carte*** *p. 104-105.* ***Informations pratiques et bonnes adresses*** *p. 109.*

Cette promenade vous fait découvrir le grand Dakar: vous traversez les quartiers chic de Dakar où se trouvent les ambassades et des résidences luxueuses. Elle vous mène ensuite vers les plages des Almadies et de N'Gor où se sont installés de nombreux restaurants.

Le village artisanal de Soumbédioune

➤ *Env. 4 km N-O du centre de Dakar.* ***Bus n° 10*** *depuis l'av. Georges Pompidou.* ***En voiture****, à partir du rond-point des Madeleines* **A3**, *puis par la route de la Corniche Ouest.* ***Marché. Restaurant Le Soumbé*** *p. 113.*

En longeant la route de la Corniche Ouest vers le nord, vous verrez devant vous la porte du Troisième Millénaire, création de l'architecte Pierre Goudiaby. C'est devenu un lieu de promenade prisé des Dakarois qui vont s'y faire photographier.

Soumbédioune est situé au bord d'une agréable baie fréquentée par les pêcheurs. En allant boire un verre ou manger un morceau sur le ponton du Soumbé, vous assisterez au retour des pirogues, vous regarderez les orpailleurs laver les sables de la baie à la recherche de quelques grammes d'or. Après le retour de la pêche, et à la lueur des lampes électriques, se tient sur la plage un marché aux poissons sympathique. Créé en 1961, ce village regroupe, autour de 70 stands environ, 500 artisans, maîtres, compagnons et apprentis, venus de tous les coins du Sénégal. Il est devenu en quelques années le ren-

La presqu'île du Cap-Vert

dez-vous de sculpteurs comme Cheikh Diop, Traoré, El Hadj M'Bouf, Djibril N'Diaye. Vous verrez les spécialistes transformer devant vous les peaux de crocodile en sacs vendus à des prix défiant toute concurrence, les sculpteurs sur bois donner forme à des morceaux d'ébène (attention, toutefois, il existe de fausses ébènes, plus légères ; il s'agit souvent de bois peint), les vanniers s'activer à de savants assemblages d'osier. Beaux pagnes et vêtements en batik. Dommage que la production en bois s'apparente plus à de l'« artisanat d'aéroport ».

Les îles de la Madeleine**

➤ *2 km S-O de Soumbédioune, 4 km de la côte. Accostage autorisé aux piroguiers titulaires d'un permis. Renseignez-vous auprès du poste de commandement du parc, adjudant-chef Lamine Baye, Corniche Ouest, baie de Fann (à côté du restaurant Terrou Bi) ☎ 821.81.82.* ***Permis**: 1 000 FCFA/pers.* ***Traversée**: 1 750-3 000 FCFA/pers.* ***Guide facultatif**: 5 000 FCFA.*

Les îles de la Madeleine, ou îles aux Serpents, sont accessibles en pirogue depuis le poste de commandement du parc ou depuis le port de pêche de Soumbédioune avec « Casque Bleu », le seul piroguier détenteur du permis. Ce nom de « serpent » viendrait d'un certain Sarpan, forte tête de l'armée française exilé sur ce rocher battu par les vents et d'un abordage difficile. Ces îles passent pour abriter des génies facétieux ou mauvais coucheurs. Les Lébous affirment que,

Les Lébous

Les femmes de pêcheurs attendent leurs maris en fin de journée pour récupérer la cargaison de poissons avant d'aller la vendre au marché.

Les Lébous seraient les premiers occupants de la presqu'île du Cap-Vert où ils détiennent encore une grande partie des terres. Sous la poussée d'envahisseurs venus du nord, ce peuple d'agriculteurs et, surtout, de pêcheurs quitta la Mauritanie pour franchir le fleuve Sénégal et se réfugier dans le Fouta et sur les rives du lac de Guiers. Après bien des péripéties, ils arrivèrent sur la presqu'île du Cap-Vert au XVIe siècle. De là, deux groupes essaimèrent à chaque extrémité de la péninsule. Les **Soumbédiounes** s'implantèrent sur les côtes du Nord et de l'Ouest ; les **Bègnes** prirent racine entre l'anse Bernard et Hann, à l'emplacement de la future ville de Dakar.

Organisés en république gérontocratique, les Lébous s'adonnèrent à l'agriculture, à la pêche et à une troisième activité qu'ils exerçaient avec habileté : celle de naufrageurs et de pilleurs d'épaves. Au nombre de 70 000, ils habitent toujours le Cap-Vert. Ils excellent comme cultivateurs et pratiquent la pêche en mer avec une témérité incroyable à bord de pirogues creusées dans le tronc des fromagers. Sur chacune de leurs frêles embarcations vous verrez deux longues cornes : elles servent à conjurer le mauvais sort. ❖

si vous essayez d'y passer la nuit, ces enchanteurs vous jetteront des pierres et des boules de feu.

Le parc national qui y a été aménagé en 1976 est une **réserve** d'environ 450 hectares pour la **préservation des ressources marines** : protection de la faune aquatique et de la zone de reproduction des poissons. Les îles sont aussi un reposoir pour les oiseaux : phaétons éthérés, faucons pèlerins, balbuzards fluviatiles, milans noirs, fous de bassan, mouettes à tête grise, goélands et cormorans y nichent. Sa flore, fouettée par le vent, est rabougrie. Certains baobabs font ainsi penser à des bonsaïs. On y constate l'apparition d'euphorbes, une plante d'origine sahélienne, témoignant de l'évolution du climat vers une plus grande sécheresse.

Le Dakar chic

➤ *Env. 10 km N du centre. Sur la route de la Corniche Ouest vers le nord, vous passez devant l'université.*

Un peu plus loin, une stèle commémore le dernier envol de Mermoz à bord de son hydravion, *Croix-du-Sud*, en 1936. La route contourne ensuite les **Mamelles**, seuls accidents de terrain de cette côte plate. L'une des collines, la Mamelle occidentale (105 m d'altitude), porte l'un des deux plus puissants phares d'Afrique, l'autre étant celui du cap de Bonne-Espérance. Du sommet, on a une magnifique vue d'ensemble de la presqu'île: la pointe des Almadies, N'Gor, Ouakam, Dakar, les îles de la Madeleine…

Le Cap-Vert** : Dakar-sur-Plage

➤ *Après les Mamelles, tourner à g. à la 1re bifurcation vers Le Méridien.*

La route aboutit à la **pointe des Almadies***, extrémité occidentale du continent africain (17°32' de longitude ouest). Il ne vous sera pas possible d'y poser le pied, à moins de résider au Club Med. Mais, soyez sans inquiétude, la presqu'île a des plages accessibles au public. « Almadie » vient du portugais *almadia*, qui signifie « pirogue »: le terme rappelle l'arrivée des premiers navigateurs portugais et des piroguiers lébous qui allaient à leur rencontre. La pointe des Almadies est prolongée par des récifs à fleur d'eau, appelés **chaussée des Almadies*** et signalés à la navigation par un phare de 14 m de haut. Malgré ce phare, des bateaux viennent de temps à autre se briser sur ces écueils. Vous pourrez voir la cheminée d'un cargo émerger de l'eau et l'épave d'un chalutier japonais « accrochée » à un rocher. Il est agréable de déjeuner dans l'un des restaurants .

Les deux bosses de Khary

La légende rapporte qu'à l'origine des deux Mamelles se trouve une certaine Khary Khougne, affligée d'une bosse. Un matin qu'elle essayait de cacher son infirmité, en faisant passer sa bosse pour un bébé, la malheureuse Khary vit apparaître une deuxième protubérance, aussi hideuse. Désespérée, elle se mit à courir droit devant elle ; elle courut des nuits, elle courut des jours, elle courut si loin et elle courut si vite qu'elle arriva à la mer et s'y jeta, mais elle ne disparut pas tout à fait ! ❖

N'Gor**

➤ *2 km N-E des Almadies. Revenir sur la route de la Corniche, tourner à g. puis 2e route à g. Départ pour l'île de N'Gor à côté de l'hôtel Brazzérade.* ***Billet A/R****: 500 FCFA (7 h-21 h), 1 000 FCFA (après 21 h).*

Pour se baigner, la plage de N'Gor est l'une des plus belles et des plus sûres. Pour se rendre sur l'île de N'Gor, à 800 m du rivage, prenez une des pirogues à moteur qui font un va-et-vient permanent. Dans cette île sans électricité, d'étroites ruelles serpentent entre de belles villas et relient les deux agréables plages – grande et petite plage – un refuge loin des voitures et du stress.

Yoff

➤ *Env. 4 km O de N'Gor. Revenir à la route de la Corniche, tourner à g., dépasser l'aéroport.*

Cette partie résidentielle du Cap-Vert, entre la route et la mer, est essentiellement peuplée de Lébous, qui appartiennent à la confrérie des layènes *(encadré p. 106)* et furent les premiers à s'installer sur cette partie de la côte. Le mausolée de Seydina Limanou Laye, coiffé d'un dôme vert, est leur lieu de pèlerinage. Son accès est interdit aux non-membres de la confrérie layène. Bâti au bord de la côte et entouré d'une vaste esplanade, il était il y a encore quelques années à l'est du village de Yoff. À cause de l'urbanisation galopante de la presqu'île du Cap-Vert, il se retrouve aujourd'hui intégré dans le village.

À l'est, Rufisque*

➤ *Env. 28 km S-E de Dakar* via *la N1, à dr. Sortie souvent embouteillée. La nuit, ne pas laisser votre voiture sans surveillance.* ***Marché.***

Avec Dakar, Saint-Louis et Gorée, Rufisque fut l'une des quatre communes dont les habitants avaient depuis 1880 la nationalité française. Elle fut la capitale de l'arachide et le principal port du Sénégal, avant d'être détrônée par Dakar. Elle conserve un joli petit centre entre la mer et la nationale. Tout autour de la rue Ousmane Soce Diop, ses rues perpendiculaires sont bordées de maisonnettes aux balcons en fer forgé, évoquant l'époque où Rufisque était un comptoir portugais puis français. Vous verrez aussi une jolie petite église.

➤ **LE VILLAGE DES TORTUES** *(12 km N de Rufisque). Noflaye, route de Bambilor ☎ 658.99.84. Visite guidée t.l.j. 9 h-19 h. Entrée: 2 000 FCFA.* www.sulcata.org. Installé dans le site classé de la forêt de Noflaye, ce centre de protection des tortues est un lieu de développement des connaissances scientifiques. Il permet de découvrir la tortue géante, la tortue forestière, la tortue molle ou la tortue péluse d'Adanson, noire et rousse. ■

Dakar et le Cap-Vert, pratique

Plan de Dakar en rabat arrière. La presqu'île du Cap-Vert p. 104-105.

Les numéros en bleu, rouge et noir renvoient au plan en rabat arrière.

Bureau du tourisme, 23, rue du Docteur Calmette **A4** ☎ 821.86.89 et 822.73.66. mtta@primature.sn. *Ouv. lun.-ven. 8h-17h, avec 1h variable de pause déjeuner.* Dans les bâtiments du ministère du Tourisme. Documentation limitée.

Arrivée

En avion

Aéroport **Léopold Sédar Senghor de Yoff (10 km N de Dakar).** Dans le hall de l'aéroport, une **poste** et un **bureau de change** sont ouverts de 8 h à 11 h et de 16 h 30 jusqu'à 21 h. **Aéroport** ☎ 820.03.03.

Vous pouvez vous rendre au centre soit en **taxi** en 15 km par l'autoroute et 16 km par la route de la Corniche Ouest, soit en **bus n° 8** en 45 mn (6h-21h).

Circuler

Avec des cartes

Pour emprunter les pistes vous trouverez des cartes au 1/200 000e (4 000 FCFA/carte) au **Service géographique national du Sénégal**, route du Service géographique, Dakar-Hann **A4** (derrière le journal *Le Soleil*). Des plans de Dakar sont disponibles en librairie.

En bateau

Le ***Joola*** embarquait passagers et véhicules pour **Ziguinchor** *via* **Karabane.** Suite à l'accident survenu en septembre 2002, nous ne sommes pas en mesure de fournir plus d'informations. Ce service devrait reprendre ultérieurement. **Rens. et rés.** ☎ 821.58.52 et 822.54.43. *Ouv. lun.-ven. 8 h 15-13 h 30, lun., jeu. 14 h 30-17 h et mar., ven. 15 h-17 h. F. mer. apr.-midi.*

En taxi

Gare routière de Dakar, av. El Hadj Malik Sy **hors plan par A1** (entrée de l'autoroute), taxis garés derrière des écriteaux indiquant leur destination.

En taxis-brousse et cars de brousse

Gare routière, av. El Hadj Malik Sy (à l'entrée de l'autoroute) **hors plan par A1**, et **gare Petersen**, pour la banlieue, à côté de la Grande Mosquée, av. Faidherbe x av. V. Q. Petersen **A2**.

Location de voitures

Les principaux loueurs sont représentés à l'aéroport de Yoff, en face de la sortie, et dans certains hôtels comme le Teranga. **Africars**, 14, rue Gandalou Diouf **36 B2** ☎ 823.42.26, fax 823.15.90. africars@arc.sn. **Hertz**, 64, rue Félix Faure **B3**, B.P. 2302 ☎ 820.20.16 ; après 19h ☎ 820.11.74, fax 821.17.21. hertz@sentoo.sn. **Sénégalauto**, 19, rue Moussé Diop (ex-Blanchot), B.P. 367 **B2** ☎ 822.42.70, fax 821.21.83.

En train

Dakar-Bamako (Mali) en 36 h. Départ sam. et mer. 10 h. Retour mer. et sam. 9 h. La liaison Dakar-Saint-Louis devrait être rétablie, se renseigner à la gare. **Régie des chemins de fer sénégalais (RCFS)**, rens. à la gare, place de Casablanca, B.P. 265 **B2** ☎ 849.46.46.

Scènes de rue

Les rues de Dakar sont incroyablement animées. On y trouve de tout: des vendeurs d'eau, de café, de tissus, de produits manufacturés et agricoles, des moutons qui déambulent. Des enfants gambadent comme des cabris et cognent à tout va contre un ballon de fortune au milieu d'une route bondée de voitures. Dans les quartiers populaires, il arrive même parfois que les routes soient barrées de cailloux ou de briques à l'occasion de cérémonies (baptême, mariage, décès, bal, etc.). À chacun son prétexte pour dévier sans autorisation la circulation. Les plus grandes affluences humaines sont concentrées aux feux rouges, où petits vendeurs, mendiants, laveurs de vitres se bousculent pour écouler leurs marchandises ou proposer leurs services. Tout se passe dans la bonne humeur. Faites le tri et n'hésitez pas à dire non (« à la prochaine fois ») si vous n'en avez pas envie. ❖

Adresses utiles

➤ ADMINISTRATIONS. **Direction des douanes**, 8-10 rue Robert Desnos, B.P. 4033 **C3** ☎ 821.13.28. **Direction des eaux et forêts ou Chef d'inspection forestière**, parc forestier de Hann Dakar, B.P. 1831 **C3**. **Direction des parcs nationaux**, quartier Point E, B.P. 5135 ☎ 824.42.21.

➤ AGENCES DE VOYAGES. **Nouvelles Frontières**, 3, bd de la République (près du palais de la Présidence), B.P 145 **21 B4** ☎ 823.34.34, fax 822.28.17. **Sénégal Découvertes Touristiques**, 88, rue Gandalou Diouf, B.P. 4159 **23 B2** ☎ 821.74.98, fax 821.14.34. **Sénégal Tours** 5, pl. de l'Indépendance **20 C3**, B.P. 3126 ☎ 823.03.40, fax 823.26.44, senegal-tours.com. **Sénégal Travel Service**, 55, av. Albert Sarraut **22 C3** ☎ 821.39.73, fax 822.85.87.

➤ ALLIANCE FRANÇAISE, 3, rue Parchappe, B.P. 1777 **24 C3** ☎ 821.08.22, fax 822.12.25. afsd@syfed.refer.sn. *Ouv. lun.-ven. 9h-13h et 16h-18h.* Bibliothèque avec salle de presse.

➤ AMBASSADES. **Ambassade de France**, 1, rue El Hadj Amadou Assane Ndoye **25 C3**, B.P. 4035 ☎ 839.51.00, fax 839.51.81. *Ouv. lun.-jeu. 8h-12h30 et 15h-18h et ven. 8h-13 h.* Permanence : *lun.-jeu. 15h-18h et ven. 15h30-18 h.* Consulat *8h-12h30 et 15h-18 h.* Permanence le w.-e. pour les urgences. **Ambassade de Belgique**, B.P. 524, route de la Corniche Est **hors plan par B4** ☎ 821.40.27, fax 821.63.45. *Ouv. lun.-ven. 8h-15 h.* **Ambassade de Suisse**, rue René Ndiaye **26 A4** ☎ 823.05.90, fax 822.36.57. *Ouv. lun.-ven. 9h-12 h.* Consulat ☎ 823.05.90, fax 822.36.57, même adresse et mêmes horaires que l'ambassade. **Ambassade de Gambie**, 11, rue de Thiong **27 B3** ☎ 821.44.76. *Ouv. lun.-jeu. 9h-15h et ven. 9h-13 h.*

➤ BANQUES. **BICIS** (BNP), 2, av. Léopold Sédar Senghor **29 C3** ☎ 839.03.90. *Ouv. lun.-jeu. 7h30-12h15 et 13h40-15h45, ven. 7h30-13h15 et 14h40-15h45.* **Crédit Lyonnais**, 17 bd Djily Mbaye, B.P. 56 **30 C2** ☎ 849.00.00. *Ouv. lun.-jeu. 8h15-15h30, ven. 8h15-13h et 14h45-15h45.* **SGBS**, 17, av. Léopold Sédar Senghor **28 C3** ☎ 839.55.00, fax 821.91.19. *Ouv. lun.-jeu. 7h45-15h45, ven. 7h45-12h30 et 14h45-16 h.*

➤ COMPAGNIES AÉRIENNES. Les coordonnées des principales compagnies vous sont indispensables pour la confirmation de vos billets d'avion si vous avez décidé de vous débrouiller sur place. Dans la plupart des cas, il est inutile de se déplacer: un coup de téléphone suffit. **Air France**, 47, av. Albert Sarraut, B.P. 142 **31 C3** ☎ 839.77.77, fax 839.77.44; aéroport ☎ 820.55.00.

Air Sénégal International, 45, av. Albert Sarraut **32 C3** ☎ 865.22.44 et 865.22.42. **Alitalia**, 5, av. Georges Pompidou **33 B3** ☎ 823.38.74, fax 823. 24.70. **Sénégalair**, 31, av. Léopold Sédar Senghor **35 C3** ☎ 825.80.11 ou 820.00.20; aéroport ☎ 825.80.11.

➤ **POSTE. Poste principale**, bd Djily Mbaye (près du marché Kermel) **C2**. Ouv. *lun.-ven. 7h-18h30 et sam. 8h-13h30.*

➤ **INTERNET.** Partout des cybercentres et cybercafés. Autour de l'université **espace Sentoo**. *Ouv. 7h-23h30.*

➤ **TÉLÉPHONE.** Partout également, des **télécentres** pour téléphoner, envoyer des fax et acheter des cartes téléphoniques. Si vous possédez un **téléphone portable**, une adresse sérieuse: **Téléphone du Monde**, 43, bd Djily Mbaye (face à l'hôtel de ville) **C2** ☎ 823.10.80. *Ouv. lun.-sam. 9h-20 h.*

➤ **URGENCES. Police** ☎ 17. **Pompiers** ☎ 18. **SOS Médecin** ☎ 889.15.15.

Hôtels

Si vous souhaitez visiter la ville, mieux vaut résider au centre de Dakar; si vous préférez rester à l'écart, dormez au Cap-Vert, près des plages ou, plus calme, à Gorée *(p. 125).*

À DAKAR

▲▲▲▲ **Indépendance**, pl. de l'Indépendance, B.P. 221 **1 C3** ☎ 823.10.19, fax 822.11.17. information@hotel-independance.com. *129 ch. clim.* Au cœur de Dakar. Le moins cher dans sa catégorie. Belle vue sur Gorée. Piscine au dernier étage. Agréable restaurant panoramique au 16e étage.

▲▲▲▲ **Lagon II**, route de la Corniche Est **2 D3**, B.P. 3115 ☎ 823.58.31, fax 823. 77.27. lagon@sentoo.sn. *56 ch. clim. et 2 suites.* Œuvre de l'architecte parisien Claude Bach, l'hôtel, qui surplombe la mer, ressemble à une proue de navire. Une des meilleures adresses pour un séjour d'affaires ou de détente. Plage privée. Deux restaurants.

▲▲▲▲ **Novotel**, av. Abdoulaye Fadiga **3 C3**, B.P. 2073 ☎ 849.61.61, fax 823. 89.29. novotel@sentoo.sn. *258 ch. clim.* Au cœur de Dakar et à l'abri du bruit, belle vue sur la mer et Gorée. Service de qualité. Cadre idéal pour les voyages d'affaires. Les chambres des étages supérieurs sont plus agréables. Piscine, tennis. Bonne table avec une ambiance agréable. Piano-bar.

▲▲▲▲ **Sofitel Teranga**, rue Colbert (près de la pl. de l'Indépendance) **4 C3**, B.P. 3380 ☎ 823.10.44, fax 823. 50.01. teranga@arc.sn. *244 ch. clim.* Bâtiment de 11 étages surplombant la mer face à Gorée. Hôtel haut de gamme spécialisé dans le tourisme d'affaires. Loisirs et activités sportives. Piscine chauffée face à la mer accessible par une passerelle qui enjambe la Corniche. Internet.

▲▲▲ **Ganalé**, 38, rue El Hadj Amadou Assane Ndoye **5 B3**, B.P. 538 ☎ 821. 55.70, fax 822.34.30. ganale@sentoo.sn. *40 ch. clim.* Hôtel pratique dans un quartier central. Restaurant sans charme. Bar.

▲▲▲ **Miramar**, 25-27, rue Félix Faure **6 B3** ☎ 849.29.29, fax 823.35.05. *56 ch. clim.* Près de la pl. de l'Indépendance.

▲▲ **Océanic**, 9, rue de Thann **7 C2-3**, B.P. 219 ☎ 822.20.44, fax 821.52.28. *24 ch. clim.* hotel-oceanic@sentoo.sn. Au centre, dans un quartier animé (restaurants). Petit déjeuner dans une agréable cour intérieure. Une des meilleures adresses « routardes » de la ville. Restaurant: spécialités de la mer.

▲▲ **Saint-Louis-Sun**, 68, rue Félix Faure, B.P. 23175 **8 B3** ☎ 822.25.70, fax 822.46.51. *11 ch. clim.* Dans une maison traditionnelle au cœur de Dakar, ses chambres se répartisssent autour d'un patio tropical. Calme assuré. Restaurant et bar.

AU CAP-VERT

▲▲▲▲ **Les Almadies** (Club Med), pointe des Almadies, B.P. 3236 ☎ 820. 09.51, fax 820.39.41. *300 ch. clim.* Multiples activités: piscine, golf, tennis, planche à voile, tennis de table, billard, gym aquatique… Excursions.

▲▲▲▲ **Méridien Président**, pointe des Almadies, B.P. 8181 ☎ 869.69.69, fax 869.69.24. resgroup.meridien@

sentoo.sn. *360 ch. clim.* Paquebot de luxe. Vous y verrez beaucoup de marbre... Ambiance glacée. Éloigné de l'océan. Tennis, golf et piscine. Trois restaurants. L'une des meilleures tables européennes de Dakar.

▲▲▲ **L'Aérogare**, aéroport Léopold Sédar Senghor, Dakar-Yoff, B.P. 8290 ☎ 820.11.97. *15 ch. clim.* Pour ceux qui auraient un vol tôt le matin, un hôtel à l'intérieur de l'aéroport.

▲▲▲ **La Madrague**, N'Gor ☎/fax 820. 02.23. warung@sentoo.sn. *18 ch. 2 appart. clim.* Au bord de la plage de N'Gor, chambres claires et propres, petite piscine et un restaurant-bar. Surf et windsurf.

▲▲▲ **L'Océan**, route de l'aéroport, Yoff Ranrhar, B.P. 818 ☎ 820.00.47, fax 820. 27.37. *22 ch dont 15 clim.* Hôtel simple, au charme démodé. Billard, salle de bal, ponton au-dessus de la mer. Bon rapport qualité-prix près de l'aéroport sf w.-e. avec ses avions de nuit.

▲▲ **Chez Carla**, île de N'Gor ☎ 820. 15.86. *7 ch.* Petit hôtel-restaurant chaleureux, simple et propre, pour se mettre entre parenthèses. Cuisine italienne: pâtes maison, fruits de mer, le tout les pieds dans l'eau.

▲▲ **Le Coumbassou**, Grand Yoff Sud, B.P. 13012 ☎/fax 827.10.54. coumbasu@sentoo.sn. *16 ch. 4 studios et 4 appart.* Parahôtel non loin de la Foire internationale. Confort correct.

Sur la Corniche Est

▲▲▲▲ **Savana**, Petite Corniche Est, pointe Bernard **hors plan par B4**, B.P. 1015 ☎ 849.42.42, fax 849.42.43. hotel@savana.sn. *100 ch. clim.* Sur la mer, face à Gorée, dans un beau jardin. Piscine. Loisirs (jet-ski à la demande). Meilleur compromis entre hôtel d'affaires et hôtel de loisirs. Réputé pour ses séjours de pêche.

Restaurants

À Dakar

♦♦♦♦ **Le Lagon I**, route de la Corniche Est **9 D3** ☎ 821.53.22. Cadre hollywoodien face à Gorée. Idéal pour un soir de fête. Bar.

♦♦♦♦ **Le Niani Beach**, route de la Corniche Est **10 C3** ☎ 822.60.71. mialou@arc.sn. Au bord de l'océan, cuisine agréable servie dans une case ronde au-dessus de l'océan, décorée par le peintre Ousmane Sow, à ne pas confondre avec le sculpteur!

♦♦♦ **Big Five**, 24, rue Victor Hugo **13 B4** ☎ 822.08.17. Au centre-ville, un décor de jungle étonnant.

♦♦♦ **La Casa Créole**, 21, av. Djily Mbaye **12 C2** ☎ 823.40.81. *F. dim. midi.* Terrasse en plein air près du marché Kermel. Carte créole et européenne. Orchestres ven. et sam. soir.

♦♦♦ **Le Dagorne**, 11, rue Dagorne **11 C3** ☎ 822.20.80. *F. lun.* Ambiance sympathique et familiale. Vous prendrez votre repas dans une cour intérieure recouverte de verdure. Bonne cuisine sans prétention.

♦♦ **Keur Ndeye**, 68, rue Vincent x El Hadji Mbaye Gueye (ex-Sandiniéry) **14 B3** ☎ 821.49.73. *Ouv. t.l.j. 11h-23 h.* Petit restaurant climatisé près de la place de l'Indépendance où se retrouvent les cadres. Idéal pour déjeuner. Excellents plats sénégalais.

Au Cap-Vert

♦♦♦♦ **Terrou Bi**, bd Martin Luther King, route de la Corniche Ouest, Soumbédioune, B.P. 1179 ☎ 839.90.39. Sur une jetée face aux îles de la Madeleine. Parmi les restaurants les plus chic de la capitale (à ne pas confondre avec la brasserie). Restaurant gastronomique *(f. dim.)* et un restaurant en terrasse *(ouv. t.l.j.)*. **Casino** à l'étage *(ouv. t.l.j. 18h-4h)*.

♦♦♦ **Le Virage**, route de N'Gor ☎ 820.06.57. *F. lun.* Très agréable restaurant en bord de mer avec piscine. Juste avant l'aéroport.

♦♦ **L'Impasse**, rue A x 2 Prolongée, quartier Point E ☎ 864.32.73, 682.60.06. *Ouv. mar.-dim. 18h-2 h.* Mimi y sert des poissons et des viandes à la braise accompagnés de sauces. Un lieu de rencontre des cinéastes sénégalais.

♦♦ **La Pointe des Almadies** ☎ 820. 01.40. *F. lun*; **La Table du Mareyeur** ☎ 820.19.42 ; **Le Dionevar** ☎ 820.09.11

et **Le Récif** ☎ 820.11.60. *F. mer.* Prenez la direction du Méridien et continuez jusqu'au bout de la route. Restaurants côte à côte en bord de mer avec des cartes assez similaires : viandes, poissons grillés au feu de bois, gambas, plats français, sénégalais, chinois... Agréable car on s'y sent loin de la ville, à l'ombre de vérandas.

♦♦ **Le Mini Resto** ♥, villa 4426 (face à l'école de police), Sicap Amitié III, n° 4426 ☎ 825.55.73. *Ouv. t.l.j. 12h-14h30 et 20h-23h.* Spécialités camerounaises et sénégalaises servies à l'ombre du manguier.

♦♦ **Le Soumbé**, village artisanal de Soumbédioune ☎ 822.37.29. *Ouv. t.l.j. 9h-22h30.* Il faut y manger au bout du ponton où l'air est frais et la vue sur la baie intéressante. T.l.j. à partir de 19h jazz ou reggae; salsa ven. et sam. soir.

♦♦ **Les Maristes**, 1, route des Pères Maristes x route du Front de Terre (sur la route de Rufisque), Hann Maristes (à côté du Parc de Hann) ☎ 832.56.62. *Ouv. t.l.j. 7h-23 h.* Cadre agréable. Aménagement intérieur de qualité.

♦ **Les Baraques « Huitres de Sokone »**, pointe des Almadies, face au parking, ☎ 558.38.43. *Ouv. sam.-dim. 8h-22 h.* Ibrahima Loum sert avec le sourire des fruits de mer frais, des poissons grillés sur des tables en plein air (pas d'alcool). Le meilleur rapport qualité-prix.

Shopping

➤ **Art et antiquités. Espace Faguèye**, 3, route du Casino, N'Gor Diarama ☎ 820.59.09. faguye@binome.net. *Ouv. t.l.j. 9h-19h.* Près de 50 artistes contemporains, réunis autour de la styliste Mame Faguèye Bâ, vendent leurs créations.

Galerie Antenna, 9, rue Félix Faure **16 C3** (près de l'hôtel Teranga) ☎ 822.17.51. *Ouv. mar.-sam. 10h-13h et 16h-19h15. F. dim.-lun.* Exposition de toiles d'artistes sénégalais contemporains.

Wéwé Galerie, rue Jules Ferry x Keur Samba (dans la petite impasse) **15 B3** ☎ 634.93.13 et 536.38.95. dmensah@caramail.com. *Ouv. lun.-sam. 10h30-13h et 16h-19h.* Flora et David Mensah proposent des antiquités d'Afrique de l'Ouest haut de gamme, toutes authentiques.

Les boutiques de la **rue Mohammed V B3-4** et celles proches du **marché Kermel C3** sont typiques, amusantes et bon marché, sans ambiguïté quant à l'ancienneté.

Village des Arts, à côté du stade de l'Amitié. 50 artistes contemporains, peintres, sculpteurs, céramistes ont leur atelier dans cette ancienne cité bâtie pour les ouvriers chinois du stade. Allez à leur rencontre.

➤ **Bijoux**. Cour des Maures, 70, av. Blaise Diagne **A2** *(p. 100).*

➤ **Librairies. Aux Quatre Vents**, 55, rue Félix Faure **17 B3** ☎ 821.80.83. *Ouv. lun.-sam. 8h45-12h30 et 15h-18h45. F. dim.* La mieux fournie, aussi bien en journaux qu'en livres. Très bons conseils.

Clairafrique, 2, rue El Hadji Mbaye Gueye (ex-Sandiniéry), B.P. 2005 **18 C3** ☎ 822.21.69. Centrale (à côté de la pl. de l'Indépendance) et bon choix. *Ouv. lun.-sam. 8h30-12h30 et 15h30-18h30.*

➤ **Marchés**. Vous trouverez de bonnes opportunités dans les grands marchés : **Soumbédioune**, le centre artisanal *(p. 104)*, **Sandaga** pour ses épices, ses encens **B3** *(p. 100)*, **Kermel C3** pour ses fruits frais, ses sculptures et ses fixés sous verre (*p. 102*). *Ouv. lun.-sam. du lever au coucher du soleil sf indications contraires.*

➤ **Mode**. Au village de Soumbédioune, rue El Hadji Mbaye Gueye (derrière le marché Sandaga) **B3**. Ou sur la route de Ouakam, un des quartiers de Dakar (après la station-service Shell) **C3**.

➤ **Peinture ou fixé sous verre**. La peinture sous verre est l'œuvre d'artisans. Il existe cependant des artistes, cotés sur le marché international comme, à Dakar, Serin Ndiaye (à partir de 100 000 FCFA) ☎ 864.33.04.

Atelier de More Gueye, Cour des Orfèvres, 69, av. Blaise Diagne **A2**.

Circuler à Gorée

À pied, et uniquement à pied. L'île mesurant 900 m du nord au sud et 300 m d'est en ouest, il est difficile de s'y perdre.

Évitez la visite de l'île le lundi : les musées sont fermés. Vous trouverez au **Musée historique**** *(p. 124)* un guide complet sur l'île.

Comme un têtard posé sur le Grand Bleu, l'insouciante Gorée offre le charme de ses ruelles fleuries. Si vous en avez l'occasion, passez-y la nuit.

Compagnie du Sénégal s'y installe aussitôt, faisant de l'île son entrepôt fortifié. Des bateaux venant de tous les ports d'Europe mouillent alors dans sa rade. Contrairement à ce qui se raconte, le commerce des esclaves y a toujours été très restreint par le manque d'eau et de place, dépassant rarement 200 à 300 esclaves par an *(p. 120-121)*. En 1785, le chevalier de Boufflers est nommé gouverneur du Sénégal. Ne se plaisant pas à Saint-Louis, il transfère sa résidence à Gorée, écrivant à son amie, la comtesse de Sabran: « Je trouve ici un séjour délicieux. Il y a une montagne, une fontaine, des arbres verts, un air pur. Tout m'y plaît, jusqu'aux pierres. » Séducteur, il multiplie les conquêtes. Le 20 novembre 1787, le jour de son départ, les belles *signares (encadré p. 144)* éplorées l'accompagnent jusqu'à l'embarcadère, recueillant pieusement dans de petits sacs le sable foulé par ses derniers pas.

Un moment occupée par l'Angleterre puis rendue à la France en 1817, Gorée devient l'escale obligée des vaisseaux se dirigeant vers l'Amérique et l'Asie. Paradoxalement, au moment de l'abolition de la traite des esclaves en 1848, Gorée devient le port d'attache de la station navale chargée de donner la chasse aux bateaux négriers sur la côte d'Afrique. Au XIXe siècle, ses habitants, trop nombreux, essaiment sur le continent, fondent Dakar en 1857 et développent le comptoir de Rufisque en 1859. Érigée en commune en 1872, Gorée reçoit le privilège de décerner le titre de citoyen français à tout Sénégalais naissant sur son sol, comme Saint-Louis, Rufisque et Dakar. Un de ses fils, Blaise Diagne, sera élu député du Sénégal en 1914 avant, que Gorée ne soit annexée à la capitale en 1929.

Par un arrêté du 15 novembre 1944, l'île est classée site historique en septembre 1978 avant d'être inscrite sur la liste du Patrimoine mondial de l'humanité par l'Unesco. Dans le film de François Truffaut *Adèle H*, tourné en 1975, Isabelle Adjani erre, éperdue et malheureuse, dans les rues de Gorée, passant devant ses maisons si chargées d'histoires.

Aujourd'hui, Gorée est une commune d'arrondissement de Dakar de 1 200 habitants, rythmée par les arrivées de la chaloupe. Aux élections municipales de mai 2002, Gorée a élu un maire écologiste. Elle souhaite retrouver son statut de commune à part entière, perdu en 1972.

La ♥ **promenade dans Gorée***** est un vrai bonheur. Passez-y au moins une nuit : après le départ du dernier bateau, vous apprécierez le calme de l'île.

➤ *Entrée de l'embarcadère pl. de la Gare, côté bd de la Libération. Départ du môle 1, à g. de l'entrée principale du port de Dakar. Un* ***parking*** *permet d'y laisser sa voiture en toute sécurité. Se méfier des faux guides et des pickpockets.* ***Billet A/R*** *: 5 000 FCFA.*

En sortant de la chaloupe, longer le quai à g. et s'enfoncer dans la rue Saint Germain vers le musée de la Femme et la maison des Esclaves.

Les façades colorées de Gorée sont investies de bougainvillées. Pas de voiture, pas de route goudronnée, tout y est calme et harmonie.

Passer devant le syndicat d'initiative **B2** *où Makhtar M'diaye vous fera partager son amour de l'île.* ***Informations pratiques et bonnes adresses*** *p. 125.*

Le musée de la Femme*

➤ **B2** *Rue Saint Germain* x *rue Malavois. Ouv. mar.-ven. 10 h 30-13 h et 14 h-17 h 30 ; sam., dim. 10 h 30-13 h et 14 h-16 h 30. F. lun. Entrée : 1 000 FCFA.*

Le musée est installé dans une des plus belles et des plus typiques maisons de l'île, celle de Victoria Albis, une riche *signare (encadré p. 144)*. Des outils agricoles, des instruments de musique, des poteries, de la vannerie et des photographies permettent de resituer la vie quotidienne de la femme au Sénégal. On y voit aussi des objets simples usuels. Ce musée accueille également des ateliers *(pas de visite)* où les femmes de l'île se retrouvent pour se former et travailler ensemble.

♥ La maison des Esclaves**

➤ **B2** *Rue Saint Germain. Ouv. 10 h 30-12 h et 14 h 30 (ven. 15 h)-18 h. F. lun. Entrée : 500 FCFA.*

Construite en 1776 ou 1786, cette maison était celle de Nicolas Pépin, frère de la *signare* Anne Pépin, « femme à la mode du pays » du chevalier de Boufflers *(encadré p. 144)*. Cette demeure a été restaurée en 1990 avec l'aide de l'Unesco et de la fondation France Libertés.

Sans lui retirer sa valeur de symbole d'un drame de l'humanité, la maison des Esclaves était une des maisons commerciales de Gorée où l'on achetait principalement la gomme arabique, l'ivoire et l'or

Avec ses maisons de style colonial dont certaines sont soigneusement restaurées, comme ici le Gorée Institut, l'île a des allures de paradis !

avec à l'étage – auquel on accède ici par un double escalier – les appartements et les bureaux et, au rez-de-chaussée, les réserves et les locaux des employés de maison. Comme toutes ces maisons commerciales, elle a parfois abrité des esclaves en transit, mais elle ne fut jamais l'esclaverie que l'on se plaît à décrire avec force détails *(p. 120-121)*. Laissons à son conservateur le soin de vous rappeler ces heures sombres de l'histoire, tout en sachant que ce n'est pas ici qu'ils étaient entassés ou que la porte donnant sur la mer ne servait pas à embarquer sur des navires qui se seraient brisés sur les rochers…

Le centre de l'île

➤ **B3-A3** *Continuer la rue Saint Germain puis tourner à dr., rue du Chevalier de Boufflers.*

La place de l'Église

B3 L'**église Saint-Charles-Borromée**, achevée en 1829, dépend de l'Ordre de Malte. Son escalier intérieur en colimaçon, en fer forgé, a été fondu dans les ateliers de la marine française.

La rue des Dongeons

A3 Continuez ensuite la rue du Chevalier de Boufflers jusqu'à la rue des Dongeons (de l'anglais *dungeon*, « cachot »). Vous y verrez une maison assez typique avec ses deux tours et les vestiges du premier hôpital de l'île, édifiés au XVIIIe siècle par la mère Javouhey. La fondatrice de la congrégation des sœurs de Saint-Joseph de Cluny consacra sa vie à l'affranchissement des Noirs, notamment au Sénégal et en Guinée.

La mosquée

A3 Avant de monter vers le Castel, passez devant la petite mosquée édifiée en 1892 au pied des orgues basaltiques qui soutiennent le plateau du Castel. C'est l'un des plus anciens édifices religieux musulmans en pierre construits au Sénégal.

➤ *Suite p. 122*

L'or noir de l'Afrique

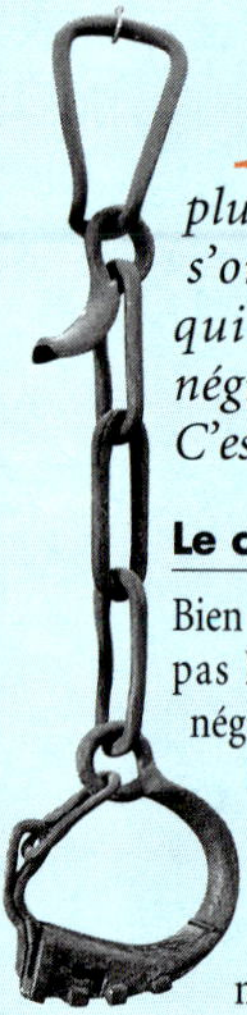

Fers d'attache d'esclaves utilisés sur les navires négriers nantais au XVIIIe siècle (Nantes, musée d'Art populaire régional).

Les Indiens d'Amérique décimés, les puissances coloniales décident de les remplacer par des Noirs, jugés plus résistants. Dès le XVIe siècle la traite s'organise. Combien sont-ils à avoir dû quitter leur continent, enlevés par des négriers ? Dix millions ? douze millions ? C'est le nombre reconnu par les historiens.

Le commerce triangulaire

Bien que la traite y eût lieu, le Sénégal ne constituait pas l'une des destinations préférées des navires négriers. Partis de Londres ou de Liverpool, de Lisbonne, de Bordeaux ou de Nantes, ils longeaient les côtes du Sénégal à l'Angola. Avec quelques achats par jour, il fallait de deux à huit mois pour obtenir le nombre de captifs désiré par l'armateur. Ils mettaient alors le cap sur les Amériques où on les troquait contre du rhum, du tabac, du sucre... Le voyage triangulaire durait au moins 18 mois.

La capture

Si des Blancs ou des métis servirent d'intermédiaires avec les marchands, ce furent surtout des chefs africains qui se livrèrent à la chasse aux esclaves. Celle-ci entraînait des guerres intestines et, partant, des pertes humaines dont on ne connaîtra jamais l'ampleur. Ces guerres bouleversèrent les structures politiques et économiques de l'Afrique. Elles aboutirent à la constitution de royaumes puissants (Ashanti, Abomey, etc.) fondés sur le troc. Elles ruinèrent les arrière-pays d'où provenaient les esclaves et entraînèrent la chute des empires traditionnels (Mali, Songhaï, etc.) et un déclin des activités économiques.

En 1685, la France édictait le Code noir qui considérait les esclaves comme une marchandise. Ce code précisait, en outre, que les enfants d'esclaves appartenaient de plein droit au maître de leur mère.

L'achat

Chaque esclave est soigneusement examiné : on le fait courir, sauter ; on vérifie ses dents, sa vue. Au moindre défaut, il est éliminé. Après avoir sélectionné les hommes et les

femmes, jeunes, en parfaite santé, la négociation commence. Le prix fixé (sous Louis XIV, le prix moyen d'un esclave équivaut à 4 ans de salaire d'un marin et à presque 8 ans en 1789), les esclaves enchaînés sont embarqués.

À bord

Le navire transporte 200 captifs. Femmes et enfants dorment sur le pont. Les hommes, enchaînés, y montent pour boire et se nourrir. Par beau temps, ils y restent quelques heures et sont lavés car, à partir de 15% de mortalité, la campagne négrière est un échec. Après un à deux mois de voyage, le navire arrive à destination : le plus souvent le Brésil, les Antilles et le sud des États-Unis. Pendant la quarantaine imposée avant la vente, on « rafraîchit » à terre les captifs en leur proposant force nourriture pour qu'ils aient meilleure mine lors de la vente aux enchères.

La lutte contre l'esclavage fut longue en Occident. Dès 1688, les Quakers le combattent. La Révolution française l'abolit en 1794, mais l'Empire le rétablit en 1802. En 1833, l'Angleterre est la première à émanciper ses esclaves. En France, Victor Schœlcher obtient son abolition en 1848.

Combien d'hommes, de femmes et d'enfants, durant ce laps de temps (ci-dessous, fixé sous verre de Gora Mbengue illustrant une scène d'esclavagisme), passèrent de la maison des Esclaves à Gorée (ci-dessus) aux cales des négriers ?

Les conséquences de la traite

Sur les trois siècles de traite intensive, de 1550 à 1848, le nombre d'esclaves parvenus aux Amériques ou ailleurs ne représente que la partie émergée de l'iceberg. En effet, 20 à 40 % des populations capturées au cœur de l'Afrique mouraient avant d'arriver à destination. Si l'on tient compte du déficit des naissances engendré par la traite, on estime que 20 à 80 millions d'hommes et de femmes ont été perdus en quatre siècles pour le continent africain.

Le Castel

B3-4 Il s'élève à l'emplacement de l'ancien fort d'Orange édifié au XVIIe siècle par les Hollandais. Sa montée est jalonnée de baobabs. Différents forts ont été successivement bâtis sur ce promontoire haut de 31 m. Un triste et moderne mémorial en béton est là pour rappeler, une fois de plus, l'esclavage. Très belle vue sur Gorée et Dakar.

Et si vous aimez l'art, vous y trouverez des **ateliers d'artistes** aux œuvres avant-gardistes, logés dans d'anciens bunkers et des forteresses souterraines. Des sculptures réalisées à partir d'objets de récupération se dressent en plein air, face au vent marin. Une mention particulière pour les galeries des peintres Souaybou Kandji, Kambel et Marthe Dieng *(☎ 634.36.28)* où vous pourrez vous initier aux techniques de la peinture, de la sculpture et apprendre la composition des couleurs à partir de pigments naturels comme la kola ou le henné.

➤ À la pointe sud-est du Castel, Gabriel Malou continue avec bonheur à créer dans l'atelier de son maître Mustapha Dimé, face à la mer *(p. 84-85)*.

La place du Gouvernement

A2 En redescendant ensuite par le même chemin puis en empruntant la rue du Castel, vous arrivez place du Gouvernement. À gauche, vous découvrez le bâtiment qui abritait l'école fédérale normale de l'AOF. De 1913 à 1937, l'**école William-Ponty A2** forma les cadres et les enseignants africains avant d'être transférée à Sébikotane, dans la région de Thiès. Lamine Gueye, premier maire noir de Saint-Louis, y enseigna. Les présidents du Mali, Modibo Keita, du Dahomey, Hubert Maga, du Niger, Hamani Diori, ainsi que Léopold Sédar Senghor y firent leurs études. Au centre de la place, un kiosque à musique fut construit sur un ancien château d'eau. Sur la gauche de la place se trouve l'**ancien palais du Gouverneur** de l'AOF de 1902 à 1907 **A2**. Achevé en 1864, ce palais était l'hôtel des anciens commandants supérieurs de Gorée. Laissé à l'abandon par les gouvernements successifs, il constituerait un lieu évident de manifestations culturelles et de résidences d'artistes. En face se tient un **marché artisanal A2** (colliers, tissus…). Il est adossé aux anciennes batteries supportant des canons.

Le musée de la Mer*

➤ **A2** *Pl. du Gouvernement. Ouv. 10 h-13 h et 14 h 30-18 h. F. lun. IFAN Dakar ☎ 825.00.90.*

Créé en 1960 par l'IFAN dans l'ancienne maison de la Compagnie des Indes (XVIIIe siècle), vous y verrez des présentations de la mangrove, de l'écosystème marin et des habitations côtières de l'Ouest africain. Autrefois Laboratoire de biologie marine, le musée a récupéré les collections de poissons (750 espèces représentées par plus de 11 000 individus), de mollusques (700 espèces) et de crustacés dont l'accès est réservé aux scientifiques.

Vers le fort d'Estrées

➤ **A1** *En sortant du musée de la Mer, prendre à g. la petite rue Saint Joseph* **A2**. *Moussa Sakho ☎ 821. 81.95. moussasakho@hotmail.com.* ***Restaurant*** *p. 125.*

Au n° 7, siège de l'Association pour le Sénégal et l'Afrique de l'Ouest

Gorée l'historique garde son authenticité : l'ancienne école William-Ponty.

(ASAO), l'artiste Moussa Sakho marie les matières, bois flottés, fixés sous verre, photographies anciennes, fer, matériels de chantiers... pour en faire des œuvres émouvantes. Au bout de la rue, prenez à droite.

La rue des Batteries **A2-1** conduit vers l'université des Mutants et le Musée historique. Vous laisserez à votre droite le **Gorée Institut A1**, un lieu de réflexion et d'action fondé en 1992 *(ne se visite pas)*. Il participe au développement de l'île en organisant avec les associations des formations, des séances d'alphabétisation, en fournissant des équipement informatiques dans les écoles…

Face au Musée historique, l'université des Mutants **A1** a été fondée par Léopold Sédar Senghor et l'écrivain communiste Roger Garaudy pour « esquisser l'évolution que devrait suivre l'humanité en mutation pour assurer à tous les hommes le bien-être et la paix ». Des colloques s'y tiennent chaque année.

Le Musée historique**

➤ **A1** *À l'intérieur du fort d'Estrées. Ouv. 10h-13h et 14h30-17 h. F. lun.*

Construit entre 1852 et 1856, le fort d'Estrées n'a joué un rôle actif qu'en 1940 lors de la tentative de débarquement des troupes anglaise et gaulliste, reçues à coup de canon.

Il accueille désormais le musée de l'IFAN. Dans ses petites pièces en étoile, il retrace l'histoire du Sénégal et de Gorée, du néolithique jusqu'à nos jours. On y verra des témoignages de la civilisation « coquillages » *(p. 62)* et mégalithique, des documents sur l'histoire des grands empires du Moyen Âge, des comptoirs européens et du développement de l'esclavage. On peut voir notamment l'**homme de Sieudon**, squelette vieux de 1 500 ans pétrifié dans une dalle de grès, ou une **pierre lyre** remontant aux civilisations mégalithiques. Gardez de l'énergie pour la dernière partie consacrée à l'esclavage, qui est vraiment très émouvante.

➤ En longeant les quais pour retourner vers la plage et l'embarcadère, vous passez devant d'**anciennes maisons de commerce** bien conservées – celle de la maison bordelaise Maurel et Prom est occupée par la poste **A2** – et l'Hostellerie du Chevalier de Boufflers **A2**, une institution.

L'atelier de Fallou Dolly

➤ **A2** *Face à vous après le musée de la Mer, dans la rue du Gouvernement près de la plage et de la chaloupe pour le retour. Atelier galerie « Paradise Mountaga ». Ouv. t.l.j. 10h-19 h. Entrée libre.*

Ce peintre sénégalais réalise de beaux fixés sous verre, dont on reconnaît le style au premier coup d'œil : « Mes personnages sont ronds comme la Terre et leur cou est petit parce que l'homme est fragile. » ■

Gorée, pratique

Plan p. 116.

Les numéros en bleu et en rouge renvoient à ceux du plan.

ℹ **Syndicat d'initiative**, rue Saint Germain **B2** ☎/fax 822.97.03. *Ouv. mar.-sam. 9h-13h30 et 14h-18h30 sf sam. 15h-17h, dim. 9h-14h30.* Guide *5 000 FCFA, 3 pers. minimum.*

Arrivée

Rens. ☎ 823.45.45. **Départ de Dakar en semaine**: 6h15, 7h30, 10h, 11h, 12h30, 14h30, 16h, 17h (sf sam.), 18h30, 20h, 22h30, ven. 23h30, sam. 0h45. **Retour de Gorée**: 6h45, 8h, 10h30, 12h, 14h, 15h, 16h30, 18h30 (sf sam.), 19h, 20h30, 23h, ven. 24h, sam. 1h15.

Départ de Dakar dim. et j. f.: 7h, 9h, 10h, 12h, 14h, 16h, 17h, 18h30, 19h30, 20h30, 22h30, 23h30. **Retour de Gorée**: 7h30, 9h30, 10h30, 12h30, 14h30, 16h30, 17h30, 19h, 20h, 21h, 23h, 24h.

Hébergement

▲▲▲ **ASAO**, 7, rue Saint Joseph **3 A2** ☎ 821.81.95. csaodakar@sentoo.sn. *3 ch. d'hôte* dans une très belle maison traditionnelle. Repaire d'artistes, elle est décorée avec beaucoup de goût. Stages de fixés sous verre avec Moussa Sakho et de bijoux en perles avec Ibrahim Sow (3 000 FCFA/j.).

▲▲▲ **Auberge Keur Beer**, 1, rue du Port, B.P. 50 **1 B2** ☎/fax 821.38.01. www.senegal-online.com/keurbeer. *7 ch. ventilées.* Accueil chaleureux. Une bibliothèque et une librairie sont à la disposition des clients. Pêche sportive et sorties en mer.

▲▲▲ **Hostellerie du Chevalier de Boufflers**, B.P. 14 **2 A2** ☎/fax 822.53.64. goreeboufflers@arc.sn. *5 ch. ventilées.* Dans une ruelle derrière le restaurant (réservation indispensable). Belle déco. Véranda agréable.

Restaurants-bars

Les horaires sont élastiques en fonction des arrivées de la chaloupe. Outre le restaurant de l'Hostellerie du Chevalier de Boufflers, nombreuses terrasses face à l'embarcadère **4 A2** avec des spécialités de poissons et gambas, où l'on vous fait payer le site.

♦♦ **Ann'Sabran**, B.P. 04 **5 A2** ☎ 826.94.29. *Ouv. t.l.j. 7h-23 h.* Sur le quai à côté de la poste. Spécialités européennes et sénégalaises (poisson braisé).

♦♦ **Le Saint-Germain 6 A2** ☎ 821.35.62. *Ouv. t.l.j. 9h-20 h. F. lun.* À gauche du quai. Bon accueil. Bonne cuisine.

♦ **Chez Mame Penda,** rue Saint Joseph **7 A2** ☎ 821.06.78. *Ouv. t.l.j. 13h-15 h. et 20h-22 h.* Poussez la porte ! Il y a juste deux tables dans la cour familiale. Le meilleur rapport qualité-prix.

Shopping

Chez Bigué Ndoye, au bout de la rue Saint Germain **B2** ☎ 821.76.52. biguend@hotmail.com. *Ouv. t.l.j. 10h45-17h45.* De beaux fixés sous verre, tableaux naïfs et sculptures, une patronne adorable.

Promenade en mer

Gorée SénéTours, quai Fort d'Estrées **A1** ☎ 842.24.70. Départ toutes les 30 mn de 10h30 à 17h30. Durée : 30 mn. Un tour de l'île en pirogue pour la voir différemment. ■

LA RÉGION DE THIÈS ET LE FERLO

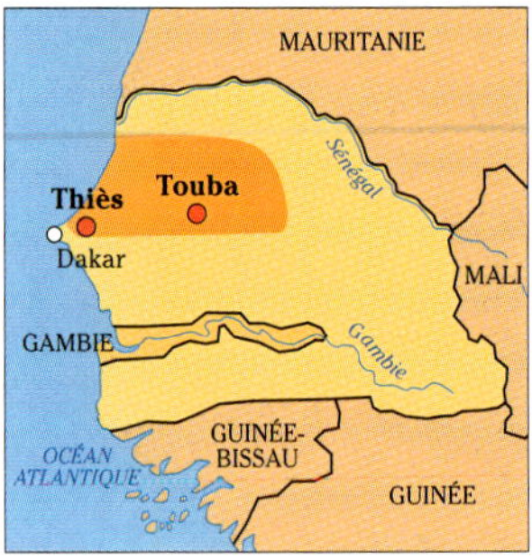

En allant de Dakar à Saint-Louis, un détour de quelques heures permet de découvrir des atmosphères et des paysages très différents. Au lac Retba (ou lac Rose), les damnés du sel amoncellent des tas étincelants. À Keur Moussa, les bénédictins accompagnent leur foi de koras et de percussions. Dans les Niayes, les cultivateurs arrachent à la terre fruits et légumes. Le village de pêcheurs de Mboro, bien plus charmant que celui de Kayar, s'étend sur une plage déserte. À Tivaouane, vous êtes dans la capitale des tidjanes, à Touba, dans celle des mourides. Ici bat le cœur religieux du pays. L'arachide, développée par ces deux confréries, envahit la région sur des kilomètres à la ronde. Plus loin, au-delà de Linguère, commence le Ferlo, royaume des Peuls et de leurs troupeaux de zébus qui nomadisent jusqu'au fleuve.

➤ ***Carte** p. 104-105. **Informations pratiques et bonnes adresses** p. 136.*

La région de Thiès*

La découverte du lac Retba (lac Rose), de Keur Moussa, des Niayes et de Mboro vous prendra une matinée. Vous pouvez donc en une journée combiner ces visites avec la route jusqu'à Saint-Louis.

♥ Le lac Retba (ou Rose)**

➤ *41 km N-E de Dakar. Prendre jusqu'à Rufisque et tourner à g. vers Sangalkam au 1er feu après le rond-point. Un peu avant Sangalkam, tourner à g. puis la 1re à dr. vers Niaga. De là, env. 2 km. **Hébergement** p. 136.*

La couleur du lac Rose varie en intensité au cours de l'année en fonction de la luminosité du ciel. Il est préférable de s'y rendre pendant la saison sèche.

Le lac Retba a été rendu célèbre par le rallye Paris-Dakar, dont il constitue l'ultime étape. À quelques centaines de mètres de l'océan, le lac, 5 km de long sur 800 m de large, est bordé de dunes et de filaos. Sa profondeur au centre est de 1,50 m, au-dessus d'une croute de sel de même épaisseur.

Autrefois, pendant l'hivernage, la mer y rentrait à marée haute. Ses habitants l'appelaient alors « lac Bleu ». Puis, il y a une trentaine d'années, après une grande sécheresse, le passage s'est fermé, l'évaporation a fait son travail, le sel s'est concentré. Selon les heures, sa couleur vire au rose ou au mauve. Ces tons étonnants sont dus à la présence de micro-organismes.

Nuit et jour, des centaines de personnes, le corps enduit de beurre de karité, en extraient le sel (chaque litre en contient 380 grammes). Les hommes, enfoncés jusqu'à la taille, l'arrachent du sol à la pelle et l'entassent dans des pirogues tandis que les femmes le portent jusqu'à la berge. Tout le monde peut venir travailler ici, sans taxe, et chaque tas porte une marque distinctive qui identifie son propriétaire. Il servira à saler le poisson et sera vendu dans les pays frontaliers.

Les villages limitrophes ont édicté un règlement qui exclut les voleurs et prévoit une amende pour les bagarreurs. Malheureusement, ils ne se sont pas organisés pour l'accueil des visiteurs. Voir le lac Rose est un peu un parcours du combattant, vous êtes sollicité en permanence !

Le monastère de Keur Moussa*

➤ *Env. 50 km N-E de Dakar, 43 km E du lac Rose. Revenir sur ses pas jusqu'à Rufisque et prendre la route de Thiès. Un peu avant Pout, direction Kayar sur la g. et, dans le 1er village, la piste à g.*

Dans ce monastère d'allure moderne fondé en 1963, la cinquantaine de bénédictins, en majorité africains, célèbrent en

Les tidjanes

La confrérie des tidjanes, fondée à Fès (Maroc) vers 1765 par Si Ahmed Tidjani, fut répandue au Sénégal par El Hadj Malik Sy. Ce religieux cultivé s'avéra (au contraire d'Amadou Bamba, le fondateur du mouridisme) un allié objectif des Français qui pratiquaient une politique favorable à l'islam. Son pragmatisme attira vers la confrérie la plupart des cadres sénégalais (Abdou Diouf, par exemple, l'ancien président, est tidjane).

Cette confrérie s'attache tout particulièrement aux aspects culturels et éducatifs et à la réflexion personnelle. Influencée par le mouridisme, elle se lance dans le commerce de l'arachide avant d'étendre ses activités à d'autres secteurs. Si elle ne possède ni l'organisation centralisée ni la cohésion du mouridisme, elle n'en demeure pas moins la première confrérie du pays par le nombre d'adeptes. ❖

chantant tous les offices. Dans la petite église, vous pourrez assister à la messe *(dim. 10h)* chantée et accompagnée de koras, de balafons et de percussions. On peut y acheter du fromage de chèvre, des agrumes, des disques compacts et cassettes de chants monastiques et des koras, les seules au Sénégal à être accordables avec des clefs, fabriquées au monastère. De nouvelles koras chromatiques viennent d'y être mises au point.

Juste à côté, au monastère de Keur Guilaye, vous trouverez de la confiture de *bissap*.

Kayar*

➤ *70 km N-E de Dakar, env. 15 km N de Keur Moussa. Reprendre la route vers l'océan en passant par Bayakh.* ***Hébergement-restauration*** *p. 136.*

Ce bourg s'étire le long d'une immense grève. C'est ici, l'un des principaux ports de pêche artisanale du pays, pendant la saison sèche, qu'il faut attendre le retour des pêcheurs, lorsqu'ils se jettent à corps perdu dans l'écume de la barre, véritable muraille liquide entre l'océan et la plage. Peu avant la barre, les frêles esquifs ralentissent, puis se précipitent avec le maximum de vitesse pour franchir ce passage délicat. La moindre erreur signifierait la perte de la cargaison, un bain forcé et peut-être pis.

Des centaines de longues pirogues arquées, aux flancs bariolés reviennent ensemble, débordantes de leurs prises encore frétillantes. Vous pourrez admirer le même spectacle à Mboro-sur-Mer ou à Saint-Louis *(p. 144)*.

Les Niayes*

➤ *150 km de côtes. De Kayar à Bayakh, tourner à g. à la station-service. La route, qui longe les Niayes et aboutit à Mboro, est en bon état.*

Les Niayes sont une série de dépressions interdunaires, véritables petites oasis qui s'étendent du Cap-Vert à l'embouchure du fleuve Sénégal, entre l'océan et le cordon de dunes littorales. Toute la région est devenue une importante zone de productions maraîchères.

Mboro-sur-Mer*

➤ *90 km N-E de Dakar. 55 km N-E de Kayar, 3,5 km env. de Mboro à l'intérieur des terres. Après*

La peinture sous verre

Le peintre Serin Ndiaye, commissaire de la grande rétrospective de Gora Mbengue, maître du fixé sous verre. Ici, à la biennale de Dakar, mai 2002.

Les premiers fixés sous verre – en wolof *souwer* – sont arrivés du Maghreb pour aider à la propagation de l'islam. Lorsqu'au XIXe siècle Faidherbe, alors gouverneur général du Sénégal, voit dans le fondateur du mouridisme Cheikh Amadou Bamba un danger pour la présence française, il interdit toutes ses représentations. Ses adeptes effacent alors des fixés les représentations arabes pour les remplacer par ses hauts faits. La tradition se perpétuera et, si de nombreux tableaux sous verre retranscrivent des scènes fort drôles de la vie quotidienne, d'autres retracent toujours l'épopée du cheikh. Les fixés sous verre sont soit l'œuvre d'artistes reconnus et cotés, comme Serin Ndiaye, Moussa Sakho, Fallou Dolly, Gora Mbengue ou More Guèye, soit l'œuvre d'artisans qui réalisent des modèles en série que vous trouverez sur les trottoirs de Dakar. ❖

le village de Mboro, continuer à g. vers l'océan. ***Hébergement-restauration*** *p. 136.*

Les cases du village reposent sur la plage où vos seuls compagnons seront les pirogues et l'océan. Attention, la mer est forte et très dangereuse.

Tivaouane

➤ *92 km N-E de Dakar sur la route de Saint-Louis, 28 km S de Mboro, reprendre à dr. vers la N2.*

De Mboro, il faut passer par Tivaouane pour rejoindre Thiès, avant de reprendre la route vers Saint-Louis: les autres pistes sont devenues impraticables. À moins de s'y trouver à l'époque du Maouloud ou Gamou – fête qui commémore la naissance du Prophète *(p. 37)*, la ville sainte des tidjanes ne présente que peu d'intérêt.

Thiès

➤ *70 km E de Dakar sur la N2, 22 km S-O de Tivaouane. Liaison ferroviaire quotidienne avec Dakar.* ***Hébergement-restauration*** *p. 136.*

Entre Tivaouane et Thiès vous traverserez la seule forêt de rôniers du Sénégal.

Vers 1860, Thiès n'était qu'un petit village sérère de 75 habitants Tout d'abord lieu de garnison, c'est la création de la première ligne de chemin de fer Dakar-Saint-Louis qui lui donnera son essor. Léopold Sédar Senghor en fut le premier maire. La ville (160 000 habitants) est située au carrefour des anciens royaumes du Cayor, du Baol et du Djolof. Le hasard de la géographie en a fait un important nœud routier et ferroviaire entre le Nord, l'Est et Dakar. Le quartier de la cité coloniale Ballabey, avec ses villas, abritait les cadres du chemin de fer.

➤ **La manufacture sénégalaise des Arts décoratifs*** (MSAD). *Quartier 10e ☎ 951.11.31. Exposition. Ouv. lun.-ven. 8 h-13 h 30 et 14 h 30-18 h 30, sam. et dim. 8 h-12 h et 15 h-18 h. Entrée libre.* Les lissiers y tissent au point d'Aubusson les cartons merveilleusement colorés d'artistes sénégalais. Les tapisseries sont exposées dans la grande galerie en rotonde où un petit métier doit être installé. Comptez 500 000 FCFA le m².

➤ **Le musée historique**. Juste en face, dans l'ancien fort Faidherbe, érigé en 1864 puis remanié en 1879 pour contrôler la route de Saint-Louis à Gorée, des milliers de tirailleurs sénégalais furent formés. Classé monument historique en 1975, il abrite aujourd'hui un petit **Musée historique** *(☎ 951.15.20. Ouv. lun.-ven. 9 h-18 h. Entrée: 500 FCFA)* présentant quelques poteries ou objets néolithiques et protohistoriques, des vitrines sur la pêche et l'agriculture et des panneaux sur l'histoire des différents royaumes, de la traite négrière, du rail… Dans un des autres bâtiments, vous verrez un atelier de fixés sous verre. Joli choix.

En route vers le Ferlo*

➤ *La route entre Thiès et Linguère via Diourbel et Touba, longue de 238 km, est correcte.*

La visite des mosquées de Diourbel et de Touba demande chacune une bonne heure, mais nécessite un long crochet si vous êtes sur la route Dakar/Saint-Louis. En revanche, elles sont sur la route du Ferlo, dont la traversée, si elle est intéressante, demande d'avoir un bon véhicule et beaucoup de temps. Matam, où vous arriverez, se trouve loin de tout…

Diourbel

➤ *146 km E de Dakar, 76 km S-E de Thiès.*

Diourbel vous fait pénétrer au cœur du Baol, le royaume de l'arachide, terre brûlée par le soleil et le vent du Sahel. La ville présente peu d'intérêt, mais elle peut constituer une étape. Vous y verrez sa **mosquée***, construite par Amadou Bamba *(p. 132-133)*, qui mourut dans cette ville en 1927 au terme d'une résidence surveillée imposée par les autorités coloniales. Vous visiterez également la **fonderie Makhône Diop**, fondée par Cheikh Diop, le seul sculpteur au Sénégal à travailler le bronze à la cire perdue. Issa Diop, qui a pris la succession de son père, est célèbre pour ses représentations des anciens rois du Djolof, du Baol et du Cayor. Comptez entre 1 M et 2,5 M FCFA (1 500 et 3 800 €) pour une sculpture.

➤ **La mosquée des Baye-Fall**** *(env. 15 km S sur la route de Kaolack. Vous pourrez la visiter sans problème).* Une mosquée extraordinaire vaut le détour, si les villageois n'y ont pas encore remis le feu, cherchant à chasser les *baye-fall* *(p. 132-133)*. Cette construction

La mosquée de Diourbel marque par sa taille le paysage urbain de la ville et rappelle l'importance de la religion musulmane dans la région.

aux allures de château fort, est entourée de palissades surmontées de tourelles. Elle est en paille, y compris les murs, où la paille tressée forme des motifs inspirés du Coran. Cette mosquée a été édifiée par un marabout expulsé de Touba par les mourides. Il y vit avec une soixantaine de disciples. Ces *baye-fall* portent des *dreadlocks* et fument de la *ganja*, même en plein Ramadan, ce qui ne plaît guère aux villageois.

Touba**

➤ *194 km E de Dakar, 48 km N-E de Diourbel* via *Mbaké.* ***Hébergement*** *p. 136.*

Pour avoir une autre approche des Sénégalais, ne manquez pas d'y passer. De Diourbel, une voie triomphale mène vers le minaret (86 m de haut), le plus élevé d'Afrique de l'Ouest. À l'entrée de la ville, un panneau vous prévient: ici, cigarettes et alcool sont prohibés. Vous voici à Touba, ville sainte des mourides *(p. 132-133).*

Touba (« bonheur » en arabe) a été fondée en 1885 par Amadou Bamba. La ville sainte des mourides compterait 280 000 habitants. Bâtie sur une propriété privée, cette ville franche est exemptée de droits de douane, d'impôts et de taxes. Le cheikh Abdou Lahat M'backé, descendant d'Amadou Bamba, entreprit dans les années 1990 d'assainir Touba de la corruption et de la contrebande. Il fit bâtir une ville moderne avec un hôpital, une bibliothèque et un institut universitaire islamique. Si la majorité des trafics a été freinée, une bonne part de la contrebande en provenance de la Gambie échoue encore ici et l'on vient de loin y faire ses courses.

➤ **LA GRANDE MOSQUÉE****. C'est autour de la Grande Mosquée, construite en 1963, que l'on appréhendera le mieux le phénomène du mouridisme. Cinq minarets symbolisent les cinq piliers de l'islam. Afin de mesurer la puissance financière de la confrérie, il

➤ *Suite p. 134*

Les mourides, entre foi, politique et affaires

Les mourides (en arabe « aspirants » ou « novices ») sont des disciples du marabout Amadou Bamba, à la fois saint homme, apôtre et militant politique. Cette confrérie dynamique, apparue au XIXe siècle, joue un rôle vital dans l'économie et la politique du pays.

Amadou Bamba

Né dans le Cayor (v. 1850-1927), ce descendant de Toucouleurs « wolofisés » fit ses études de théologie en Mauritanie, d'où il revint avec le titre de khalife. Sa réputation de piété et de sagesse se répandit rapidement. De tous les coins de l'actuel Sénégal, les talibés (fidèles) accoururent. L'administration française s'en inquiéta. Qui étaient ces hommes qui prétendaient n'obéir qu'à Dieu et rejetaient toute autorité ? Amadou Bamba fut accusé de « troubler l'ordre public ». Pour mettre fin à l'agitation, le gouverneur général décida, en 1895, de le déporter au Gabon. Quand le chef de la confrérie fut autorisé à revenir dans son pays natal, il était auréolé de sainteté. Dès lors, son audience ne cessa de croître.

Une expansion fulgurante

Le mouridisme assimile à l'islam certaines valeurs traditionnelles de la société wolof. Par exemple, il sanctifie le travail. Encouragés par Amadou Bamba, les mourides se lancèrent dans la culture de l'arachide dont ils produisent, actuellement, près des deux tiers de la récolte nationale. Plus récemment, ils ont investi le commerce de demi-gros et les transports. La plupart des commerces du marché de Sandaga, à Dakar, ainsi que les cars rapides que vous croiserez sur les routes appartiennent à des mourides.

Un peu partout au Sénégal (comme ci-contre, sous le mot « dibiterie »), des représentations d'Amadou Bamba ornent les murs, les bus ou les épiceries.

Une société fortement structurée

Au sommet de la confrérie se trouve le khalife général qui descend d'Amadou Bamba. Il est entouré de plusieurs dizaines de grands marabouts, qui sont tous de la famille du fondateur de la secte ou de ses proches. En dessous se trouvent des centaines de marabouts qui encadrent les membres de la confrérie. Les talibés sont les disciples fidèles des marabouts.

Les marabouts « cadillac »

Profitant de l'exaltation du travail prôné par le mouridisme, certains marabouts exploitent de manière éhontée leurs talibés. Par exemple, ils prélèvent la plus grande part du revenu de leurs disciples travaillant dans leurs champs d'arachide. Par dérision, ces marabouts qui ont amassé des fortunes considérables ont gagné le titre de marabouts « cadillac ». Néanmoins, ce phénomène est minoritaire.

Un rôle politique incontournable

Les marabouts, pénétrant les couches de la société et les campagnes, jouent un rôle d'intermédiaire capital entre le pouvoir politique et le peuple. Lors des élections de 1988, le khalife général des mourides a appelé à voter pour Diouf. En retour, les confréries peuvent compter sur l'appui de l'État, par exemple pour obtenir des prêts. Néanmoins, depuis quelques années, et par souci de discrétion, les confréries évitent d'intervenir directement dans la vie politique.

Les baye-fall, « bras armés » du mouridisme

Les *baye-fall*, vêtus de costumes bariolés et coiffés de *dreadlocks* – nattes – parcourent le pays, un bâton dans une main, une seille dans l'autre. Ils reverseront les fonds à leur marabout.

Ce sous-ordre a été créé par Ibra Fall, le plus fidèle disciple d'Amadou Bamba. La légende veut que le fondateur du mouridisme, pour récompenser la loyauté de son talibé, l'ait exempté de prière et de jeûne. À sa suite, les *baye-fall* ont une pratique particulière et contestée de l'islam. Responsables du maintien de l'ordre lors du grand Magal, ils ne sont pas réputés pour leur tolérance, mais leur dévouement les rend pratiquement indispensables. ■

La fortune des grands marabouts de Touba s'expose ouvertement dans toute la ville, d'où leur nom de marabouts « cadillac ».

Les Peuls, seigneurs du Sahel

Le code de comportement des Peuls, ou pulaagu, *revendique les qualités de fierté, courage, sens de l'honneur, droiture et générosité. Si les chefs traditionnels en diffusent les règles lors des cérémonies d'initiation, ce sont les femmes qui sont chargées d'en transmettre les valeurs.*

Les Peuls éleveurs transhument à travers le Sahel avec leurs troupeaux de zébus. Au nombre de 1 120 000 (11,3 % de la population du Sénégal), ils habitent surtout le Ferlo et la vallée du fleuve Sénégal, mais ils nomadisent dans toute l'Afrique occidentale, des déserts sahariens aux épaisses forêts équatoriales.

Cependant, tous les Peuls ne sont pas nomades. Certains sont sédentarisés depuis plusieurs générations, notamment en Casamance. Les Toucouleurs, agriculteurs, et les Laobés, qui sculptent le bois, appartiennent également à la grande famille « poular », celle qui parle peul.

➤ **Une origine mystérieuse**. D'où viennent ces Peuls, appelés encore Foulbés, Poulos, Foulanis ? Pour certains, les Peuls descendent de tribus juives émigrées en Afrique septentrionale. Pour d'autres, ils sont venus d'Inde. Les auteurs les moins rêveurs s'accordent à leur reconnaître une certaine parenté avec les populations chamites (issues, d'après la légende, de Cham, fils de Noé), qui peuplèrent la Nubie et une partie de l'Éthiopie. Mais ils rappellent aussi de façon troublante les « pasteurs à bovidés » du Sahara préhistorique qui sont représentés dans les peintures rupestres.

➤ **Des zébus sacrés**. Ces Peuls sont avant tout des pasteurs en proie à « une passion tyrannique pour le bœuf inutile » *(J. Richard-Mollard, p. 234)*. Les zébus ne leur sont, en effet, d'aucune utilité. On se nourrit de leur lait, certes, mais il n'est pas question de les tuer pour les manger. Autour de lui s'est tissée toute une tradition orale fantastique de récits, légendes et proverbes. En réalité, les zébus constituent un signe extérieur de richesse. C'est leur nombre qui confère le prestige social, au point que les Peuls éleveurs préfèrent pratiquer l'endogamie plutôt que de courir le risque de voir se disperser leur bétail. ❖

faut savoir que les mourides ont collecté plus de 30 M FCFA en quelques semaines pour son embellissement. À l'intérieur, plus de 10 000 personnes peuvent prendre place sur les 2 000 tapis importés de Belgique. Amadou Bamba et les khalifes qui lui ont succédé reposent dans des mausolées interdits aux non-musulmans. Du plastique recouvre leurs tombeaux, ornés de marbre de Carrare et de feuilles d'or, pour que l'eau de Cologne dont les aspergent les pèlerins ne les abîme pas.

Le rêve de tout mouride est de finir ses jours dans la ville sainte. Au **cimetière**, vous y verrez en particulier la tombe de Diougou Kébé. Cet homme, qui fut l'un des plus riches du pays, s'est fait enterrer dans un mausolée en marbre éclairé à l'électricité.

➤ **Le grand Magal**. Au moment du grand Magal (« commémoration » en wolof), 4 mois et 20 jours après la fin du Ramadan, la ville attire plus d'un million de pèlerins venus par trains spéciaux, cars de brousse, chevaux, ânes. Pour ce pèlerinage, plus important que celui de La Mecque aux yeux des Sénégalais, les mourides n'hésitent pas à dilapider en quelques heures leur paie du mois. Le grand Magal célèbre le départ en exil d'Amadou Bamba, envoyé au Gabon par Faidherbe *(p. 132-133)*. Pendant trois jours, la ville vit dans une impressionnante ferveur religieuse. En dehors du grand Magal, la vie à Touba tourne autour des marabouts de la confrérie, dont les *barakas* (bénédictions) effacent tous les péchés, à condition d'accepter d'être à leur service avec soumission et dévouement, « comme cadavre entre les mains de l'embaumeur ».

La traversée du désert

➤ *Linguère 308 km N-E de Dakar, 114 km N-E de Touba. La route entre Linguère et Matam (217 km), qui traverse le désert du Ferlo, nécessite un 4x4; compter 6 h. La piste de Linguère à Louga est en bon état.* ***Hébergement à Linguère*** *p. 136.*

Linguère est une étape: on s'y arrête entre Dakar et Matam *(p. 163)* pour souffler et laisser les mécaniques se reposer. Il n'y a rien à voir, sauf si vous vous intéressez aux cacahuètes: Linguère est, en effet, le centre d'expédition des arachides cultivées dans la province du Djolof.

Au carrefour des routes Dakar–Saint-Louis et Linguère–Saint-Louis, **Louga** est une cité prospère de près de 20 000 habitants. C'est également la ville natale de l'ancien président Abdou Diouf. ■

Kayar

Hébergement-restauration

L'Océan bleu ☎ 953.50.58. *7 ch.* Cette auberge, à 100 m d'une plage protégée, est située à l'extérieur du village, en bordure de la forêt. Cuisine africaine. Excursions. Navette pour l'aéroport de Dakar-Yoff.

Lac Retba (lac Rose)

Hébergement-restauration

Campement Keur Kanni, route de Niaga (2,5 km S du lac) ☎ 836.55.17, fax 836.07.24. *20 bungalows dont 15 ventilés*, avec des poèmes de Senghor au mur. Grande paillote. Deux restaurants dont un *Le Trarza* au bord du lac Rose. Organisation de balades en 4x4. Circuits jusqu'en Mauritanie.

Campement Bonaba Café ☎ 638.75.38. *14 bungalows.* Entre lac Rose et mer. Randonnées équestres. Restaurant.

Linguère

Hébergement

Centre touristique, au centre du village. *5 ch.* correctes, les seules à des kilomètres à la ronde.

Mboro-sur-Mer

Hébergement-restauration

La Licorne, B.P. 91 ☎/fax 955.77.88. *7 ch.* réparties dans 4 cases face à la mer. La qualité du couchage laisse parfois à désirer, mais la table d'hôte est correcte. Réservation.

Thiès

Hébergement-restauration

▲ **Man Gan**, rue Amadou Gnagna Sow ☎/fax 951.15.26. *20 ch. clim.* Les chambres sont simples mais grandes. Très agréable restaurant dans un patio avec deux tortues et des pigeons. La cuisine est bonne.

Touba

Hébergement

Si vous n'arrivez pas en plein Magal, vous pourrez être hébergé au campement tenu par des mourides. Renseignements à la mosquée. ■

SAINT-LOUIS ET SES PARCS

À l'embouchure du fleuve Sénégal, face à l'océan Atlantique, Saint-Louis sait admirablement faire revivre ses maisons d'un autre siècle. Le vol lourd d'un pélican, au-dessus des toits de tuiles, rappelle la proximité du parc du Djoudj, troisième réserve ornithologique du monde.

Première ville française d'Afrique

Son nom lui fut donné en 1659 par le commis Louis Caullier en hommage au roi Louis XIII (mort en 1643). Pendant de longues années, elle n'abrita qu'un entrepôt protégé par une enceinte fortifiée, avec un poulailler et un potager.

Rapidement, Saint-Louis devint la première place forte européenne en Afrique. Dès lors, elle constitua la base des expéditions militaires vers le Soudan et un important comptoir pour la traite (gomme, or, ivoire et esclaves). En 1854, après une quarantaine d'années de léthargie due au déclin de la traite, l'arrivée du gouverneur Faidherbe lui rendit son lustre. La capitale de la colonie fut embellie et agrandie. En 1885 s'achève le chemin de fer qui la relie à Dakar. L'installation du siège du Gouvernement général de l'AOF en 1895 marquera l'apogée de Saint-Louis avant que la montée en puissance de Dakar n'entraîne son déclin.

Une renaissance

Jusqu'à 1995, Saint-Louis semblait figée dans le XIXe siècle. Désormais, la ville renaît. De nombreuses maisons, avec leur balcon en fer forgé et leur véranda, sont restaurées. Les rues étroites s'animent à nou-

Programme à Saint-Louis

Trois jours sont un minimum pour avoir un aperçu de Saint-Louis et de sa région. Si vous êtes pressé, vous ne vous rendrez qu'au ♥ **parc national du Djoudj***** *(p. 149)* pour une matinée, mais vous aurez peut-être envie d'y dormir. Quant à la **Langue de Barbarie**** (p. 144), vous pouvez la visiter en une demi-journée, ou y passer la nuit. Mais si pouvez passer une semaine à ♥ **Saint-Louis***** *(p. 139)* – entre les vols hebdomadaires du mercredi –, vous aurez le temps de vous imprégner de son atmosphère.

Se repérer à Saint-Louis

La ville historique de Saint-Louis s'étire sur une île au milieu du fleuve, protégée des intempéries de l'océan par la Langue de Barbarie.

Tôt ou tard vous tomberez sur le fleuve ou l'océan. Vous ne risquez donc pas de vous perdre. Placée sur l'estuaire du Sénégal, à quelque 25 km de l'embouchure du fleuve (qui ne cesse de se déplacer), la ville de Saint-Louis comprend trois parties bien distinctes.

➤ **Sor B3-4**. Il s'agit du nouveau quartier situé sur le continent, par lequel vous arriverez. C'est par là que la ville s'étend. S'y trouvent l'école des Otages, les marchés et les gares ferroviaire et routière.

➤ ♥ **L'Île de Saint-Louis*****. Vous y accéderez par le pont Faidherbe. C'est le cœur historique de la ville, où vous vous promènerez et trouverez la plupart des hôtels. L'île mesure 2 200 m de long et 300 à 400 m de large *(voir ci-dessous)*.

➤ **La Langue de Barbarie****. Ce mince cordon littoral s'étire de la Mauritanie jusqu'à l'embouchure du fleuve. Deux ponts relient cette partie de Saint-Louis à l'île. Vous y trouverez le marché, le cimetière, le « village » de pêcheurs et la plage avec son millier de pirogues *(p. 144)*. En continuant la Langue de Barbarie vers le sud, vous arrivez au **parc***** du même nom *(p. 146)*. ❖

veau. Un festival attire les grands noms du jazz *(encadré p. 153)*. La ville (environ 200 000 habitants) est inscrite depuis 2000 sur la liste du Patrimoine mondial de l'humanité par l'Unesco.

N'hésitez pas à y venir pendant l'hivernage : il y pleut très peu et ses couleurs deviennent éclatantes.

♥ L'île de Saint-Louis***

➤ *272 km N-E de Dakar. De Dakar, via Rufisque, Thiès, Tivaouane puis Louga par la N2. La route est entièrement goudronnée et en bon état. De Dakar, cars de brousse ou taxis-brousse en 4 h.* ***Informations pratiques et bonnes adresses*** *p. 151.*

Traverser le fleuve Sénégal en pirogue entre les différents quartiers de Saint-Louis est un régal dont il ne faut pas se priver.

Le centre-ville se situe place Faidherbe **A3**. Au sud se trouvent la cathédrale et les quartiers où logeaient les catholiques. Au nord, vous verrez la partie musulmane, les entrepôts et les garnisons militaires.

Le pont Faidherbe

B3 C'est par ce pont qu'on atteint l'île. Un peu avant de le traverser, vous trouverez l'ancienne gare ferroviaire *(à g.)*, construite dans le style Nouvelle-Orléans. Contrairement à une légende savamment entretenue, le pont Faidherbe ne fut pas construit par Eiffel ni destiné au Danube… C'est le projet de la société Nouguier, Kessler et Compagnie d'Argenteuil qui est retenu. Long de 507 m, avec une travée tournante, il est inauguré en 1897.

Traversez le pont à pied pour profiter de la vue sur la ville. Vous arrivez devant la **Gouvernance** construite à l'emplacement du fort du XVIIIe siècle dont il reste quelques vestiges. Elle accueille le syndicat d'initiative **A3**.

La place Faidherbe*

A3 À l'arrière de la Gouvernance, c'est la plus ancienne place de la ville, portant jusqu'à la Restauration le nom de « la Savane ». Elle est encadrée de maisons à deux étages construites sur arcades en 1837, qui étaient les anciennes casernes d'Orléans. La statue du gouverneur Faidherbe trône dans le jardin.

De la place, il faut musarder à travers les rues étroites des deux quartiers de l'île : celui du Nord, ou *Lodo,* et du Sud, ou *Sindoné.* C'est au sud de l'île que les Européens s'implantèrent en premier, donnant à ce quartier le nom de « kertian », déformation de « chrétien ».

Le nord de l'île***

➤ *De la pl. Faidherbe, prendre la rue Abdalaye Seck Marie Parsine (ex-Brière-de-l'Isle) vers le N.*

LE PALAIS DE JUSTICE

A3 *(à g., rue Blanchot)* Il fut construit en 1841 et n'a pas changé depuis le XIXe siècle. On y juge toujours sous un tableau de Boué représentant *La Justice et la Vengeance divine poursuivant le Crime.*

Autour du palais de justice

A3-B2 Ce quartier nord, entre la place Faidherbe et la Grande Mosquée, était celui des commerçants. La plupart des maisons ocre (en briques enduites) que vous verrez appartenaient aux négociants bordelais Devès et Chaumet. Elles cachent parfois des jardins et de magnifiques intérieurs avec des plafonds en pichepin – bois canadien. Pour les découvrir, des visites guidées sont organisées par le syndicat d'initiative ou par Sahel Découverte *(p. 151)*.

En passant devant l'**hôtel Battling Siki A2**, peu fréquentable, sachez juste qu'il fut appelé ainsi en hommage à M'Barick Fall, dit Battling Siki, l'unique champion du monde de boxe africain. Ce natif de Saint-Louis battit Georges Carpentier avant d'être assassiné aux États-Unis en 1925. Du palais de justice, prenez la **rue Blanchot AB3** en direction du quai Roume et tournez dans la 2e rue à droite, **rue Blaise Diagne A3** : le bâtiment entre la rue Blanchot et la rue Augustin Henri Louis Guillabert (ex-Bisson), l'hôtel du commandant d'armes, est l'un des plus anciens de l'île, déjà mentionné en 1816.

Continuez la rue Blanchot : à l'angle du quai Roume, une **ancienne esclaverie B3** fait partie de la maison de commerce Maurel et Prom, dont le premier comptoir date de 1828. Cette maison de commerce possède aussi une tour carrée du XIXe siècle rappelant une tour d'église. Elle permettait vraisemblablement aux commerçants de surveiller les mouvements de leurs navires.

En remontant le quai Roume **B3**, on coupe la **rue Mage AB2** *(plusieurs rues à g.)*, où Pierre Loti aurait habité de 1873 à 1874. Il décrit le quartier dans *Le Roman d'un spahi.* Laissez la rue Brue sur votre gauche et continuez vers la Grande Mosquée **B2**.

Les fanals

La dernière semaine de décembre, à Saint-Louis, vous assisterez au Fanal, sorte de carnaval typiquement sénégalais avec défilés de chars en papier et musique. Tombée en désuétude, cette coutume retrouve peu à peu ses droits. L'origine de ces festivités remonte aux premiers temps de la colonisation française. À cette époque, le soir de Noël, les *signares* *(encadré p. 144)*, riches et belles métisses de Saint-Louis, avaient coutume de se rendre à la messe de minuit, escortées de serviteurs brandissant des lanternes multicolores, les fanals. Pendant l'office, les domestiques tuaient le temps en comparant leurs fanals. Petit à petit, cela se transforma en un concours de la plus belle lanterne. Chaque Noël, les serviteurs firent assaut d'imagination : les fanals cessèrent d'être de simples lanternes pour devenir de véritables monuments, avec des charpentes recouvertes de papier peint à l'intérieur desquelles brillaient des chandelles. À la fin de la messe, on décernait un prix au plus beau fanal et l'on félicitait la maîtresse du serviteur élu. Des générations ont passé, les rues sont maintenant électrifiées, mais le défilé des fanals a de nouveau lieu, au milieu des chants et des danses. ❖

La Grande Mosquée*

B2 Elle a été bâtie par les Français. Commencée en 1825, elle fut terminée en 1847. Un marabout en choisit l'emplacement sur le site le plus marécageux de la ville en déclarant aux villageois qu'ils y trouveraient de l'eau douce. Le puits y est toujours. C'est probablement la seule mosquée du monde à être coiffée, à gauche, d'un minaret-clocher, orné d'une cloche et d'une horloge.

L'avenue Jean Mermoz

B2-1 En prenant l'avenue Jean Mermoz, vous verrez sur la droite le consulat de France ainsi que le centre culturel Gaston Berger, installé dans les anciens ateliers de la marine impériale et qui organise d'importantes manifestations.

Par une petite rue, vous verrez au bout du quai Roume **B2** une **grue à vapeur de 20 tonnes** qui a été réinstallée et restaurée, témoignage de la fonction commerciale du port de Saint-Louis. En continuant, toujours vers le nord, se trouvent la caserne des pompiers qui abrita le premier régiment sénégalais de spahis, puis les anciens arsenaux transformés en **centre culturel B1**, le quai des Arts. Face au quai des Arts, le camp militaire El Hadj Omar abrite la maison de Faidherbe qui se visite sur autorisation des autorités militaires.

Le bout de l'île

B2 L'avenue Jean Mermoz débouche sur le rond-point Nord. Vous aurez une belle vue sur l'amont du fleuve, l'île de Bopp Thior, le quartier de N'Dar Tout et la Mauritanie qui commence derrière la rangée de filaos plantée sur la Langue de Barbarie. Au nord-ouest de l'île, le quartier des artisans **A1** fait face à la Langue de Barbarie.

Le sud de l'île**

➤ *Redescendre l'av. Jean-Mermoz jusqu'à la pl. Faidherbe et contourner la Gouvernance vers le S.*

Vous arrivez à la **cathédrale A3**, la première église d'Afrique de l'Ouest. Construite en 1827, elle marque le début du quartier sud.

Le long du quai Henri Jay

A4-B3 De la cathédrale, prenez la rue Schœlcher à droite, vous retrouverez vite le bord du fleuve. Le batiment qui fait l'angle avec le quai à gauche a été construit en 1880 pour accueillir l'Assemblée territoriale. Il abrite une exposition permanente sur les réserves et sur les parcs nationaux de la région. Rejoignez le quai en tournant à droite du bâtiment. Une des premières maisons est celle **des frères de Ploërmel**, les frères de l'Instruction chrétienne. Pour certains, ils seraient arrivés en 1817 en même temps que les rescapés du naufrage de *La Méduse* (*encadré p. 67*), créant la première école française et le premier centre météorologique permanent d'Afrique. Pour d'autres, ils auraient, en 1841, repris une école fondée en 1816 par Jean Dard. Ils furent expulsés par le gouvernement français en 1904 et ne revinrent qu'en 1967.

Le long du quai se trouvaient les hangars des maisons de commerce et des maisons coloniales à balcon de bois et auvent, édifiées à la fin du XVIIIe siècle et au début du XIXe siècle. En le continuant presque jusqu'au bout, vous arriverez au **lycée de jeunes filles Ameth-Fall** (entrée sur le quai) qui jouxte le Centre de recherches et de documentation du Sénégal **A4**. Les bâtiments du lycée, avec de belles arcades, datent de 1840. Ils furent construit sur le cimetière de l'île et

Louis Faidherbe, gouverneur de Saint-Louis

Le pont Faidherbe, du nom du célèbre gouverneur de Saint-Louis, enjamba le fleuve huit ans après sa mort, en 1897.

Né en 1818 à Lille, cet officier du Génie sorti de l'École polytechnique arrive au Sénégal en 1852. D'abord directeur adjoint des Travaux publics, puis directeur, il devient gouverneur de la colonie en 1854 à la demande des habitants de Saint-Louis. Dès lors, il commence à marquer l'histoire du Sénégal au point que, même après l'indépendance, son souvenir reste vivace. Il développe tout d'abord Saint-Louis, érigeant des forts tout au long du fleuve Sénégal pour protéger son commerce. Surtout, passant outre les directives ministérielles de Paris, il lutte contre la « croisade » des marabouts. S'appuyant sur l'islam, ceux-ci s'opposent à la pénétration française. Par les armes, et en divisant ses adversaires, Faidherbe réduit leur résistance et impose l'unification du pays. Désormais, il peut se consacrer à la mise en valeur de la colonie. Il crée une administration qui servira de modèle à tous les pays de l'Afrique Occidentale française (AOF). Désireux d'établir une véritable coopération entre Sénégalais et Européens, il promeut la formation des élites avec la création de l'école des Otages, en 1857, et l'institution de l'enseignement laïc, parallèlement à celui prodigué par les congrégations religieuses. Nommé général, il conduit ses troupes à la défaite lors de la guerre de 1870 entre la France et la Prusse ; puis il finit sénateur avant de s'éteindre en 1889. ❖

abritèrent tout d'abord l'hôpital civil où la tombe du gouverneur Blanchot, décédé en 1807, fut conservée, avant de rejoindre le cimetière catholique de Sor. Puis l'hôpital céda la place au collège Blanchot et, enfin, au lycée.

Le musée du Centre de recherches et de documentation du Sénégal

A4 *Ouv. t.l.j. 9h-18h* ☎ *961.10.50. signare@syfed.refer.sn. Bibliothèque du CRDS, une des plus riches d'Afrique. Ouv. mar.-sam. 9h-12 h. Entrée: 200 FCFA.*

Jolies sculptures devant le musée taillées à même les troncs d'arbres. Ce musée se consacre aux principaux aspects du pays (géographie du fleuve, flore, faune, populations wolof, peule et maure, habitat, mobilier, vêtements, techniques d'acquisition et de transformation, trouvailles archéologiques, etc.). Vous y apprendrez que Maurice Béjart est le fils du philosophe Gaston Berger qui appartenait à une des grandes familles saint-louisiennes. En sortant du musée, à droite, prenez la 2e rue, rue Blaise Dumont. On raconte que c'est par là qu'un jour de 1895 Cheikh Amadou Bamba partit en exil *(p.132-133)*. Depuis, les mourides refuseraient d'y passer.

La Direction des impôts

A4 À votre droite, dans la rue Cormier **A4**, vous arriverez devant la Direction des impôts. Cette maison où vécut la mère Anne-Marie Javouhey, fondatrice de la congrégation des sœurs de Saint-Joseph de Cluny, possède un magnifique double escalier que Bertrand Tavernier utilisa pour son film *Coup de torchon* en 1981.

Les signares

L'aristocratie saint-louisienne, issue du brassage des Européens et des Africaines, habitait les demeures que l'on voit en ville. Les Français, ayant laissé leurs épouses légitimes loin des « périls de la colonie », rencontraient à Saint-Louis de belles esseulées. Il s'ensuivit bien des « mariages à la mode du pays », d'où naquirent de nombreux mulâtres reconnus. Le nom de « signare », du portugais *senhora*, était un véritable titre attribué aux femmes qui pratiquaient ces unions coutumières. Ces métis formèrent pendant longtemps une véritable caste qui dominait le Conseil colonial et fournissait le député du Sénégal à l'Assemblée nationale française. ❖

La Langue de Barbarie**

➤ *Revenir sur la pl. Faidherbe par le quai Ouest* **A3-4**, *puis traverser le pont Moustapha Malick Gaye* **A3**. ***Informations pratiques et bonnes adresses*** *p. 154.*

La partie la plus pittoresque de Saint-Louis est située sur la Langue de Barbarie, étroite bande de terrain (25 km de long et 100 m de large en moyenne) entre l'Atlantique et le fleuve. Les deux quartiers répartis de chaque côté de la place – Guet N'Dar au sud et N'Dar Tout au nord – abritent essentiellement des pêcheurs.

Guet N'Dar***

A3-4 Ce quartier-rue très étroit est long d'environ 1 km du nord au sud. Ne manquez pas, pendant la grande saison de pêche (avril-juillet), le départ et le retour des quelque mille pirogues qui franchissent la barre pour aller pêcher à 12 ou 15 km au large. Au sud, côté fleuve **A4**, vous verrez des femmes transformer le poisson pêché par les hommes en « salé séché » ou en *guedj* (fermenté séché, mais non salé et très odorant). Les pêcheurs du quartier se défient chaque année lors de courses en pirogues conçues spécialement pour l'occasion et qui peuvent porter jusqu'à cent rameurs. Ces régates sont en général organisées au moment de la Tabaski *(p. 36)*.

En longeant le quai vers le sud, on trouve le **cimetière musulman des pêcheurs* hors plan par A4**.

La dune du cimetière musulman des pêcheurs lui confère une ambiance particulière.

Conformément à la coutume, les tombes sont creusées dans la dune, la tête vers la Mecque, puis entourées de piquets ou de branches qui soutenaient des filets de pêche. La multiplication des sachets en plastique volant au vent et s'accrochant dans ces filets les font disparaître peu à peu (évitez les photos).

À 2 km au sud du cimetière, vous trouverez l'**Hydrobase hors plan par A4** dont il ne reste rien. Jean Mermoz s'y envola, le 12 mai 1930, aux commandes de son Latécoère *Comte-de-la-Vaulx (encadré p. 146)*. De nombreux hôtels et campements s'y sont installés. Le 15 août, tous les Saint-Louisiens se retrouvent à la plage pour une grande fête populaire. Au-delà commence le royaume de la nature, des filaos plantés pour fixer les dunes, des plages immenses. Attention, la mer est dangereuse.

N'Dar Tout

A2-3 Ce quartier est surtout intéressant pour son **marché*** **A3** datant du XIXe siècle. Une grande animation y règne le matin. On peut y admirer les Saint-Louisiennes drapées dans des boubous de mousseline empesée, rehaussés de bijoux étincelants. L'**avenue Dodds** qui le longe était celle où les *signares (encadré ci-contre)* se promenaient en calèche. Elle est bordée de cocotiers centenaires. Avant d'arriver au **pont de la Géole A2**, une passerelle piétonnière en fer qui permet de revenir dans l'île, vous verrez un bâtiment blanc **A2**, siège d'une particularité historique : Saint-Louis fut la capitale de la Mauritanie jusqu'en 1962 et ses bureaux étaient à N'Dar Tout !

Les parcs autour de Saint-Louis***

➤ *Dans un rayon de 60 km.*

Vous ne repartirez pas de Saint-Louis sans avoir visité le parc national du Djoudj, avec ses milliers de pélicans blancs qui nichent sur des îlots. Le parc national de la Langue de Barbarie mérite également un détour.

Mermoz et l'Aéropostale

L'hôtel de la Poste est un des hauts lieux de l'histoire de l'aéropostale au Sénégal. Il est devenu un point de repère dans le paysage de la ville.

Les premières liaisons aéropostales, entre la France et l'Amérique du Sud, se développent dans l'entre-deux-guerres. La fameuse « ligne » est ouverte en mai 1923 entre Casablanca et Dakar.

Sept ans plus tard, le 12 mai 1930, Jean Mermoz la prolonge en traversant l'Atlantique Sud aux commandes de son hydravion Latécoère 28. Parti de Saint-Louis avec 130 kg de lettres et de colis, il rejoint Natal au Brésil, réalisant le premier transport de courrier entièrement aérien. Toulouse et Santiago du Chili sont ainsi reliées, soit 13 400 km parcourus en 108 h et 40 mn, dont 20 h et 40 mn d'escale. Du même coup, Mermoz s'attribue le record de distance en ligne droite à bord d'un hydravion. Le 16 janvier 1933, partant à nouveau de Saint-Louis à bord de l'*Arc-en-ciel*, Mermoz rallie Natal à une vitesse moyenne de 227 km/h. Cette expédition qui paraît aujourd'hui si habituelle relevait à l'époque de l'exploit. Le départ s'est fait contre l'avis de tous les techniciens et spécialistes dans des conditions météorologiques désastreuses. Cette traversée historique marque la véritable naissance commerciale de la ligne. Le 7 décembre 1936, après avoir réalisé une dizaine de traversées de l'Atlantique Sud, Mermoz décolle de Dakar à bord de la *Croix-du-Sud*. Quelques heures plus tard, la radio capte ce message interrompu : « Coupons moteur arrière droit. » Aucun écho, aucun débris, rien ne parviendra plus de la *Croix-du-Sud*. ❖

La réserve spéciale de faune de Guembeul

➤ *11 km S de Saint-Louis. Prendre la route de Dakar et tourner à dr. à 5 km sur la route qui mène à Gandiole. Ouv. t.l.j. 8 h -19 h. Entrée : 1 000 FCFA.*

La réserve s'étend sur une superficie de 720 hectares dont une partie est constituée par un étang de 200 hectares. Elle abrite diverses espèces d'oiseaux (limicoles, flamants roses…) mais aussi des gazelles, des tortues géantes, des singes…

Le parc national de la Langue de Barbarie***

➤ *Accès en pirogue depuis Mouit. Après la réserve de Guembeul, continuer la route goudronnée en mauvais état sur 12 km. Bien suivre les panneaux du parc et obliquer à g. avant Tassinière.* ***Permis de visite*** *: 2 000 FCFA/pers., moins de 10 ans gratuit.* ***Pirogue 1-3 pers.*** *: 7 500 FCFA.* ***Pirogue plus de 3 pers.*** *: 2 500 FCFA, supplément plus de 3 ans : 1 250 FCFA.* ***Guide facultatif*** *: 3 000 FCFA. Ouv. toute l'an-*

SAINT-LOUIS ET SES PARCS

née. ***Meilleure période****: déc.-août.* ***Conseil****: pour ce prix, exiger d'aller jusqu'à l'embouchure du fleuve – compter 3h A/R – et pas seulement de tourner autour de l'îlot aux Oiseaux. Des piroguiers proposeront de vous emmener en pirogue depuis Gandiole ou Tassinière pour 3 fois plus cher… et pas mieux.* ***Hébergement-restauration*** *p. 154.*

Le parc national, d'une superficie d'environ 2 000 hectares, s'étend sur près de 15 km de long jusqu'à l'embouchure mouvante du fleuve et se divise en quatre biotopes différents :

- le 1er, sur le continent, entre les villages de Mouit et de Mboumbaye, englobe le **plan d'eau du Lawmare**, isolé du fleuve par un mince cordon dunaire mais ouvert aux deux extrémités, ce qui le soumet au régime des marées ;

- le 2e est la mince **langue de sable** qui s'étire entre l'océan et le fleuve Sénégal, fixée par les filaos. Sur sa plage, large de 40 à 70 m suivant les marées, viennent y pondre les tortues marines ;

- le 3e est sa **frange maritime** sur environ 500 m de large, lieu de nourrissage de l'avifaune piscicole ;

- et le dernier, est le **fleuve Sénégal**, d'une largeur de 700 à 1 000 m, jusqu'à son embouchure. Depuis la mise en service du barrage de Diama, pendant la période de fermeture des vannes, il fonctionne comme une lagune tributaire des marées. L'**îlot aux Oiseaux** est un somptueux reposoir pour des centaines d'entre eux. On peut y obser-

Le parc de la Langue de Barbarie abrite de magnifiques flamants roses perdus sur les longues plages de sable.

ver la nidification des oiseaux, principalement des sternes royales, naines ou caspiennes, des pélicans, blancs et gris, des goélands railleurs, des dendrocygnes veufs, des aigrettes dimorphes ou des œdicnèmes du Sénégal. En hiver, on y rencontre des balbuzards pêcheurs.

Toutes ces espèces n'ayant pas les mêmes périodes de reproduction, il y a toute l'année quelque chose à voir. Partir en pirogue permet non seulement de changer de monde ou de rythme, mais aussi de mieux comprendre l'isolement des premiers comptoirs coloniaux qui étaient soumis aux courants et aux vents.

♥ Vers le parc national du Djoudj***

➤ *332 km N-E de Dakar, 60 km N-E de Saint-Louis (1 h 30 de trajet). Prendre la route de l'aéroport à côté de Bango (8 km), puis suivre les flèches. Visite du parc en pirogue et en voiture. Il est possible de se faire accompagner toute la journée par un guide. Arriver le plus tôt possible et se munir de jumelles et d'un pull car les matinées sont fraîches.* ***Permis de visite****: 2 000 FCFA/pers., moins de 10 ans gratuit.* ***Permis voiture****: 5 000 FCFA.* ***Pirogue****, billets à l'hôtel du Djoudj ou à la boutique Boutikbi (entrée parc): 3 000 FCFA/ pers.* ***Guide facultatif*** *(nov.-mai) : 8 000-10 000 FCFA/j. Demander Idrissa Ndiaye, unique technicien des Eaux et Forêts. Ouv. toute l'année, mais les migrateurs s'en vont et la route est impraticable pendant la saison des pluies.* ***Meilleure période****: déc.-mars.* ***Hébergement-restauration*** *p. 154.*

Makhana

➤ *14 km N-E de Saint-Louis. Dépasser l'embranchement vers le parc sur 4 km. À Mbarigo, tourner à g. puis 2 km sur la piste de g.*

Saint-Louis manquant d'eau douce, dès 1876, le gouverneur Brière de l'Isle relança avec succès la construction d'un barrage et la mise en œuvre d'une pompe à

Oiseaux migrateurs

Dans le parc national du Djoudj, durant la saison sèche, les pélicans se délassent sur les grandes étendues d'eau.

La faune ornithologique de l'Afrique subsaharienne est très riche. 1 481 espèces ont été recensées alors que l'Europe n'en compte que 566. Chaque année, plus de 25 % des oiseaux nichant en Eurasie hivernent en Afrique tropicale, souvent jusque dans l'hémisphère Sud. Une évaluation estimait le nombre des individus passant chaque automne en Afrique à 1,6 milliard, soit l'équivalent de plus du quart de la population humaine du globe. L'Afrique constitue le quartier d'hiver de nombreux canards, de certains ardéidés comme le héron pourpré et les aigrettes, des grues, des flamants roses, des oies et des tantales et de quelques rapaces insectivores comme le faucon crécerelle.

Les principales routes de migration sont orientées vers le sud-ouest (Afrique occidentale), ou vers le sud-est (Kenya et Afrique australe). Cela est particulièrement net dans le cas des cigognes. Les populations nichant à l'ouest de la Weser migrent à travers la France, la péninsule Ibérique et le détroit de Gibraltar en direction de l'Afrique occidentale. Les autres traversent le Bosphore et le Proche-Orient pour se rendre en Afrique orientale et australe. Le choix de ces itinéraires est déterminé par l'aversion des cigognes à survoler les mers. ❖

vapeur reliée à la ville par canalisation. En 1904, une seconde machine complète le dispositif. Elle fonctionnera jusqu'en 1963. On peut voir cette friche industrielle tous les jours.

Et tous les jeudis après-midi, les villageois, qui œuvrent pour sauvegarder leur patrimoine, organisent une visite guidée avec dégustation de jus et de beignets et démonstrations de lutte libre, de musique *(env. 2 000 FCFA/pers.)*.

♥ LE PARC NATIONAL DU DJOUDJ***

Créé en 1971 et inscrit au Patrimoine mondial en 1980, ce parc constitue la troisième réserve ornithologique du monde. Il s'étend sur 16 000 hectares, dans le delta du Sénégal. La cuvette du Djoudj est la seule contrée verte de la région du Sahel. Les oiseaux migrateurs y trouvent, après la traversée du Sahara, leur premier marais d'eau douce. De novembre à mars, trois millions d'oiseaux, venus de tout l'ouest de l'ensemble Asie-Europe-Afrique, hivernent : canards (souchets, pilets, cols-verts casqués, sarcelles, dendrocygnes veufs), anhingas roux, hérons cendrés, jacanas, aigles pêcheurs, busards, chevaliers, barges, oies de Gambie, flamants roses, pélicans blancs que vous approcherez à moins de 10 m en pirogue. Ajoutez-y une vingtaine d'espèces de mammifères : phacochères, hyènes, chats de Libye, servals, singes, gazelles dorcas, etc. Vous observerez les chacals ou les chats dorés très tôt le matin, et les crocodiles et les varans du Nil à l'heure de leur bain de soleil, vers 10 h ou 11 h. La plus belle approche est celle que l'on vous proposera de faire en pirogue à moteur. Sous la conduite d'un ornithologue, vous suivrez les méandres du Djoudj, un bras du fleuve Sénégal. En voiture, vous longerez les 40 km de circuit ceinturant le parc. Vous rencontrerez les fameux patas (singes rouges) traversant la piste, les phacochères…

Le niveau d'eau du Djoudj est géré par des vannes afin de ne pas noyer les zones de reproduction des pélicans, de réguler la salinité de l'eau et de faire rentrer des poissons, nourriture première des pélicans. Depuis la construction du barrage de Diama en aval, les eaux du Sénégal sont moins salées, ce qui a entraîné dans le lit du fleuve la prolifération de tiphas et de phragmites. ■

Saint-Louis et ses parcs, pratique

Arrivée

➤ **En avion**. Chaque mercredi vol direct Paris/Saint-Louis ou Paris/Dakar/Saint-Louis avec Star Airlines. **Aéroport international**, 15 km N-E de Saint-Louis, sur la route de Rosso.

Se renseigner auprès de **Look Voyages** *(p. 23)* et de **Sahel Découverte**.

➤ **En taxis-brousse ou cars de Brousse**. 3 100 Fcfa + 100 Fcfa par bagage, env. 4 h de trajet. **Gare routière**, Sor **B3**.

➤ **En Train**. Saint-Louis devrait bientôt retrouver sa liaison ferrovière. **Gare ferroviaire**, Sor **B3**.

■ Saint-Louis

Plan p. 138.

Les numéros en bleu, rouge et noir renvoient au plan.

ℹ **Syndicat d'initiative**, face au pont Faidherbe, B.P. 364 **A3** ☎ 961.24.55, fax 961.19.02. sltourisme@sentoo.sn. *F. dim. 9h-13h (sam. 12h30) et 15h-19h (sam. 18h)*. Saint-Louis est la seule ville du Sénégal à bénéficier d'un office du tourisme digne de ce nom. Le personnel, sympathique et compétent, informe sur les balades et les visites possibles. Pensez à acheter une carte rigolote de la ville. Elle vous sera utile. *Le Petit Saint-Louisien* à dispo.

Circuler

➤ **À pied**. Un des avantages de Saint-Louis est que vous pourrez tout faire à pied.

➤ **En calèche**. Commencez par vous promener en calèche, vous vous repérerez ensuite plus facilement : c'est vraiment sympa. Prix différents si vous prenez une calèche indépendante *(3 000-5 000 Fcfa le tour, visite non guidée)*, ou une calèche de l'association des guides *(5 000 Fcfa/pers.)*, ou une calèche de Sahel Découverte *(3 500 Fcfa/pers., visite guidée)*. Vous les trouverez autour de l'hôtel de La Poste.

➤ **Taxis**. 300 Fcfa la course, 400 Fcfa après 23 h.

Adresses utiles

➤ **Agence de voyages. Sahel Découverte**, rue Blaise Diagne, B.P. 266 **A3** ☎ 961.42.63/56,89, fax 961.42.64/83.20. residence@sentoo.sn, www.saheldecouverte.com. Excursions proches, location de voiture ou confirmation de vol, ils répondront présents.

➤ **Banques. Banque nationale de développement du Sénégal** (**BICIS**), 7, rue Blanchot, B.P. 250 **14 A3** ☎ 961.10.53. Agence, rue Général de Gaulle, Sor. *Ouv. lun.-ven. 8 h 15-12 h 15 et 13 h 45-15 h 45.* Distributeurs automatiques. **SGBS**, rue Général de Gaulle, Sor **A3** ☎ 938.23.10. Distributeur automatique.

➤ **Centre culturel français Gaston Berger** et **Alliance française**, av. Jean Mermoz, quai Roume, B.P. 368 **15 B2** ☎ 938.26.26. www.ccfsl.sn. *Ouv. lun.-ven. 8 h 30-12 h 30 et 15 h-18 h 30; bibliothèque mar.-sam. 10 h-12 h et 15 h-19 h (sam. 18 h)*. Le centre culturel organise des spectacles de musique ou de théâtre, des conférences, des projections de films. Il possède une galerie d'exposition et une bibliothèque. Vous trouverez le programme des manifestations dans les principaux hôtels, restaurants, magasins et dans le journal gratuit *Le Petit Saint-Louisien*. La **cafétéria**, située dans un petit jardin, accueille régulièrement, le ven. à 19 h 30, des concerts.

➤ **Consulats. Consulat de France**, av. Jean Mermoz, B.P. 183 **16 B2** ☎ 938.26.00. *Ouv. lun.-ven. 8h-12h30 et 15h-18 h. Permanence le w.-e.* **Consulat de Belgique**, av. Jean Mermoz **17 A2** ☎ 961.17.22. *Ouv. lun.-ven. 8h-13h et 14h-18h.*

➤ **Cybercentres et cybercafés. Cybercafé**, prolongement hôtel de La Poste x rue Abdoulaye Seck Marie Parsine **B3**. *Ouv. 8h-24h sf dim. 11h-24 h.* Photocopies. **Espace Sentoo**, rue Schœlcher **A3**. *Ouv. 7h-23h30.* **Cybercentres**, quai Henri Jay et rue Général de Gaulle (face à la station Shell, Sor). **Ignane Café**, rue Abdoulaye Seck Marie Parsine (ex-Brière de l'Isle) x pl. Faidherbe **B3**, ouvert par Boubacar Diop, ex-porte-parole des sans-papiers en France.

Hébergement-restauration

Saint-Louis

▲▲▲ **La Poste**, B.P. 48 **2 B3** ☎ 961.11.18, fax 961.23.13. htlposte@telecomplus.sn. *44 ch. clim.* et **campement Langue de Barbarie**. Piscine, bar, restaurant. Ancien hôtel des aviateurs de l'Aéropostale. Demandez M. Colo Diakhité, résident permanent de l'hôtel, mémoire vivante de Saint-Louis. Il vous en parlera mieux que tous les livres.

▲▲▲ **La Résidence**, rue Blaise Diagne, B.P. 254 **3 A3** ☎ 961.12.60, fax 961.12.59. hotresid@sentoo.sn. *32 ch. et 4 suites clim.* et **campement Océan et Savane**. Bar et billard, terrasse. Restaurant (spécialités saint-louisiennes), piscine à côté de l'hôtel. Muriel et Jean-Jacques Bancal sont très gentils et connaissent la région sur le bout des doigts. Gratuit pour les enfants jusqu'à 5 ans. Navette gratuite pour la plage et l'aéroport de Saint-Louis.

▲▲▲ **Le Sindoné**, quai Henri Jay, B.P. 631 **1 A4** ☎ 961.42.45, fax 961.42.86. *13 ch. clim.* Petit hôtel luxueux à l'architecture traditionnelle, raffinée et élégante. Terrasse avec vue sur le fleuve, le pont Faidherbe et le quartier de Sor. Cuisine locale et européenne très fine. Possibilité d'excursions.

▲▲ **La Louisiane**, pointe Nord, B.P. 585 **4 A1** ☎ 961.42.21 fax 961.61.15. louisiane1@caramail.com. *11 ch.* et **campement à l'Hydrobase**. Gîte touristique. Restaurant. Accueil familial de Marcel. Simple et propre. Jardin. Vue sur le fleuve et la Mauritanie.

Les hôtels de **La Poste** et de **La Résidence** possèdent chacun un campement en limite du parc de la Langue de Barbarie. Beauté et tranquillité garanties. Se renseigner auprès de ces hôtels à Saint-Louis, accès par leur bateau. L'auberge **La Louisiane** a monté à l'Hydrobase un campement écologique avec système solaire et éolienne, simple et propre.

Aux environs de Saint-Louis

▲▲▲ **Coumba Bang**, route de Gandiole, B.P. 214 (5 km S-E de Saint-Louis) **hors plan par B4** ☎ 961.18.50, fax 961.19.02. hcbang@sentoo.sn. *50 ch. clim.* Accueille aussi des groupes. L'entretien laisse un peu à désirer. Parc de 4 hectares d'une richesse exceptionnelle : plantes fleuries, variétés rares, arbres fruitiers.

▲▲▲ **Ranch de Bango**, B.P. 361, Saint-Louis, Bango (15 km N-E sur la route de Rosso et de l'aéroport) **hors plan par B3** ☎ 961.19.81, fax 961.36.84. ranchbango@sentoo.sn. *30 ch. clim.* Piscine, équitation, tennis, chasse et pêche, excursions. Idéal pour se reposer.

Restauration

♦♦♦ **Galaxie**, 25, rue Abdalaye Seck Marie Parsine (ex-Brière de l'Isle), B.P. 765 **5 A2** ☎/fax 961.24.68. *Ouv. t.l.j. 11h30-15h et 19h-23 h.* Dans un patio de style africain avec des fresques murales. Bonne table. Spécialités de poissons à la saint-louisienne.

♦♦♦ **Le Flamingo 6 B3** ☎ 961.11.18. *F. lun.* Restaurant de l'hôtel de La Poste (de l'autre côté de la rue), sous une vaste tente au bord du fleuve. Jazz tous les w.-e.

♦♦♦ **Le Monte-Charge**, quai Roume **8 B3** ☎ 961.51.11. *Ouv. mar.-sam. en soirée.* Cuisine gastronomique à prix doux dans une ancienne factorerie,

Jazz à Saint-Louis

Un guitariste américain lors de l'édition 2002 du festival de jazz de Saint-Louis.

Le festival de jazz de Saint-Louis, qui a lieu courant mai pendant trois jours, attire des pointures internationales. Gilberto Gil, Toops Bebey, Archie Shepp ou Doudou N'Diaye Rose y ont déjà participé. Deux concerts *(21 h 15 et 23 h 15)* à ciel ouvert ont lieu chaque soir sur la place Faidherbe. Il est organisé par une association totalement sénégalaise, **Saint-Louis Jazz**. En 2003, il aura lieu du 7 au 10 mai. Pour les mordus de jazz, ce festival peut être l'occasion d'un petit voyage grâce à la liaison hebdomadaire entre Paris et Saint-Louis.

➤ **Renseignements**. Bureaux du Saint-Louis Jazz (Gouvernance de la ville), place Faidherbe, B.P. 513 ☎ 951.57.08. sljazz@sentoo.sn, www.saintlouisjazz.com. Prix : de 4 000 à 7 000 Fcfa. ❖

exposition permanente du patron ferronnier d'art, bibliothèque, piano-bar et apéro-swings.

♦♦ **La Saïgonnaise**, pointe Nord **9 B1** ☎ 961.64.81. *Ouv. t.l.j. 12 h-minuit.* Cuisine sénégalaise et saïgonnaise qui peut être servie sur une terrasse en bord de fleuve à la pointe Nord.

♦♦ **La Signare**, rue Blaise Diagne x Pierre Loti **7 A2** ☎ 961.19.32. *Ouv. midi et soir. F. mer.* Service en salle et dans un patio.

♦ **La Linguère**, rue Blaise Diagne x rue Potin **10 A3** ☎ 961.39.49. *Ouv. t.l.j. 8 h-minuit.* Cadre modeste, mais portions copieuses et cuisine savoureuse.

Excursions

Navette fluviale **Saint-Louis-Langue de Barbarie** à bord de la *Louise*. Départ des quais sud de Saint-Louis à 8 h 30 et 10 h 30. Arrêts aux campements **Océan et Savane** et **Langue de Barbarie.** Retour vers 18 h 30.

Nombreuses excursions possibles au départ de Saint-Louis, jusqu'en Mauritanie, proposées par les hôtels et l'agence Sahel Découverte.

La Poste, guichet « Excursions » ☎ 961.11.18. *Ouv. 9h-12h et 15h-20h.* **La Résidence**, rue Blaise Diagne ☎ 961.12.60. *Ouv. 8 h-22 h.* **Sahel Découverte**, rue Blaise Diagne, B.P. 266

A3 ☎ 961.42.63/56.89, fax 961.42.64/83.20. carresahel@sentoo.sn, www.saheldecouverte.com. *Ouv. lun.-ven. et sam. mat. 8h-12h30 et 15h-19 h.* Permanence : *sam. apr.-midi et dim. mat.*

Shopping

De nombreuses boutiques d'artisanat, de tissus ou d'antiquités sont à découvrir lors de vos promenades.

Artistes Voyageurs, 22 rue Flamand **A2** ☎ 961.68.60, fax 961.46.32. artvoy@hotmail.com. Association accueillant également des artistes.

Indigo, av. Jean Mermoz **B1** (face à la caserne des pompiers). Boutique spécialisée dans les tissus.

La Sénégalerie, rue Blaise Diagne **A3** ☎ 961.54.02. Très beaux objets.

Vie nocturne

Iguane Café, rue Abdoulaye Seck Marie Parsine (ex-Brière de l'Isle) **12 A3** ☎ 961.52.12. *Ouv. t.l.j. à partir de 21 h.* Ambiance cubaine.

La Chaumière, Guet N'Dar, en bord de mer **11 A3**. Night-club animé, *clim. Ouv. t.l.j.* où il vaut mieux arriver après 1 h du matin.

Le Flamingo, quai Roume, à côté de l'hôtel de la Poste **6 B3** ☎ 961.11.18. Dans un petit jardin le long du fleuve. Idéal pour prendre l'apéritif ou un verre le soir. Piscine sur le fleuve. Concerts de jazz en fin de semaine, festival « 1, 2, 3 Musique » fin février.

Marco Jazz, face au Flamingo **13 B3**. Dédié aux vrais amateurs de jazz. Bar. Marco organise son propre festival. *Ouv. à partir de 19 h.*

Le parc national du Djoudj

Hébergement-restauration

▲▲▲ **Hôtel du Djoudj**, entrée du parc, B.P. 31, Saint-Louis ☎ 963.87.02, fax 963.87.03. *60 ch. dont 16 clim. F. juin-fin oct.* Restaurant, piscine, location de VTT, excursions en pirogue dans la réserve, piste d'atterrissage pour avion de tourisme. Le grand calme au cœur du parc. Idéal pour visiter le Djoudj et se promener à pied.

La Langue de Barbarie

Hébergement-restauration

Les hôtels situés à l'Hydrobase sont tous à 4 km du centre-ville, entre fleuve et océan.

▲▲▲ **Diamarek**, Langue de Barbarie-Hydrobase, B.P. 693, Saint-Louis ☎ 961.57.81, fax 961.55.04. hoteldiamarek.com. *F. sept.* Hôtel-résidence confortable, picine, tennis, fitness, bibliothèque, excursions.

▲▲ **Mermoz**, route de l'Hydrobase, B.P. 426, Saint-Louis ☎/fax 961.36.68. hotelmermoz@.arc.sn, http://mermoz.interweb.be. *20 ch. clim.* Piscine, fitness, excursions.

▲▲ **L'Oasis**, route de l'Hydrobase, B.P. 379, Saint-Louis ☎/fax961.42.32. nicooasissl@.arc.sn, http://hoteloasisis.free.fr. *6 bungalows et 9 cases ventilées.* Un établissement simple et bien tenu. Tennis de table, basket, pêche, cyclotourisme. Cuisine locale et européenne. ■

LE FLEUVE SÉNÉGAL

Quand les Sénégalais parlent du fleuve, ils pensent aux amples méandres du Sénégal qui coule nonchalamment du Fouta Djalon, en Guinée, jusqu'à l'océan Atlantique. Le Sénégal évoque irrésistiblement le Nil. Roulant les mêmes flots lumineux, il paresse dans les mêmes courbes, explose dans les mêmes crues à la fois meurtrières et fécondes. Il suscite les mêmes processions paysannes chantantes et dansantes sur les berges et porte les mêmes navires ancestraux, ceux que décrivait Pierre Loti dans *Le Roman d'un spahi*, « de longues pirogues à éperon, à museau de poisson et à tournure de requin ». Sa remontée a toujours fait rêver les voyageurs – explorateurs, militaires, commerçants, puis touristes. Les premiers navires français sont entrés dans l'estuaire dès 1558, peut-être même avant.

D'un fortin construit en 1638, des équipes de reconnaissance poussèrent jusqu'à Podor, située à quelque 200 km à l'intérieur. En 1698, un poste était installé beaucoup plus loin en amont. Des éclaireurs, partant de cette base, devaient atteindre les chutes du Félou bien au-dessus de Kayes (aujourd'hui, ville du Mali). Certains de ces explorateurs s'engagèrent dans la Falémé, au bord de laquelle ils édifièrent un autre fort.

Sénégal, roi des fleuves

À proximité du fleuve, les jeunes se forment dès la plus tendre enfance aux métiers de pêcheur ou de passeur.

Le Sénégal est le plus important des quatre fleuves (Saloum, Gambie, Casamance et Sénégal) qui parcourent le pays. Il a donné son nom à la république. Long de 1 700 km, navigable sur certains tronçons, le Sénégal a constitué pendant très longtemps la voie d'accès principale vers l'intérieur des terres. Après avoir franchi le vieux massif du Fouta Djalon, au-dessus des chutes de Gouina et de Félou, il pénètre dans une plaine à pente très douce. Puis il amorce sa longue boucle nord-ouest dans une vallée de plus de 20 km de large, qu'il inonde de septembre à décembre et fertilise d'un bout de l'année à l'autre : il irrigue des milliers d'hectares de terre, favorisant les cultures de riz, mil, maïs, sorgho, canne à sucre et tomate.

Malheureusement, comme le souligne un proverbe d'Amadou Koumba, « avoir la même haie mitoyenne n'a jamais donné deux champs de même étendue ». Sorti des bordures luxuriantes du fleuve, on retrouve le Sahel aride où l'homme doit lutter continuellement pour sa survie. Après Dagana, la pente devient si faible et les précipitations si réduites que le Sénégal éprouve des difficultés à poursuivre sa route. Il forme alors une espèce de faux delta aux multiples ramifications mouvantes où, en période de basses eaux, l'océan remontait jusqu'à 200 km avant la construction du barrage de Diama. ❖

Des sources mystérieuses

Paradoxalement, il fallut patienter jusqu'au XIXe siècle pour reconnaître au Sénégal sa véritable personnalité. On le confondit longtemps avec le Nil et le Niger. Au XVIIIe siècle, on croyait que le Sénégal et le Niger étaient le même fleuve. Ce sont les découvertes de Mungo Park, en 1802, qui lèveront toute ambiguïté.

Un fleuve nourricier

De Bakel à Dagana, le fleuve coule dans une vallée alluviale large (20 à 25 km à certains endroits). Les crues arrivent début septembre à

Programme le long du fleuve Sénégal

À notre avis n'iront jusqu'à ♥ **Bakel**** *(p. 166)* en remontant le fleuve que ceux qui, connaissant déjà le Sénégal, veulent en découvrir plus ou atteindre le **Mali** (quoiqu'une seconde route plus au sud, *via* Kaolack, Tambacounda et Kidira sur la frontière malienne vienne d'être goudronnée et permette de se rendre plus directement au Mali). Le périple, assez éprouvant, ne se justifie guère si l'on a peu de temps.

De Saint-Louis, on peut, en revanche, combiner un petit tour de deux jours. Le premier jour, rendez-vous jusqu'à **Podor*** *(p. 162)* et dormez à **Richard-Toll*** *(p. 157)* en passant par l'**île à Morfil*** *(p. 162)*. Au retour, passez par le **lac de Guiers*** *(p. 161)* qui peut être vu dans la journée. ❖

Bakel et atteignent Dagana vers la mi-octobre. Le flot monte jusqu'à 4 m et le débit devient 300 fois plus important qu'en saison sèche. Au moment de la décrue, à mesure que les eaux se retirent, on plante du maïs, du sorgho, de la patate douce, des tomates et des cucurbitacées. Le barrage de Diama permet de canaliser les flots, d'éviter la remontée des eaux salées et d'irriguer des territoires. À ce propos, sachez que les gens du fleuve distinguent le Fondé, ou lit boisé du Sénégal, du Walo, partie inondable et fertile, et du Diéri, zone sèche hors d'atteinte des eaux.

➤ *Carte Que voir en rabat.*

Richard-Toll* et le lac de Guiers*

➤ *107 km N-E de Saint-Louis, 379 km N-E de Dakar.*

Rosso

➤ *95 km N-E de Saint-Louis, en remontant le cours du Sénégal, vous arriverez à un embranchement. Rosso à 6 km à g., au bord du fleuve.* ***Bac Sénégal-Mauritanie*** *t.l.j. 9h45, 11h45, 16h15 et 17h45.*

Vous n'irez à Rosso que si vous souhaitez vous rendre en Mauritanie, car cette ville en est la porte, c'est-à-dire le véritable carrefour entre le désert et la savane, l'Afrique blanche et l'Afrique noire, où Mauritaniens en djellabas bleues et Sénégalais en boubous éclatants se mélangent. Une atmosphère particulière règne, celle d'un port vivant, d'une ville de transit. Si vous prenez avec votre voiture le bac qui relie Rosso la sénégalaise à Rosso la mauritanienne, Nouakchott, capitale de la Mauritanie, est à 200 km. Si vous voyagez en taxi-brousse, faites aussi la traversée du fleuve en pirogue; les passages sont fréquents tout au long de la journée, sauf à la pause de midi, où les douaniers n'en autorisent aucun. Une fois de l'autre côté vous devrez prendre un nouveau taxi-brousse pour vous rendre dans la capitale mauritanienne.

Richard-Toll*

➤ *21 km S-E de Rosso.* ***Hébergement*** *p. 167.*

Après la steppe de Saint-Louis à Rosso, l'arrivée sur Richard-Toll

➤ *Suite p. 160*

Le fleuve Sénégal : un aménagement complexe

Le fleuve Sénégal, long de 1 700 km, prend sa source à 850 mètres d'altitude dans le Fouta Djalon de l'actuelle Guinée, comme le Niger, la Gambie et la Falémé. Avec une situation géographique favorable, un passé prestigieux et des espaces naturels préservés, la région du fleuve dispose d'atouts considérables.

La voie de pénétration vers le Soudan

Au XIXe siècle, en l'absence de route, le fleuve Sénégal était la principale voie de communication vers le Soudan d'abord pour favoriser sa conquête puis pour aider au commerce des esclaves, de l'or, de l'ivoire, de la gomme arabique en provenance des mines de Bambouk et des steppes mauritaniennes. À Podor, on troquait les fusils de traite, les barrettes de fer, une toile grossière « la Guinée », les verroteries… contre les produits locaux.

Un régime hydraulique spécifique, deux cultures de la terre

La très faible pente du fleuve entraîna une remontée des eaux salées très loin en amont. Situé en limite des zones désertiques, il connaît de grandes variations de débit engendrant de fortes différences entre étiage et crue. Deux zones de culture ont pu être ainsi exploitées :

- le **Diéri,** terre que l'eau n'atteint jamais et dont les sols sont plus ou moins dégradés, couverts de savane arbustive et d'un tapis herbacé favorable à l'élevage et aux cultures pluviales (mil, sorgho…) ;
- et le **Walo,** terre fertile, au sol plus ou moins argileux, régulièrement inondée et propice aux cultures de décrue (riz, mil, sorgho et maïs).

Filets étendus sur l'une des digues séparant le parc national du Djoudj et le lit mineur du fleuve Sénégal. La prolifération de tiphas (à droite) a réduit le territoire de pêche.

Le barrage de Diama a été construit pour empêcher la remontée du sel en amont du delta.

Deux barrages : Manantali et Diama

Il était tentant en zone semi-désertique de vouloir « organiser » toute cette eau qui s'écoulait en pure perte. Deux barrages furent ainsi construits : celui de Manantali au Mali pour produire de l'électricité et pour régulariser les crues, et celui de Diama (à 20 km environ en amont de Saint-Louis et à 30 km par la route) pour empêcher les remontées d'eau salée jusqu'à 220 km de l'embouchure.

D'immenses périmètres de cultures irriguées furent installés tout le long de la vallée, permettant la culture industrielle du riz, de la canne à sucre et de la tomate. Ces aménagements lourds modifièrent profondément l'écosystème de la vallée et toute la gestion agricole des villageois.

Par ailleurs, un pont-barrage sur la Taouey fait communiquer le fleuve et le lac de Guiers en le mettant à l'abri des remontées de sel, permettant au lac d'alimenter Dakar en eau potable par un pipeline de 300 km de long.

Des résultats contrastés

Plus de deux cents milliards de francs CFA furent investis dans la réalisation de ces barrages. Et même si les chantiers ont procuré un temps du travail dans la vallée, les villageois n'ont pas *a priori* profité de ce qui aurait pu être une manne : à regarder actuellement l'état de délabrement des villages, on peut s'interroger sur l'efficacité de ces aménagements. Suivant un schéma trop connu, l'argent va partout sauf vers un soutien financier durable apporté aux habitants. L'argent leur est prêté afin de payer machines et intrants agricoles qu'il faut de toutes les façons rembourser et au plus vite…

Sur le plan écologique, la modification du régime de salinité a provoqué la prolifération d'une végétation – notamment les tiphas et les phragmites – qui a empêché la migration des poissons, appauvrissant considérablement les ressources halieutiques et modifiant les techniques traditionnelles de pêche.

Les immenses périmètres de cultures irriguées (75 000 hectares), en zone semi-désertique, entraînent des coûts de production souvent supérieurs aux produits d'importation, de nombreux conflits fonciers, une pollution par l'utilisation de pesticides et les effluents agro-industriels. Dans le delta, les cultures provoquent, par lessivage des terres, d'importantes remontées de sel entraînant à terme la stérilité des sols ; le développement de la bilharziose s'est accru…

Gardons espoir : un nouveau Plan régional de développement intégré (PRDI) de la vallée, pour les années 2000-2005, a été élaboré, donnant plus de pouvoir aux décideurs régionaux. ■

Les jardins de Richard

Pour désherber les grandes étendues de canne à sucre, les ouvriers agricoles de la sucrerie utilisent la technique de l'essartage, proche des cultures sur brûlis.

Le nom de Richard-Toll, ou « jardins de Richard » en wolof, vient d'une vieille expérience agricole tentée dans les années 1820 par un jardinier du roi de France, dénommé Richard. L'affaire n'eut pas de suite mais en 1932, au moment de la mévente de l'arachide, les agronomes de Dakar, Saint-Louis et Paris exhumèrent le projet. On commença par lancer – avec bonheur – la culture du coton. Puis la guerre survint, avec les difficultés de ravitaillement. D'où l'idée de développer les cultures vivrières dans le delta du Sénégal, appelé à devenir le grenier du pays. Grâce à un barrage sur la Taouey, le marigot qui relie le fleuve Sénégal et le lac de Guiers, des milliers d'hectares de terres, naguère arides, produisent aujourd'hui du riz et de la canne à sucre. L'œuvre s'est poursuivie avec la construction, en aval, du barrage de Diama et de digues canalisant les eaux en période de crue, ce qui a permis la mise en valeur d'environ 35 000 hectares de terres. ❖

surprend. Ici, l'irrigation a permis la culture de la canne à sucre, de tomates, d'oignons et de riz. On peut s'arrêter à Richard-Toll, gros bourg industrieux traversé par les carrioles.

Peu avant d'arriver à Richard-Toll, sur la route, découvrez la **sucrerie** de la Compagnie sénégalaise. Ne manquez pas, de mi-novembre à fin juin, le brûlage de la canne.

Côté monuments, vous n'échapperez pas à la rituelle visite de la « **folie** » du **Baron Roger** *(après le pont-barrage sur la Taouey, chemin sur la dr.)*, qui fut le premier gouverneur civil du Sénégal, de 1822 à 1827. Bâtie sur une île de la Taouey, c'est une grande villa en ruine, une folie, telle qu'on l'entendait à l'époque, avec une façade monumentale, des colonnades, un grand escalier, entourée d'un jardin à la française dont la réhabilitation devrait démarrer.

Le lac de Guiers*

➤ *10 km S-O de Richard-Toll. Une excursion de 120 km à travers la savane, vers une région peuplée de nomades et de pêcheurs.*

À la sortie de Richard-Toll, vous trouverez une piste sur la droite. Elle vous conduit à travers les villages wolofs de Ndombo, Ndiago, Sièr et Ganket. Si vous êtes en 4x4, arrêtez-vous à **Guidick**. De ce village en promontoire, les arbres tombent vers le lac bordé de roseaux. Une pirogue glisse doucement sur les eaux turquoise.

Vous traverserez le lac sur une digue qui vous mènera à **Keur Momar Sarr** où se tient un important marché le samedi. Si vous n'avez pas de véhicule tout-terrain, gagnez Louga *(p. 135)*.

Le lac de Guiers occupe le centre d'une dépression dans laquelle se jette le Ferlo. Un marigot, la Taouey, relie le lac au fleuve Sénégal. Les eaux du lac de Guiers alimentent Dakar par une canalisation de 300 km *(p. 158-159)*. Extrêmement poissonneux, le lac produit environ 2 000 tonnes de poisson par an. À ne pas manquer, entre décembre et mars, la pêche au filet et, entre novembre et janvier, la transhumance des Peuls.

Dagana

➤ *19 km E de Richard-Toll, 378 km N-E de Dakar.*

C'est la « ville-frontière » de la population wolof. Au-delà commence l'ancien royaume du Fouta Toro, pays des Peuls et des Toucouleurs. Le nom même de la ville viendrait du wolof *Deugna*, qui signifie « c'est la vérité ». À l'origine, deux demi-frères rivaux se disputaient un territoire. On fit appel à un arbitre, qui proposa un partage. « C'est juste, c'est la vérité que vous dites ! », s'exclamèrent alors les deux adversaires.

Les Toucouleurs

Issus vraisemblablement d'un métissage entre Peuls et Sérères à l'époque où ces deux peuples cohabitaient, les Toucouleurs se regroupent principalement le long de la vallée inondable du fleuve Sénégal, entre Dagana et Bakel. Leur nom serait une distorsion de celui de l'ancien royaume du Tekrour (ou Tokoror). Au nombre d'environ 1 200 000, ils sont d'excellents éleveurs de gros bétail, mais ont de plus en plus tendance à émigrer vers les villes – et même jusqu'en France, où ils forment une communauté relativement importante. Premiers Sénégalais gagnés par l'islam, ils en sont vite devenus les zélés propagandistes, imposant par l'épée la nouvelle croyance à la plupart de leurs voisins.

Autrefois, Dagana était un carrefour fluvial et routier important. C'est par là que se faisait la traite de la gomme mauritanienne. Depuis l'aménagement du réseau routier en Mauritanie, elle est transportée en camion jusqu'au port de Rosso. Seules des pirogues font encore la navette avec la Mauritanie et animent ses quais datant des années 1850.

Les marges sahéliennes du fleuve**

Après Dagana, la route traverse le **Fouta Toro**, un pays dont les chefs avaient une grande réputation guerrière. La capitale de cet ancien royaume s'appelait Tekrour. Elle devait se situer non loin de l'actuelle Podor.

➤ ***Carte*** *Que voir en rabat.*

Podor*

➤ *84 km N-E de Dagana, 462 km N-E de Dakar. À l'O de l'île à Morfil.* ***Hébergement*** *p. 167.*

Cette ville de 6000 habitants, installée au bord du fleuve Sénégal, mérite une halte. Son nom viendrait des pots d'or qui étaient vendus aux premiers commerçants. En 1745, un fort fut érigé. Les Anglais, puis des dissidents locaux s'en emparèrent. Repris par les Français, il fut entièrement reconstruit sur l'ordre du général Faidherbe en 1854. Sa restauration est programmée afin d'en faire une bibliothèque et un centre culturel. Avec ses rues en quadrilatère, Podor évoque une cité administrative bien peignée. Ses anciennes factoreries jaunes, soigneusement alignées, évoquent l'Europe coloniale, tandis que les maisons en banco ou en pisé, avec leur toit en terrasse, rappellent que nous sommes au Sahel.

L'île à Morfil*

➤ *Avant d'arriver à Podor, vous trouverez une piste à dr. On y passe avec un véhicule de tourisme. Elle est bonne jusqu'à Guédé, mais plus difficile ensuite et on risque par instants de s'égarer. L'avantage est que vous longez par moment le fleuve. Au bout de 40 km env., regagner la route principale en empruntant un bac à la hauteur du village de Ndioum. Si vous avez un 4x4, conti-*

Les villages de pisé typiques du nord du Sénégal ont des rues tortueuses et étroites pour se protéger de la chaleur et du soleil.

Bakel, proche de la frontière mauritanienne et à quelques encablures du Mali, est une étape bienheureuse après des kilomètres de route sous une chaleur intense.

nuer sur 130 km jusqu'à Saldé. Circuit impossible pendant l'hivernage (juin-fin octobre).

L'île abritait des éléphants et l'on y situait leur légendaire cimetière. Ils ont disparu depuis le début des années 1960, mais le nom de l'île rappelle leur présence puisque Morfil signifie « ivoire ». Cette île s'étend sur 130 km, entre deux bras du Sénégal, le bras majeur et le bras secondaire du Doué. La piste longe parfois le fleuve, bordé de champs de mil et de rizières. On y verra les **mosquées** omariennes (du nom d'El Hadj Omar, *p. 68*) en banco de Guédé, Ndioum et Tiélao, construites dans le style soudanais *(p. 164-165)*.

Aloar, près de Guédé, est l'ancienne ville d'El Hadj Omar. Pour s'y rendre, prenez un bac à corde qu'il faut parfois aller récupérer sur l'autre rive en pirogue...

Matam

➤ *230 km S-E de Podor, 422 km S-E de Saint-Louis par la N2, goudronnée, plate et sans histoire.* ***Hébergement*** *p. 167.*

Il était une fois une ville perchée au bord d'une falaise dominant le fleuve qui s'appelait Tiaïdié. Un marché aux esclaves s'y tenait, alimenté par les guerriers peuls qui razziaient les villages jusqu'aux confins de la Guinée. La clientèle – seigneurs et rois locaux –, guère riche, demandait des facilités de paiement. Les esclaves étaient donc vendus à crédit, mais il arrivait que l'esclave s'échappât ou mourût. Les clients rechignaient alors à payer. Aussi, les Peuls se fâchèrent et proclamèrent : « Il faut payer comptant. » Or, en toucouleur, « payer comptant » se dit *matama*. C'est ainsi que les environs de Tiaïdié prirent le nom de Matam. Tiaïdié constitue d'ailleurs aujourd'hui le quartier le plus ancien de la ville.

Matam est devenue un chef-lieu de région, le président Abdoulaye Wade ayant divisé la région du fleuve en deux. La ville de 8700 habitants vit de l'agriculture (c'est le « grenier à mil » du Sénégal, aime-t-on dire) et de la pêche.

➤ *Suite p. 166*

L'architecture au Sénégal

Maisons coloniales, cases à étages, en coquillages ou en banco, chaque peuple et chaque région possède son propre style.

Si le Sénégal s'urbanise, les Sénégalais vivent encore nombreux à la campagne, dans quelque 13 000 villages répartis à travers la brousse. Chaque village (200 habitants en moyenne) comporte une place ombragée, une mosquée, une case à palabres, une source ou un puits, autour desquels se répartissent les habitations.

➤ **LES MAISONS COLONIALES.** Les plus belles se trouvent à **Saint-Louis**. À l'intérieur de ces maisons aux toits en tuiles et aux balcons en fer forgé, le mobilier était en pichepin, bois importé du Canada. Il est encore possible d'en visiter.

➤ **LES MAISONS EN COQUILLAGES.** À **Joal-Fadiouth**, les rues et les maisons sont en coquillages. Des coquilles brisées mélangées à du mortier permettent d'élever les murs.

➤ **LES CASES À ÉTAGES.** À **Mlomp** et à **Oussouye**, en Casamance, les villageois ont construit des cases à étages aux arcades sculptées, parfois peintes. Vous n'en verrez que là.

➤ **LES CASES À IMPLUVIUM.** Exemple unique en Afrique, ces cases-fortins ont un double toit à entonnoir conçu pour recueillir l'eau de pluie dans un bassin central et protéger les familles lors d'invasions. Elles peuvent abriter jusqu'à trente personnes, avec des pièces greniers et étables. Il en reste quelques-unes en Casamance, à **Séléki** *(p. 200)*, à **Enampore** *(p. 200)* ou **Affiniam** *(p. 198)*.

À Saint-Louis, les superbes maisons coloniales sont peu à peu restaurées, mais la ville manque encore de moyens pour tout refaire.

L'habitat des Peuls sédentaires est bien conçu pour ces régions arides : dans ce vestibule, l'ouverture pratiquée entre le toit de chaume et les murs permet l'aération.

La trouée à ciel ouvert pratiquée sur le toit des cases à impluvium de Casamance permettait, outre d'apporter de la lumière, de recueillir l'eau de pluie.

➤ **LES CASES À PALABRES.** Chaque quartier d'un village, surtout dans le **Sine Saloum** et le **Sud**, possède ses cases à l'ombre desquelles les hommes recousent leurs filets de pêche, jouent aux dames ou bavardent. Elles sont ouvertes, constituées d'un toit et sans parois.

➤ **LES MOSQUÉES SOUDANAISES.** Vous verrez ces mosquées sur l'**île à Morfil**, dans la région du fleuve. Construites en banco, ou en pisé, elles rappellent l'architecture du Soudan. Rectangulaires, leurs contreforts dépassent du toit aux quatre angles. Des morceaux de bois, plantés dans l'argile des murs, servent d'échafaudage pour réenduire les murs de terre après les pluies.

➤ **LES CASES WOLOFS.** Dans le **Cayor** et le **Ferlo**, les villages wolofs sont petits et habités seulement par une centaine de personnes. Les cases sont assez éloignées des greniers, à cause des risques d'incendies. Dans le **Saloum oriental**, les villages wolofs sont ceinturés par trois zones concentriques : la première en partant du centre, dite *tol-keur* (« jardin de la maison »), est réservée à la production maraîchère ; la seconde, la *diatte*, est souvent utilisée pour la culture de l'arachide ; la troisième, le *gor*, est consacrée aux céréales. Les familles se groupent fréquemment à l'intérieur d'un même enclos et construisent autour d'une cour commune les cellules de base de chaque famille.

➤ **LES AUTRES HABITATS.** En **pays sérère**, les villages éclatent en hameaux autonomes, tandis qu'en Casamance, les **Mandingues** habitent des enclos groupant des huttes rectangulaires parfaitement alignées. Des branchages et des épineux entourent les **cases peules**. Chez les **Toucouleurs**, un auvent protège la façade de la case, carrée ou circulaire. En basse Casamance, les **Diolas** se rassemblent volontiers en très gros villages pouvant avoir jusqu'à 5000 habitants Leurs maisons sont parmi les mieux conçues du Sénégal et constituent de véritables fortifications, dans les environs de Séléki, par exemple, ou d'Oussouye. ■

Les Sarakollés

Du temps de leur splendeur, au XIVe siècle, les Sarakollés, appelés aussi « Soninkés », étaient un peuple guerrier. Ils furent les maîtres de l'empire du Ghana, qui s'étendait jusqu'au Mali et au Sénégal. Musulmans et d'esprit indépendant, ils représentent une minorité active et travailleuse, dont les membres s'expatrient en France pour prendre, dans l'industrie, le relais de la main-d'œuvre maghrébine. ❖

♥ Bakel**

➤ *151 km S-E de Matam, route goudronnée en bon état; 573 km S-E de Saint-Louis par la N2 et 243 km N-E de Tambacounda par la N1 jusqu'à la frontière malienne pour prendre ensuite la direction du N. La piste a été remplacée par une route neuve. Compter env. 3 h.* ***Hébergement*** *p. 167.*

Dans cette petite ville charnière, Bambaras, Maures, Peuls et **Sarakollés** en majorité (*encadré ci-contre*) ont en commun un penchant naturel pour le commerce. Quand on y arrive, après avoir traversé un désert caillouteux entouré de mamelons rocheux, premiers reliefs depuis des lustres, on découvre une oasis. De-ci de-là émergent des palmiers. Bakel tire son nom de *Bakélène* qui signifie « battez le tam-tam ».

La ville, qui est située à proximité des frontières mauritanienne et malienne, est fort animée. On y trouve des commerces en tout genre, en particulier un petit **marché couvert**, plein de couleurs et de saveurs, et un **marché aux tissus** situé derrière la poste. La bourgade a des allures de village. Ses cases, aux toits recouverts de paille, sont disséminées au milieu de jardins maraîchers.

Elle se trouve également dans une belle courbe du Sénégal. L'idéal est de monter sur le promontoire où se trouve le fort élevé par Faidherbe (1820). Superbe et massif, celui-ci commande la ville et domine le fleuve avec son va-et-vient de pirogues. Restauré avec l'aide de la municipalité d'Apt, il est le seul fort du fleuve bien conservé : même les vieux canons sont à leur poste, prêts à tirer. Il abritait, jadis, une garnison de cent hommes. Aujourd'hui, il fait office de résidence du préfet.

En face, vous verrez sur une hauteur une maison, elle aussi restaurée. L'explorateur René Caillié y aurait séjourné. ■

Bakel

Hébergement

Islam ☎ 983.52.75. *9 ch.* Très simple mais pas désagréable. En plein centre du village.

Matam

Hébergement

L'Oasis du Fouta, B.P. 114 ☎ 966. 12.94. *12 ch. clim.* Dans le bourg d'Ouro Sogui, au croisement vers Matam. Bar-restaurant : spécialités sénégalaise et française.

Podor

Hébergement

Maison communautaire des femmes, près de l'hôtel de ville. *2 ch. clim.* Très propre.

Richard-Toll

Hébergement

▲ **Le Gîte d'étape**, B.P. 42 ☎/fax 963. 32.40. *18 ch. clim. et 1 suite.* En plein centre-ville, mais au calme, c'est surtout le seul hôtel construit sur le fleuve. Sa terrasse est fort agréable. Attention : ambiance très « chasseur ». Bar, restaurant, piscine, excursions en pirogue sur le fleuve. ■

LA PETITE-CÔTE

Longue série de plages coupée de pittoresques villages de pêcheurs, c'est là que se situe la véritable image du pays de vacances. Tout vous y incite à la douceur de vivre et au farniente. La mer y est calme, grâce à l'abri offert par le Cap-Vert, et l'ensoleillement permanent. Il suffit, pourtant, de parcourir quelques centaines de mètres pour retrouver la brousse et les forêts de baobabs. La Petite-Côte constitue le point de départ idéal pour des excursions vers le Sine Saloum. C'est aussi dans cette région que les hôtels offrent le plus grand nombre d'activités sportives.

La population, en majorité lébou et sérère, est christianisée, même si l'islam demeure dominant. Vous verrez des églises, des missions catholiques et, parfois, des processions aussi ferventes que celles d'Espagne ou d'Italie.

Aux portes de Dakar*

➤ *À 1 h de Dakar. Une bonne route, très fréquentée, relie Dakar à la Petite-Côte. Prendre la N1* via *Rufisque, puis, à l'embranchement N1-N2, laisser la route de Thiès à g. pour s'engager à dr. vers Kaolack.* ***Carte** p. 170-171. **Informations pratiques et bonnes adresses** p. 178.*

Le baobab

En Afrique de l'Ouest, c'est le « baobab renversé » que vous rencontrerez. Au Sénégal, vous en verrez dans l'arrière-pays de la Petite-Côte.

Baobab (Adansonia digitata) signifie « arbre de mille ans ». Sa croissance est, en effet, illimitée avec un tronc qui peut atteindre jusqu'à 23 m de circonférence. Entre lui et l'éléphant, selon un poète sénégalais, il existerait quelque obscur rapport. Mais, en dépit de sa masse, le baobab est plus fragile qu'un roseau. Ses racines sont minuscules et son bois est si tendre qu'un bâton ferré s'y enfonce comme dans du beurre. Comme dit le proverbe, « on n'a jamais taillé une porte dans un baobab ».

Sa présence est providentielle pour les Sénégalais. Son écorce sert à faire des cordes. En cuisine, l'écorce et les feuilles sont utilisées dans la préparation de tisanes adoucissantes. Les mêmes feuilles sont consommées fraîches comme légumes, ou séchées à l'ombre avant d'être réduites à l'état de poudre *(lalo)* pour être mêlées aux aliments. La pulpe séchée du fruit, appelée « pain de singe », préparée en boisson, a un goût acidulé agréable, antidiarrhéique. ❖

Alors que, dans la presqu'île du Cap-Vert, chaque centimètre est occupé par une population de plus en plus nombreuse, dès que vous arriverez sur la Petite-Côte, vous retrouverez l'immensité de la brousse, les kilomètres à travers un paysage peu changeant.

♥ Toubab Dialao*

➤ *50 km S de Dakar, env. 15 km S de Bargny-sur-Mer, en quittant la N1 direction Dougar.* ***Hôtels, sports et loisirs*** *p. 182.*

Toubab Dialao est situé en promontoire sur une partie vallonnée de la côte qu'on peut parcourir à cheval. L'histoire raconte qu'El Hadj Omar est passé par ce village de pêcheurs. Il fit jaillir une source d'eau douce sur la plage. Au pied de l'**espace-hôtel Sobo-Badè**, vous verrez le rond de pierre où il a prié.

Cet étonnant espace-hôtel Sobo-Badè est l'exemple d'un tourisme intelligent et sensible. Le propriétaire et artiste Gérard Chenet (ses sculptures ornent le jardin), né à Haïti, a donné le nom d'une divinité de son pays à l'hôtel qu'il a lui-même conçu. Situé au-dessus de la plage, ce bâtiment baroque, en coquillages, terre cuite et mosaïques s'intègre parfaitement au paysage. À l'accueil, vous trouverez de très beaux batiks et sculptures, à mille lieues des « souvenirs » habituels.

PROGRAMME SUR LA PETITE-CÔTE ET DANS LE SINE SALOUM

Si vous séjournez à Saly-Portudal *(p. 172)*, louez une voiture au moins un jour pour explorer la Petite-Côte, au sud jusqu'à ♥ **Joal-Fadiouth**** *(p. 176)*, au nord, vers **Popenguine*** *(voir ci-dessous)* et **Toubab Dialao*** *(p. 169)*. L'idéal est de concilier un séjour balnéaire avec la découverte d'une autre région, comme le ♥ **Sine Saloum***** tout proche *(p. 183)*. Attention, le week-end, les hôtels sont souvent pleins.

Tout près, la danseuse et chorégraphe Germaine Acogny a ouvert Kër Aloopho, son **école des Sables** – Centre international de danses traditionnelles et contemporaines africaines – où des danseurs professionnels viennent de tout le continent africain approfondir leurs connaissances *(ne se visite pas)*.

Popenguine*

➤ *Env. 45 km S de Toubab Dialao par la route ou 10 km par une piste proche de la mer, 62 km S de Dakar jusqu'à Sindia, puis 9 km en quittant la N1.* ***Hébergement*** *et* ***restaurant*** *p. 179.*

« Retour de Popenguine, dans la langueur beauté de ce dimanche après-midi », écrit Senghor, qui séjournait régulièrement dans la résidence présidentielle. C'est un village d'un millier d'habitants groupé autour d'une plage bordée de falaises. Popenguine était, du temps de la colonisation, l'une des

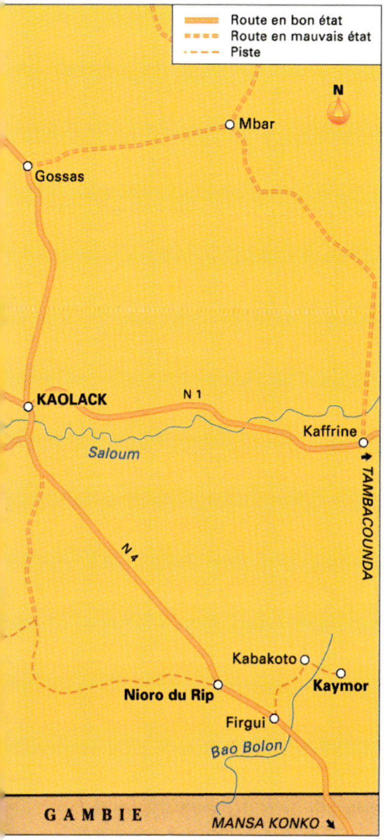

villégiatures préférées des Dakarois qui avaient installé des cabanons près de l'eau. L'endroit est charmant. Dès 1988, les villageoises se sont regroupées en association autour de la petite **réserve naturelle de Popenguine** pour conserver la biodiversité. Organisées en Groupement d'intérêt écologique, elles sont désormais chargées officiellement de la surveillance de cette réserve nationale qui s'étend entre Popenguine et La Somone, autour du cap de Naze: un développement écologique original *(rens. auprès du campement Kër Cupaam).*

Chaque lundi de Pentecôte, les catholiques viennent en pèlerinage prier la Vierge noire. La messe est célébrée dans un immense amphithéâtre en plein air.

La réserve de Bandia*

➤ *65 km S de Dakar par la N1, à mi-chemin entre Sindia et Nguékokh sur la g. ☎ 638.22.76. Ouv. t.l.j. 8 h-18 h.* ***Entrée****: 7 000 FCFA.* ***Guide****: 2 500 FCFA.* ***Location d'un 4x4****: 20 000 FCFA.*

Les pistes sillonnent sur 20 km les 500 hectares de cette forêt qui abrite une faune variée: oiseaux, singes, gazelles, girafes, reptiles... La forêt dissimule également des tumulus sérères et un baobab qui abrite le tombeau d'un griot.

Le sud de la Petite-Côte**

➤ *Au départ de Dakar, la troisième bretelle mène à Nguékokh (71 km), aboutit à Ngaparou d'où la route de dr. rejoint La Somone et la piste de g. Saly-Portudal; la quatrième bretelle, marquée par des panneaux publicitaires, arrive à Saly-Portudal.*

La Somone*

➤ *Env. 75 km S de Dakar par la N1. Prendre à dr. après Nguékokh puis à dr. à Ngaparou.* ***Hébergement-restauration*** *et* ***restaurant*** *p. 178.*

La petite rivière de la Somone descend des massifs de N'Diass et de Thiès (100 m d'altitude maximum). Elle coule dans une galerie de forêts qui s'élargit à l'approche de la mer et se tapisse de palétuviers où prospèrent hérons, pélicans, flamants roses, etc. Si vous êtes pêcheur, vous ferez des prises sensationnelles: bonites, bars mouchetés, thiofs, soles, turbots. Le village, apprécié des Dakarois qui y possèdent leurs résidences secondaires, s'étend le long de la plage.

Les griots

Si le Sénégal traditionnel ignore l'écriture, toutes ses civilisations – peule, sérère, wolof, diola ou bambara – procèdent du verbe, qu'il soit parole, rythme ou symbole. Des personnages se sont, de tout temps, attachés à restituer la mémoire historique et culturelle de ces communautés : ce sont les griots. Ils sont présents dans toutes les grandes circonstances de la vie (circoncision, excision, mariage, funérailles). Les griots emmagasinent à longueur d'année, et généralement de père en fils, l'héritage communautaire dont ils assurent le maintien et la transmission. Les griots, qui ont leur franc-parler, jouent un rôle de « conseiller en communication » et sont fréquemment consultés comme médiateurs dans les conflits familiaux et villageois.

Saly-Portudal

➤ *Env. 80 km S de Dakar par la N1,5 km N de Mbour.* ***Bonnes adresses*** *p. 180.*

Saly-Portudal, station balnéaire de la Petite-Côte, a été inaugurée le 24 février 1984. Ce serait le plus grand centre touristique d'Afrique de l'Ouest. À proximité, le village – ancien comptoir portugais – très sale, est devenu le haut lieu du tourisme de masse. Il ne faut pas se tromper de voyage : Saly-Portudal est d'une banalité tristounette ; c'est une bulle sous les cocotiers qui entraîne dans son sillage prostitution et pédophilie. Le Sénégal mérite une autre rencontre…

Mbour**

➤ *83 km S de Dakar, sur les routes du Sine Saloum.* ***Marché. Bonnes adresses*** *et* ***hébergement à Mbodiène*** *p. 178.*

Mbour est un centre de pêche artisanale important. En 2001, un quai de pêche moderne et un phare ont été offerts par Concarneau, déplaçant à 3 km vers le sud les traditionnels séchoirs à poissons. Lors du retour des pirogues qui partent 9 jours (3 jours pour aller sur les lieux de pêche, 3 jours de pêche et 3 jours de retour), il règne sur la plage et sous la halle une activité incessante. Dans des paniers s'entassent escargots décortiqués, ailerons de requins, daurades… Juste derrière, les étalages du **marché** débordant de légumes, fruits, poissons, épices et herbes médicinales valent le détour ainsi que ses tailleurs et bijoutiers.

Pour les voyagistes, Mbour est une bénédiction. Ils y conduisent les touristes de la Petite-Côte. Pour en maîtriser l'afflux, le responsable d'exploitation du quai de pêche, M. Gaoussou Guèye, met en place, en accord avec le préfet, une association regroupant des guides assermentés *(rens. : parking du quai de pêche, à dr. à côté de la maison de la Mutuelle).*

Nianing*

➤ *10 km S de Mbour sur la route de Joal.* ***Bonnes adresses*** *et* ***hébergement à Ngazobil*** *p. 179.*

Ce village de pêcheurs a grandi avec l'ouverture des hôtels. Le plus important, le Domaine de Nianing *(encadré p. 180)*, est installé dans un immense parc forestier *(ouv. 10h-12h et 15h-18 h. Entrée libre).*

➤ *Suite p. 176*

Léopold Sédar Senghor

L. S. Senghor reste encore très présent dans l'esprit de la population.

Né le 9 octobre 1906 à Djilor, village du Saloum, mais déclaré à l'état civil de Joal et décédé le 20 décembre 2001, Léopold Sédar Senghor était issu d'une famille de commerçants sérères. Catholique, il a pour ambition première de devenir prêtre afin de pouvoir enseigner et « travailler à l'émancipation intellectuelle de sa race ». Formé au collège des pères du Saint-Esprit, il entre à 20 ans au lycée de Dakar puis, en 1928, prend le bateau pour Paris.

Seul, exilé, il prépare son entrée à l'École normale supérieure. En khâgne, au lycée Louis-le-Grand, il rencontre Georges Pompidou, qui restera son ami. Ce dernier partage avec Senghor une même passion pour la littérature. Devenu le premier agrégé africain de grammaire, Senghor « enseigne le français aux jeunes Français ». Il s'interroge : « Suis-je français ? Suis-je africain ? » Il se sent différent, rebelle : « Je déchirerai, écrit-il, le rire Banania sur tous les murs de France. »

À la même époque, il se lie avec le Martiniquais Aimé Césaire avec qui il lance une revue, *L'Étudiant noir*, où il ébauche ses premières réflexions sur la négritude : « Objectivement, la négritude est un fait : une culture. C'est l'ensemble des valeurs – économiques et politiques, intellectuelles et morales, artistiques et sociales – non seulement des peuples d'Afrique noire, mais encore des minorités noires d'Amérique, voire d'Asie et d'Océanie. »

Mobilisé en 1939, Senghor est fait prisonnier en 1940. Il passe deux années dans un stalag avant d'être libéré en 1942. Après la guerre, il devient député SFIO du Sénégal dans toutes les législatures de la IVe République, puis ministre jusqu'à ce que son pays obtienne l'indépendance. Le 20 août 1960, il devient président de la République du Sénégal, fonction qu'il occupera jusqu'en 1980, date à laquelle il se retire de son plein gré, à ce jour fait unique en Afrique noire.

Ce poète, théoricien des voies africaines du socialisme, estimait que le monde actuel « vit une époque de divergences extrêmes en raison des conflits de classes, de nations et de races ». Mais ce chantre de la négritude voyait « déjà s'amorcer, favorisé par la puissance de nos moyens techniques, pacifiques et militaires, un mouvement de convergence pan-humaine dont naîtra la civilisation planétaire, symbiose de toutes les civilisations particulières ». ❖

Un pays de pêcheurs

Les pirogues bariolées se lancent à l'assaut de la barre. Elles se dressent, hésitent, puis foncent vers la grève, les cales regorgeant de poisson. Ici, la pêche joue un rôle capital.

Un simple tronc

Trente-cinq mille hommes, principalement des Lébous et des Sérères, pratiquent la pêche artisanale. Ces intrépides marins affrontent deux fois par jour une barre redoutable pour aller à quelque cinq ou six milles du rivage. Leurs pirogues, moins frêles qu'il n'y paraît, embarquent de deux à vingt pêcheurs.

La pirogue est creusée dans un tronc de fromager. Vous en verrez en construction, sur l'île de Dionevar dans le Sine Saloum par exemple. Pour protéger l'équipage, on l'orne de toutes sortes de symboles. On y glisse des parchemins couverts de textes religieux rédigés en arabe. On attache des amulettes aux filets. On dote la pirogue de gris-gris en corne de mouton ou de chèvre.

À la confluence des courants

Le courant froid des Canaries et le contre-courant chaud équatorial se croisent au large des côtes. Ils transforment les eaux territoriales sénégalaises en paradis pour les pêcheurs. C'est proprement fabuleux ! Il suffit de jeter un hameçon pour qu'aussitôt un thon, un merlu, un barracuda ou un espadon de belle taille vienne s'y ferrer.

Des techniques variées

La pêche au filet nécessite la présence de dix marins. Après chaque sortie, le filet doit être séché et réparé. Sur les plages, vous verrez des gamins creuser des trous dans lesquels les poissons se trouvent pris au piège à marée montante. Les pêcheurs pratiquent encore à la ligne ou au filet à épervier.

La pêche au panier dans les rivières et les marigots est plutôt pratiquée par les femmes, alors que la pêche en mer est exclusivement dévolue aux hommes.

La pêche à la seine n'est pas la technique la plus répandue au Sénégal car elle demande une main-d'œuvre importante, mais elle garde un aspect très spectaculaire.

Séché en plein air

Si les hommes pêchent en mer, ce sont les femmes qui s'occupent du salage et du séchage. En général, le poisson est d'abord plongé dans des cuves contenant du sel du lac Retba (ou Rose). Il est ensuite trempé dans de l'huile de requin, qui sert à éloigner les mouches. Enfin, il est mis à sécher. Partout, vous verrez des étals recouverts de poissons.

La richesse du Sénégal

Avec 35 kg par personne et par an, les Sénégalais se classent au troisième rang mondial des mangeurs de poisson.

Avec 395 000 tonnes de poisson en 1999, la pêche constitue surtout la première activité économique du pays et aussi sa première source de devises. La dévaluation du franc CFA devrait lui donner un rôle encore plus important si le protectionnisme des pays européens ne lui ferme pas ses débouchés naturels.

Une fois séché puis fumé, le poisson alimentera les marchés de l'intérieur mais sera aussi exporté vers des pays comme le Mali.

♥ Joal et Fadiouth**

➤ *114 km S de Dakar, 31 km S de Mbour.* ***Hébergement-restauration*** *p. 178.*

De Nianing à Joal-Fadiouth, la route traverse une morne plaine côtière parsemée de baobabs, traversée par des troupeaux de zébus clairs, laissant vers la mer le village de Mbodiène et la mission catholique de Ngazobil, une des plus anciennes du Sénégal. Joal et Fadiouth sont deux villages distincts réunis dans une seule commune. Joal se trouve sur le continent, Fadiouth est une île reliée à Joal par une passerelle en bois.

Joal

Les navigateurs portugais ont découvert Joal dès le XVe siècle: « Bon port, agréable et salubre, où il y a beaucoup de vivres et de vin de palme », selon Francisco de Lemos Coelho. Joal étire ses vieilles maisons à étages entre la mer et un marigot bordé de buttes de coquillages. Amassés au cours des siècles, ceux-ci forment des monticules de 7 ou 8 m d'épaisseur. Joal abrite le troisième port de pêche artisanale du Sénégal, après Kayar et Mbour.

Dans la rue principale, à gauche, visitez la maison familiale du président Senghor qui porte le nom de *Mbind Diogoye*, ce qui veut dire, en sérère, « maison du Lion » *(ouv. t.l.j. 9h-13h, 15h-18h. Entrée: 1 000 FCFA)*. N'hésitez pas à demander votre chemin, elle est peu visible.

Au-delà de Joal commencent les *tanns* (grandes étendues de terre salée) du Sine Saloum.

Fadiouth

➤ *En continuant la route jusqu'au bout, vous arrivez au petit pont qui mène à l'île. Se garer sur le parking du Finio, devant la passerelle. S'adresser au syndicat d'initiative communal, sur le côté du parking: il gère les guides officiels, formés et compétents, et les piroguiers.* ***Guide****: 4 000 FCFA/4 pers. maximum, de 6 000 à 12 000 FCFA/pirogue, selon la durée de la visite.*

Vous pouvez, bien sûr, vous promener seul, on viendra seulement, régulièrement, vous proposer de vous guider.

➤ **L'ÎLE.** Fadiouth est située en face de Joal, de l'autre côté d'un petit bras de mer bordé de palétuviers aux racines desquels s'accrochent de minuscules et délicieuses huîtres. Cette île artificielle s'est constituée sur des amoncellements de coquillages. Malgré une superficie extrêmement réduite – 500 m de diamètre, 12 000 habitants s'y entassent. En majorité sérères, ils sont presque tous catholiques, même si une vaste mosquée y est construite.

➤ **LE VILLAGE.** De frêles arbres ombragent les ruelles et les maisonnettes en mortier de coquillages. Sept quartiers composent le village, chacun avec sa place publique et sa case des sages. Asseyez-vous avec les vieux qui bavardent en fumant la pipe. Regardez-les jouer aux dames ou recoudre un filet de pêche. Passez devant l'église et le calvaire situé sous le baobab sacré. C'est là que se déroule la dernière prière pour les morts. Au bout de la grande rue, vous trouverez la passerelle qui mène au cimetière.

➤ **LE CIMETIÈRE.** Des croix parsèment la presqu'île en coquillages, étincelante de blancheur, dominée par un calvaire d'où l'on surplombe Joal, Fadiouth, la mangrove et les greniers sur pilotis. C'est le seul cimetière du Sénégal où catholiques et musulmans cohabitent. Si vous voyez des bouteilles au pied de certaines croix, n'en soyez pas choqué : elles ont été vidées par les défunts... Les nombreuses carrioles qui y stationnent permettent aux habitants de se rendre dans leurs champs, distants de quelques kilomètres.

➤ **Les greniers sur pilotis** se trouvent juste en face du cimetière. Coiffés d'un toit pointu, ils ont l'aspect d'une case et servaient jusqu'en 1990 à stocker le mil et les arachides. Ils permettaient d'économiser de la place – la surface de l'île est exiguë – et de protéger les provisions du feu, des crabes violonistes et des rongeurs. Très délabrés et victimes d'une violente tempête en août 1999, ils font l'objet de la part du syndicat d'initiative d'un projet de restauration fantôme. Les retombées de la manne touristique sont invisibles à Joal-Fadiouth...

Partout, on vous proposera des coquillages aux formes tourmentées. Beaucoup plus intéressants sont les objets fabriqués par les habitants de Fadiouth et vendus autour des cases des sages : petites nasses à poisson, filtres à semoule, vanneries en fibres de rônier... Les prix affichés sont fixes.

➤ On peut regagner Dakar par le même chemin, ou s'engager sur la piste correcte qui conduit de Joal à Ndangane *(21 km)*, d'où une route remonte vers la N1 et Mbour.

Attention, si vous regagnez Dakar, surtout le soir, vous pouvez rencontrer de sérieux embouteillages. Soyez prévoyant. ■

Le cimetière de Fadiouth, établi sur un amoncellement de coquillages, veille sur les anciens greniers à mil des villageois, construits sur pilotis pour les protéger des rongeurs et de l'humidité.

Joal et Fadiouth

Hébergement-restauration

▲ **Le Finio**, près de la passerelle menant à Fadiouth ☎/fax 957.61.12. *4 cases et 6 ch.* un peu défraîchies mais propres, avec toilettes à l'intérieur. Restaurant: cuisine sénégalaise et française savoureuse. Crevettes à l'espagnole, langoustes, cochon boucanier, grillades de mouton, *maffé* au poulet, huîtres de novembre à juin. Bar dans le jardin.

▲ **Le Relais 114**, B.P. 47, Joal ☎957.61.78. *6 ch. ventilées.* Une pancarte l'indique au centre du village. L'hôtel est modeste mais le restaurant est réputé. Vaste salle à manger. Spécialités de poissons et de langoustes, cochon de lait à la broche, steak de zébu.

▲ **Le Sénégaulois**, passerelle de Fadiouth-Joal, B.P. 18 ☎/fax 957.62.41. *4 ch.* Au bord de la lagune, face à Fadiouth. Cadre sommaire. Restaurant avec jardin.

La Somone

Hébergement-restauration

▲▲▲▲ **Club Coralia Baobab**, B.P. 2059, Mbour ☎ 957.74.02, fax 957.74.04. stbaobabs@sentoo.sn. *104 bungalows clim.* Restaurant, discothèque, bar, piscine et nombreuses activités sportives. Bel hôtel de style africain situé au bord de la mer, à l'embouchure de la Somone.

▲▲ **Résidence l'Aquarium**, réservation au **Standing Immobilier**, 92, av. Georges Pompidou, B.P. 477, Dakar ☎ 849.57.57, fax 822.86.23. www.sentoo.sn/standing. *6 villas avec 2, 3 ou 4 ch. parfaitement équipées et très spacieuses.* À louer pour 15 jours minimum, mais si vous restez, ne serait-ce que 5 jours à 2 couples, vous aurez largement amorti le prix de la location.

▲ **La Lagune,** B.P. 174, Mbour ☎957.74.07, fax 956.42.31. *20 ch. clim.* Au calme, près de la mer. La pension complète vous coûtera moitié moins cher qu'une nuit à Saly-Portudal. Discothèque.

Restaurant

♦ **Les Gorgones**. Face à la mer, sous une paillote.

Mbodiène

Hébergement-restauration

▲▲▲▲ **Laguna Beach**, B.P. 675, Mbour ☎ 957.88.02, fax 957.88.12. laguna@sentoo.sn, www.lagunabeach.sn. *95 ch. clim.* Bordant la lagune de Mbodiène face à l'océan, il présente le luxe et le confort d'un grand hôtel international. Situé à 100 km environ de Dakar, bâti sur un terrain arboré de 60 hectares, il est constitué de bungalows et de suites qui peuvent accueillir des groupes. Complexe de loisirs (fitness, tennis éclairé, piscines, plage semi-privée, pêche...). Annexes réparties dans les environs. Deux restaurants.

Mbour

Adresse utile

➤ **BANQUE. BICIS**, av. Malik Sy ☎957.10.86. *Ouv. lun.-ven. 9h-12h30 et 15h30-17h30.* Le change avec des cartes de paiement n'est possible qu'avec la Carte bleue Visa.

Hébergement

Le Paradis, à 1 km sur la route de Joal, B.P. 382, Mbour ☎ 957.30.45. www.residence-paradis.com. *60 bungalows.* Ce tout petit campement accueille peu de monde mais permet de profiter d'une plage en retrait du port de pêche. Bar avec terrasse. Navette pour l'aéroport de Dakar.

Restaurants

♦♦ **L'Escale**, à proximité du carrefour d'où partent les routes pour Joal-Fadiouth et Kaolack ☎ 957.16.46. *Ouv. 8 h-23 h.* Cuisine française et fruits de mer sur une terrasse ombragée à l'entrée de Mbour. Tous les groupes de pêcheurs et de chasseurs y font escale.

♦♦ **The Calabash**, 276, bd Demba Diop, près du stade ☎ 973.13.10. *Ouv. 11 h 30-15 h et 20 h-minuit.* Ambiance amicale dans une cour intérieure. Spécialités de poissons comme dans tous les restaurants de Mbour.

Ngazobil

Hébergement-restauration

Communauté des filles du Saint-Cœur de Marie, B.P. 50, Joal ☎ 957.61.50. *30 ch. simples.* Avertir à l'avance pour les repas.

Gîte d'étape de la Fasna, prendre la piste à dr. avant d'arriver à Joal-Fadiouth. À Mbodiène-Plage, un panneau indique le gîte ☎ 957.61.30. *6 ch.* et *4 bungalows.* Sous les arbres, le gîte est tenu par Raymond, un «vieux» du Sénégal. Ambiance vraiment très conviviale à deux pas de la plage.

Mbodiène-Plage, 10 km avant Joal-Fadiouth. On s'y rend par la piste. Un panneau indique l'emplacement de ce campement entouré de villas.

Nianing

Hébergement-restauration

▲▲▲▲ **Domaine de Nianing**, B.P. 62, route de Joal-Mbour ☎ 957.10.85 et ☎ 957.11.20, fax 957.15.05. domainenianing@arc.sn. *250 bungalows* répartis des deux côtés de la route *(encadré p. 180)*. Commercialisé par Jet Tours. De nombreuses activités sont possibles: pêche, planche à voile, vélo, équitation, minigolf, tennis. Boutique avec un large choix d'articles. Deux restaurants dont l'un, le Buffet, est situé du côté de la plage.

▲▲ **Auberge des Coquillages**, B.P. 05, Nianing ☎ 957.16.76, fax 957.14.28. tidiane@telecomplus.sn. *30 ch. clim.* La décoration est réalisée en coquillages. Une adresse agréable à «l'ombre» d'un baobab. L'hôtel propose des forfaits d'une semaine en demi-pension avec transfert depuis Dakar. Piscine avec vue imprenable sur la mer. Discothèque.

▲▲ **Le Ben'Ténier**, B.P. 148, Mbour ☎ 957.14.20, fax 957.29.74. lebentenier@sentoo.sn. *13 ch.* Ce petit campement fleuri se trouve en bord de plage, à côté du village de pêcheurs. Très sympathique. Les paillotes sont ouvertes sur la mer et vous donnent une vue d'ensemble privilégiée.

Restaurant

Les Bougainvillées, route de Joal ☎ 956.47.11. Restaurant situé à proximité de la plage, dans un hôtel dont la prestation ne vaut pas la sienne. Spécialités européennes et sénégalaises simples mais savoureuses.

Popenguine

Hébergement

Campement Kër Cupaam, après le centre Kisito, au bout de la piste vers la réserve ☎ 956.49.51. *5 ch. simples.*

Restaurant

Keur de sable, en face du campement Kër Cupaam, B.P. 44 ☎ 957.71.64. kdssenegal@yahoo.fr. *Ouv. 8 h-23 h.* Restaurant en terrasse dans une maison de style sahélien au-dessus de la mer, géré par une association sous la houlette de Christian Legros. Elle organise des stages de percussion d'un haut niveau avec notamment le musicien Doudou N'Diaye Rose. Tourisme vert avec l'association des femmes de Kër Cupaam.

Au départ était Apo

Un peu rêveur, un peu récupérateur, un peu vendeur, Apo rêvait d'écologie. Il acheta à Nianing 130 hectares en bord de mer. En vingt ans, il y planta plus de 100 000 arbres. Baobabs, filaos, fromagers, acajous et cocotiers ont remplacé un sol brûlé parsemé de buissons. Les oiseaux apprécient. Ils s'y posent en masse près des mares où barbotent des crocodiles et quelques varans. Au soleil couchant, un millier de hérons garde-bœufs accompagnés de cormorans y trouvent refuge. Plus loin, citronniers, papayers et manguiers assurent l'autosuffisance de l'hôtel. Apo, un peu bricoleur, était aussi un récupérateur dans l'âme. Dans sa « casse », il retapait des voitures de pompier, des véhicules abandonnés par l'armée française et même un bus parisien des années 1950.

On peut visiter le **Domaine de Nianing** *(p. 179)* et y déjeuner, même si l'on n'y réside pas. ❖

Saly-Portudal

La station vit complètement en autarcie. On y trouve donc des magasins, des discothèques, un piano-bar, un billard, des possibilités de vol en ULM, des locations de vélos, de 4x4, de quads et de nombreuses activités sportives. Ces dernières sont gérées soit par les hôtels, soit par des entreprises autonomes et peuvent être utilisées quel que soit l'établissement où vous séjournez. Vous trouverez un golf 18 trous, un centre équestre, des tennis, de la pêche sportive.

Adresse utile

➤ **BANQUE. Banque nationale de développement du Sénégal**, en face des résidences Tennis ☎ 957.33.31. *Ouv. lun. apr.-midi au sam. mat. 9h-12h15 et 15h30-17h30.* Change avec carte de paiement Carte bleue Visa (uniquement).

Hébergement

HÔTELS

Les treize hôtels de la station *(à dr. 3 km avant Mbour)* offrent des chambres climatisées, restaurant, bar, piscine.

▲▲▲▲ **L'Espadon**, B.P. 370, Mbour ☎ 957.20.66, fax 957.20.00. espadon@arc.sn, www.espadon.com. *32 ch. clim.* Petit hôtel au bord de l'eau un peu enserré entre le Savana et le Palm Beach, mais agréable. Piscine et activités nautiques. Les amateurs de pêche le choisiront en priorité pour ses équipements, guide de pêche professionnel.

▲▲▲▲ **Palm Beach**, B.P. 64, Mbour ☎ 957.14.01/02, fax 957.13.64/20.94. *265 ch. clim.* Cet hôtel, le premier de la station, est commercialisé en exclusivité par le voyagiste Fram. Mais vous pouvez toujours vous renseigner sur place et voir selon la disponibilité du moment. Bon niveau de prestations (deux piscines et tennis). Trois restaurants.

▲▲▲▲ **Royam**, B.P. 69, Mbour ☎ 957.20.71, fax 957.20.72. *100 bungalows clim.* Belle réalisation architecturale en face de la plage, reproduisant un village sérère. Les bungalows-cases sont très spacieux et tranquilles. Piscine, planche à voile.

▲▲▲▲ **Savana Koumba**, B.P. 88, Mbour ☎ 957.11.12, fax 957.10.45. *220 ch. clim.* et ▲▲▲▲ **Savana Saly**, B.P. 88, Mbour ☎ 957.11.13, fax 957.10.45. *215 ch. clim.* Grande piscine et plage à proximité, tennis. Bonne table. Ces établissements répondent au concept général de la chaîne Savana : « Hôtels-jardins ». Le **Koumba** est commercialisé par Jet Tours tandis que le **Saly** est vendu en France par de nombreux

Les femmes de pêcheurs aident au déchargement des barques avant de vendre le poisson sur le marché.

voyagistes. Hormis les chambres, ces deux hôtels se partagent leurs infrastructures.

▲▲▲ **Les Filaos**, B.P. 53, Mbour ☎ 957.11.80, fax 957.12.58. nffilaos@sentoo.sn. *110 ch. clim.* Entièrement décoré de motifs dans le style des toiles de Korhogo (Côte-d'Ivoire). Ambiance jeune et décontractée ; possibilité de loger à 5 ou 6 dans certaines chambres. Piscine, bar sur la plage et miniclub.

▲▲▲ **Saly Hôtel**, B.P. 69, Mbour ☎ 957.11.25, fax 957.14.60. salyhotel@arc.sn. *76 ch. clim.* Petite unité très calme, excellent service, très bonne table et ambiance familiale. Piscine.

▲▲▲ **Saly Princess**, B.P. 124, Mbour, ☎ 957.25.63, fax 957.25.94. www.senegalhotel.sn/saly. *100 ch. clim.* Cet hôtel est séparé de la plage par une piscine. Selon la disponibilité, les chambres peuvent être directement réservées sur place.

Parahôtels

Mar y Sol, B.P. 369, Saly-Mbour ☎ 957.35.81, fax 957.29.46. Location de villas climatisées à la semaine, au mois ou à l'année. Piscine, restaurant, salle de gym, billard et plage privée à 200 m. Accueil à Dakar. Service et ménage à domicile.

Résidence les Cristallines, B.P. 2800, Dakar ☎/fax 957.18.82. Location de villas en bord de mer. Épicerie, snack-bar, piscine. Transfert depuis l'aéroport de Dakar.

Résidences du Port, B.P. 378, Mbour à Saly Nord ☎ 957.36.91 (location), ☎ 957.28.62 (vente), fax 957.36.63. touly@ns.arc.sn. *Ouv. lun.-sam. 9h-12h30 et 15h30-20 h.*

Résidences Plein Sud (piscine, boutique, supermarché, restaurant et bar), Réservations à Dakar : résidence Mame Fatou Cissé, bd du Président Habib Bourguiba, B.P. 5081 ☎ 825.58.57, fax 825.63.62. Espace accueillant et très agréable à 30 m de la plage, et dans les **Alizés** (sans piscine mais en bord de mer).

Teranga, B.P. 14, Mbour ☎ 957.30.71, fax 957.23.82. tersaly@ns.arc.sn. *52 villas clim. et 1 hôtel de 40 ch. clim.* Résidence au bord de la mer. Restaurant, bar, piscine, pêche, excursions. De France, il est plus facile de s'adresser à Rev'Vacances.

Restaurants

Le Bistrot, centre commercial de Saly-Mbour, B.P. 65 ☎ 957.11.90. Situé en bord de mer avec une vue panoramique sur le village touristique de Saly-Portudal, il présente indiscutablement le meilleur rapport qualité/prix. Carte plutôt variée. Accueil enthousiaste et service de qualité.

Les Cocotiers ☎ 957.14.91. Après l'hôtel le Royam, situé dans un hôtel, sympathique restaurant installé sur un ponton. Vous goûterez aux langoustes, aux gambas et aux cigales de mer…

La Pirogue, à côté des Cocotiers. Quelques tables vous attendent sur la plage, à l'ombre d'une paillote.

■ Toubab Dialao

Hôtels

Ndiarri Balane, juste à côté de Sobo-Badè ☎ 836.17.03. *25 ch. ventilées.* Très simples et agréables.

♥ **Sobo-Badè**, B.P. 30, Bargny-sur-Mer ☎/fax 836.03.56. sobobade@sentoo.sn. *19 ch. ventilées, 3 ch. clim. et 1 petite maison pouvant accueillir jusqu'à 7 pers.* Demandez les chambres gauche et droite avec vue sur la mer. Organisation de stages de danse, de sculpture, de céramique, de batik et de percussions. Activités : VTT et équitation. Le restaurant propose une cuisine internationale, locale et haïtienne, surtout à base de lait de coco et même végétarienne si on le désire. *Ouv. 8h-21h.*

Sports et loisirs

➤ **ÉQUITATION. Les Cavaliers de la Savane**, 3 km E de Toubab Dialao ☎ 642.47.10. daoflorence@hotmail.com. *10000 FCFA/2 h.* Florence Dao et Paul Hille vous feront changer de rythme !

➤ **PÊCHE AU GROS.** Petite traîne côtière, palangrotte, sous-marine... avec Xavier et son équipe ☎ 555.78.20, fax 826.73.86. Pêche de mai-oct. ■

LE SINE SALOUM

Le ♥ Sine Saloum*** forme une région plate et marécageuse recouverte par les eaux du fleuve Saloum et les bolongs, ces bras où se marient fleuve et mer. Fermez les yeux, imaginez-vous un instant dans une pirogue qui glisse mollement, mollement… Vous dérivez dans un dédale de bras de mer, au milieu de centaines d'îles, sous un ciel presque toujours bleu, parcouru par des milliers d'oiseaux.

Vous êtes parti de Foundiougne, de Ndangane ou de Sokone, peu importe. Vous êtes à quatre heures de Dakar, mais en réalité loin, très loin. Vous naviguez au milieu d'une volière naturelle, immense. Autour de vous plongent, planent, caquettent et méditent pélicans, jabirus, marabouts, aigrettes, aigles pêcheurs, mouettes, flamants roses… De temps en temps, les palétuviers se rejoignent au-dessus de votre tête, masquant le ciel et le soleil, comme si vous étiez entré dans un tunnel !

Tout à coup, un campement provisoire de Diolas, venus de Casamance pour récolter le vin de palme, apparaît de sous les cocotiers. Ou bien, un village de Niominkas – qui s'expriment dans une langue parente de celle des Sérères. Vous serez touché par la gentillesse de ces gens qui vous offriront spontanément des noix de coco fraîchement cueillies et des calebasses de vin de palme.

Programme dans ♥ le Sine Saloum***

Certains villages isolés au milieu des bolongs ne peuvent être rejoints que par pirogue : le dépaysement est total !

Il vous faudra passer au moins **deux nuits** pour apprécier votre séjour. De toute façon, vous ne mettrez jamais le pied sur toutes les îles du Saloum : il y en a près de 200. Votre programme dépendra de l'endroit où vous résiderez et du temps dont vous disposerez. En tout état de cause, vous vous promènerez sur les bolongs, ces bras où se mélangent les eaux du Saloum et de la mer, qui serpentent entre les îles aux coquillages. Vous verrez des centaines d'oiseaux et des villages de pêcheurs. La partie sud du Sine Saloum est nettement plus verdoyante. ❖

➤ *200 à 300 km séparent le Sine Saloum de Dakar par la N1 abîmée (192 km pour Kaolack). Pour visiter les îles, vous affréterez une pirogue à Ndangane, à Foundiougne, à Toubacouta ou à Missira.* ***Carte*** *p. 170-171.* ***Informations pratiques et bonnes adresses*** *p. 192.*

Kaolack et le site de Nioro du Rip*

Kaolack, chef-lieu de la région du Saloum, est la capitale de l'arachide et du sel. Elle est surtout intéressante pour son marché. Les amateurs de sites archéologiques se rendront pour leur part près de Nioro du Rip et de Koungheul, où s'étendent d'impressionnants sites mégalithiques formés de plus de 1 000 cercles concentriques réunissant 30 000 pierres levées. L'origine de ces pierres reste une intrigue pour les archéologues.

Kaolack

➤ *192 km S-E de Dakar par la N1 en très mauvais état entre Mbour et Kaolack. Si l'on vient directement de Dakar, il vaut mieux passer par Thiès puis par la N3 jusqu'à Diourbel où on tourne à dr. vers Kaolack. C'est plus long (210 km) mais en bien meilleur état.* ***Marché. Bonnes adresses*** *p. 192.*

La capitale du Saloum (200 000 habitants) est un carrefour où se croisent toutes les populations du Sénégal. Cette situation explique son **marché** si important, l'un des plus grands du pays. Il se tient dans le centre-ville et explose autour de pavillons. On y trouve de tout : des chambres à air, des cassettes, du poisson séché, des tissus, des couturiers, etc.

À côté, l'**Alliance franco-sénégalaise** a été construite par Patrick Dujarric, l'architecte français qui a également bâti l'Alliance française de Ziguinchor *(p. 199)*. L'ensemble coloré et original a reçu l'Aga Khan Award for Architecture en 1995. Les peintures sont l'œuvre d'artisans locaux.

En se penchant sur une carte, on jurerait que cette ville si éloignée de l'océan (60 km) est tout sauf un port de mer. Pourtant, Kaolack était bel et bien un grand **port arachidier** situé sur le Saloum, fleuve navigable toute l'année jusqu'à son embouchure. Le port est en sommeil parce qu'il s'est ensablé. Ne manquez pas en sortant de la ville (vers Dakar) la **grande mosquée** moderne. À quelques kilomètres sur la N1 avant Kaolack en venant de Mbour, vous verrez les ***seccos***, ces montagnes d'arachides qui, la couleur mise à part, ressemblent aux terrils du nord de la France. Des hommes, sac au dos, escaladent ces montagnes de cacahuètes.

Les sites mégalithiques*

➤ *Pour les mégalithes de Nioro du Rip, sortir de Kaolack par la N4 ou « Transgambienne ». 11 km après Nioro du Rip, au hameau de Firgui, tourner à g. vers Kaymor (panneau). 10 km plus loin, vous atteignez Kabakoto, dernier village sur la rive dr. du grand Bao Bolon. Le site mégalithique commence là.*

Les sites mégalithiques du Sine Saloum comprennent des cercles de pierres, des menhirs, des pierres lyres, des tombelles, des meules fixes. Ce sont les monuments funéraires d'une civilisation qui s'est maintenue de 200 av. J.-C. jusqu'au XVIe siècle. Des armes et des parures accompagnaient les défunts. Mais,

➤ *Suite p. 188*

Les mégalithes, taillés dans la latérite et parsemés le long des axes des cours d'eau et de leurs affluents, sont peut-être les vestiges d'un culte solaire.

L'arachide

Qui dit « arachide » pense automatiquement « Sénégal ». Cette plante miracle a autrefois fait la fortune du pays.

Cette légumineuse papilionacée, haute de 30 à 40 cm, à petites fleurs jaunes striées de rouge, est originaire d'Amérique du Sud. Introduite au Sénégal au début du XIXe siècle, car elle était la meilleure culture de rapport, elle constituait, il y a peu, la richesse essentielle du pays. Sa culture s'est développée en même temps que s'étendait le réseau des routes, pistes et voies ferrées dans le Centre-Ouest et sur les sols sableux du Baol, du Cayor et du Sine Saloum. En 1974, les superficies consacrées à l'arachide dépassaient 50 % de la totalité des terres arables du pays. Dramatiquement affectée par la chute du cours des matières premières, l'arachide ne figure plus aujourd'hui qu'en troisième position dans les revenus du pays, après la pêche et le tourisme.

Un terroir idéal

Avec un sol relativement sec et un important ensoleillement, le Sénégal est une terre propice à la culture de l'arachide. Son fruit s'enterre au cours de sa maturation. Le cycle végétatif de cette plante est de cinq mois, ce qui correspond, en outre, à la durée de l'hivernage. Les travaux des champs débutent en mai. La récolte se fait entre le

L'arachide, plantée sur de vastes étendues, est entassée après sa récolte en amas spectaculaires, les *seccos* (ci-dessous), qui jalonnent la région de Kaolack.

15 octobre et le 15 novembre. Malgré le progrès – utilisation des engrais, introduction de matériel moderne, amélioration des assolements –, beaucoup de paysans utilisent toujours des outils archaïques, tel l'*iler* qui ressemble à un croissant de fer fiché au bout d'un long manche de fourche.

Des rendements impressionnants

Ces techniques archaïques n'empêchent pas les Sénégalais d'obtenir des rendements qui sont impressionnants, battant même, de loin, ceux obtenus dans des pays aux techniques plus avancées. Actuellement sixième producteur mondial derrière la Chine, l'Inde, les États-Unis, le Nigéria et l'Indonésie, le Sénégal fournissait en moyenne, dans les années 1970, 1 200 000 tonnes d'arachide, dont près de la moitié étaient transformées sur place par les industries locales. La sécheresse réduisit la production à 200 000 tonnes en 1980-1981. Une remontée spectaculaire s'est produite en 1981-1982 et la production, malgré des variations, s'est ensuite stabilisée autour de 500 000 tonnes durant les années 1990 – les derniers chiffres connus sont 528 826 tonnes en 1999 –, dont 240 000 sont destinées à la reconstitution du capital de semence et à l'autoconsommation, tout particulièrement sous la forme de cacahuètes.

Vers la privatisation

Avant l'indépendance, la commercialisation – ou « traite » de l'arachide – était entre les mains de grandes sociétés liées par contrat à des acheteurs français. L'État contrôla ensuite complètement la traite par l'intermédiaire de l'Office national de coopération et d'assistance pour le développement (ONCAD). Il a été dissous en 1981 et remplacé par l'ONACOS qui se partage à présent la commercialisation avec des firmes privées.

Entre le vannage, le tri et la commercialisation, l'arachide occupe les Sénégalais une bonne partie de l'année. Sans compter le temps passé à dévorer les petites graines : peanuts !

curieusement, les poteries étaient volontairement percées et les lances intentionnellement recourbées. Qui a élevé ces monuments ? Les habitants (Toucouleurs, Sérères et Mandingues) soutiennent que ces mégalithes sont l'œuvre des peuples qui les ont précédés. Qui étaient ces peuples ? D'où venaient-ils ? Étaient-ils les adeptes d'un « culte solaire » semblable à celui de Carnac dont les alignements rappellent ceux de Nioro du Rip ?

Les mégalithes de Nioro du Rip

Pour faire le tour de ces monuments, il vous faudra emprunter une piste difficile et sans signalisation qui part de **Firgui** sur la N4. N'hésitez pas à demander votre chemin aux paysans, ils vous répondront avec plaisir. Vous découvrirez d'abord un premier cercle mégalithique fait de dix pierres entourant un tumulus. Arrivé au hameau de **Kaymor**, tournez à droite et roulez pendant 1 km. Vous verrez alors un cercle de quatorze pierres et trois menhirs alignés, suivis plus loin d'un autre cercle, d'un petit et d'un énorme monolithe. Poursuivez pendant 2 km : quinze cercles et des pierres surgissent alors. Après, par les villages de Garan, Keur-Bakary, Sine-N'Gayène, Payoma, Keur-Bamba, Keur-Katim-Diana, vous retrouverez la route bitumée.

Les mégalithes de Koungheul

➤ *142 km E de Kaolack. Sortir de Kaolack par la N1 vers Tambacounda. Après Kaffrine (60 km), aller jusqu'à Koungheul.*

Dans le village, prenez la route à droite vers Saly. À 9 km, vous arrivez à **Keur Ali Lobé**. Un premier site *(300 m N-O du village)* comporte quatorze cercles avec des pierres lyres dressées. À **Diam-Diam** *(11 km)*, après avoir dépassé Saly, vous trouverez *(800 m S du hameau)* deux cercles complétés chacun par une ligne de quelque 12 monolithes parfois grands. Le retour sur Kaolack se fait par la même route ou en prenant à partir de Saly une piste qui remonte vers la N1 à l'ouest de la piste.

Paysages de mangrove**

Au nord du Sine Saloum, l'eau du Saloum contient plus de sel que la mer. Attaquant peu à peu la mangrove, elle la transforme en *tann* (étendue plane rongée par le sel où la végétation ne pousse plus). Au sud, des sources irriguent les îles, permettant à la végétation de s'y maintenir. La région constitue l'une des meilleures zones de pêche du Sénégal pour le barracuda, la carpe rouge, la carangue, etc. (Meilleure saison : oct-mai).

Ndangane* et la pointe de Sangomar*

➤ *2 circuits : de **Mbour**, env. 35 km S, quitter la N1 sur la dr. après Tiadiaye. Jusqu'à Ndangane, route correcte. Liaison Dakar-Ndangane en bus ; de **Joal**, par une piste. Liaison Ndangane-pointe de Sangomar en pirogue. **Hébergement-restauration** p. 192.*

Ndangane*

En sérère, Ndangane signifie « port d'embarquement ». De là, partez en pirogue sur les bolongs jusqu'à l'île de Mar Lodj. Pour la faune et la flore, ce village, situé dans une zone aride du Sine Saloum et devenu un centre touristique, n'est pas le plus intéressant.

La pointe de Sangomar*

C'est une presqu'île séparant l'océan Atlantique du fleuve Saloum. Elle n'a que quelques cen-

Les Sérères

Voisins et vaguement «cousins» des Wolofs, les Sérères représentent, par leur importance numérique (1500000 habitants), la troisième population du Sénégal. Ils vivent surtout dans le Sine Saloum, la région de Thiès, la Petite-Côte et aux abords de la Gambie. Remarquables agriculteurs et pêcheurs, ils incarnent le «paysan africain type» pour les ethnologues, les sociologues et même les cinéastes.

Une longue migration

Comme les Lébous, les Sérères seraient, selon les traditions locales, originaires de Mauritanie. Certains marabouts les font même venir de la lointaine vallée du haut Nil. Toujours est-il qu'ils vivaient autour du fleuve Sénégal quand, vers le XIIe siècle, les Almoravides les poussèrent vers le sud. Dans leur exode, les tribus sérères se heurtèrent à l'empire wolof qui tenta de les vassaliser. Les Sérères réussirent néanmoins à poursuivre leur marche pour s'établir, à l'abri d'épaisses forêts, dans le pays des fleuves Sine et Saloum où ils habitent toujours. Des guerriers mandingues, les Guélowars, envahirent le Sine Saloum au XIVe siècle. Ils constituèrent deux royaumes indépendants: le Sine et le Saloum. Bientôt, entre les Sérères vaincus et leurs conquérants s'établit une curieuse symbiose, une sorte de *gentleman's agreement* harmonieux que les deux parties n'ont jamais cessé de respecter.

Agriculteurs avant tout, les Sérères peuvent aussi être pêcheurs et éleveurs.

Un roi élu

À la tête de chacun des royaumes se trouvait le *bour*, souverain constitutionnel choisi par un conseil restreint dans la haute noblesse guélowar. Son élection devait être entérinée par un collège de grands électeurs sérères. Le *bour* était, en principe, l'homme le plus âgé de la branche maternelle du souverain défunt: le frère aîné ou, à défaut, le neveu, le cousin. Ce système de filiation matrilinéaire s'est perpétué jusqu'à nos jours. L'autorité familiale est détenue par le frère aîné de la mère. La femme, tout en étant écartée des responsabilités, joue un rôle fondamental, puisque c'est par elle que la parenté se transmet. ■

taines de mètres de large, ce qui permet de profiter des baignades dans l'eau tiède du fleuve ou dans l'eau vivifiante de l'océan. L'extrémité de la pointe de Sangomar fait partie du parc national du delta du Saloum. Des excursions pour la journée y sont organisées au départ de Saly *(p. 172)*. Pêche, excursions dans les bolongs et visite de Palmarin et de Djifer.

Foundiougne*

➤ ***2 circuits****: en venant de* ***Mbour****, la sortie de la N1 se fait à Fatick, la capitale du Sine (62 km). Au bout de la route (27 km) : un promontoire et le fleuve.* ***Bac*** *toutes les 2 h 7 h 30-17 h 30; 8 h 30-18 h 30 dans l'autre sens; ou par* ***Kaolack****: emprunter la N5 vers Banjul. À Passi (30 km), un embranchement sur la dr. conduit à Foundiougne (33 km),* via *Djilor. Minibus Kaolack-Foundiougne.* ***Hôtel*** *p. 192.*

Foundiougne n'est qu'un village blotti sur la rive gauche du Saloum. Naguère, avant que Kaolack ne prenne sa place, c'était un port actif. Ses habitants vivent de la pêche et des touristes qu'ils promènent en pirogue jusqu'au fin fond des bolongs.

En dehors des balades, vous vous passionnerez pour la pêche. Vous vous amuserez aussi, à marée basse, à dépouiller les racines des palétuviers de leurs huîtres. Cuites au feu de bois, c'est un délice.

♥ Toubacouta**

➤ *256 km S de Dakar, 66 km S-O de Kaolack par la N5, 41 km S de Foundiougne en regagnant la route par une piste qui part de Djilor et aboutit à Sokone (N5).* ***Hébergement-restauration*** *p. 193.*

Au bord du Bandiala, l'un des bras du delta du Saloum, Toubacouta est une ville de 3 000 habitants, essentiellement des cultivateurs mandingues et des pêcheurs sérères.

C'est une base d'excursion idéale pour explorer les villages disséminés dans la forêt, chasser (la zone de chasse de Toubacouta s'étend sur 100 000 hectares) et pêcher dans les bolongs. Dans le parc du delta du Saloum, tout proche, vous croiserez des biches, des guibs harnachés, des phacochères et des singes.

Missira* et le parc national du delta du Saloum**

➤ *15 km S de Toubacouta par la piste côtière Toubacouta-Bani-Néma Ba.* ***Permis de visite****: 2 000 FCFA/pers.* ***Hébergement-restauration*** *p. 192.*

Missira est l'un des plus jolis villages de pêcheurs du Sine Saloum. Des barques se balancent au bout de la jetée. Des hommes en sortent des poissons jaunes, les *yabous*, qu'ils attachent avec des cordes pour les transporter sur leurs vélos. Sur la rive, les femmes les sèchent sur des étals.

L'entrée du parc national du delta du Saloum (730 km^2), est à côté. On y trouve quatre biotopes: la mangrove, la savane et la forêt, les cordons sableux et le milieu marin, qui occupe les 4/5e de la superficie. Outre une grande variété de poissons, on y recense plus de 200 espèces d'oiseaux, dont le chevalier gambette, l'aigrette garzette ou le coucal du Sénégal (*visite en pirogue, au petit matin ou en fin d'après-midi. Rens. auprès du Bandiala, p. 192*). ■

La mangrove : une forêt impénétrable

La mangrove, milieu hostile pour l'homme, sert de refuge à des milliers d'animaux. Elle constitue le milieu typique du Sine Saloum.

Le palétuvier

Le palétuvier vit généralement les pieds dans une eau saline. En période sèche, ses racines perdent la totalité des huîtres qui s'y sont accrochées.

Le palétuvier est à l'origine de la formation de la mangrove. Il plonge dans la vase, ses racines s'enfoncent dans les dépôts de boues et de limons. Cet arbre, qui peut dépasser 20 m de haut, est le seul à s'avancer en milieu marin. Sur son passage, il se déleste chaque année de ses feuilles, plus de 12 tonnes à l'hectare. Peu à peu, il gagne du terrain sur la mer, poussant la terre.

Le palétuvier donne 300 graines par an. Ces graines, en germant, produisent de petites fleurs blanches. Après la fin de la floraison, lorsqu'elles se détachent, elles forment des batonnets qui se laissent porter par le courant puis se fichent dans la vase, contribuant à l'expansion de la mangrove.

Le bois du palétuvier a de multiples usages. Il est transformé en charbon de bois et utilisé pour la cuisine. Il sert à fabriquer le pilon pour le mortier et la charpente des cases. Il peut aussi être sculpté.

Un fantastique biotope

Dans ce milieu apparemment hostile, toutes sortes d'animaux trouvent refuge et pitance : le singe vert, l'hyène tachetée, mais aussi la mangouste et la gazelle des marais. Tapis dans les bolongs subsistent le crocodile et la loutre à joues blanches. Parfois, un dauphin s'y amuse et saute près de la pirogue. Mais, surtout, la mangrove constitue un milieu de prédilection pour les oiseaux. On y rencontre plus de 200 espèces dont de nombreux limicoles, la fauvette roitelet, le héron goliath, le tantale ibis, le héron pourpré, le faucon à ventre roux, le balbuzard pêcheur et encore toutes sortes de sternes et de tourterelles.

C'est également un incomparable biotope pour les crustacés (huîtres, crabes violonistes et crevettes) et pour les poissons, que l'on trouve à foison. ■

Le Sine Saloum, pratique

Foundiougne

Hôtel

Les Bolongs, B.P. 05, au bord de la plage ☎/fax 948.11.10. lesbolongs@africa.net.sn, www.lesbolongs.sn. *10 bungalows ventilés très simples.* Dans un joli site, auberge calme et conviviale. Bonne cuisine. Daniel et Jany, les patrons français, organisent des excursions, des parties de pêche et même des bivouacs sur les îles de la région.

Kaolack

Adresse utile

Alliance franco-sénégalaise, rue de France, B.P. 60 ☎ 941.10.61. afk@syfed.sn. *Ouv. lun. 15h-19h, mar.-sam. 9h-12h et 15h-19 h.* Bibliothèque avec salle de presse, théâtre de verdure et salle vidéo. Manifestations (programme sur demande).

Hébergement-restauration

▲▲▲ **Le Relais de Kaolack**, plage de Kundam, B.P. 447 ☎ 941.10.00/10.01, fax 941.10.02. horizons@sentoo.sn. www.relaishorizons.net. *30 ch. clim. en bungalows.* Restaurant, piscine, billard, tennis. Très agréable au bord du fleuve.

▲▲ **Hôtel de Paris**, rue Gallieni, B.P. 334 ☎ 941.10.19, fax 941.10.17. mangrove@sentoo.sn. www.multimania.com/hoteldeparis. *30 ch. clim.* Bâtiment très année 1930 qui vient de changer de propriétaire.

Missira

Hébergement-restauration

Le Bandiala, B.P. 247, Kaolack ☎/fax 948.77.35 (fax à partir de 18h30, car fonctionne sur groupe électrogène). À 2 km de Missira, en pleine nature, des cases simples mais plutôt soignées dans une ancienne scierie. Pour ceux qui aiment vraiment le calme. Excursions en pirogue et possibilité de bivouac. Table d'hôte, adaptée à la clientèle; cuisine végétarienne.

Ndangane et la pointe de Sangomar

Hébergement-restauration

Ndangane

▲▲▲ **Le Pélican du Saloum**, B.P. 1814, Dakar ☎ 949.93.20, fax 949.93.40. www.senegalhotel.sn/Pelican. *68 bungalows clim.* Un hébergement cossu, piscine, tennis, équitation. Plage aménagée. Excursions dans les environs. Le site est superbe, mais la grande paillote-restaurant n'est pas d'une folle gaieté.

▲▲ **Les Cordons bleus**, B.P. 1802, Ndangane, au bord du bolong ☎ 949.93.12, fax 949.93.35. *8 cases simples mais confortables, dont 3 clim.* Vue sur le fleuve. Piscine, minigolf et bibliothèque.

Le Cormoran, B.P. 17015, Dakar ☎ 949.93.16. *8 ch.* Gîte rural. Face au Pélican et à 30 m de la plage, vous logerez dans des cases munies de moustiquaires. Cuisine sénégalaise le midi et européenne le soir. Activités de pêche et balades en pirogue. Possibilité de bivouac sur les îles du Sine Saloum.

Autour de Ndangane

Campement de la pointe de Sangomar, sur la lagune, avant Djifer, Dakar ☎/fax 835.61.91. *20 paillotes construites en paille, en rôniers et en palétuviers.* 2 salles à manger, 4 paillotes-salons. Campement ouvert sur la nature, abrité par des cocotiers. Excursions en pirogue, pêche.

Limboko, B.P. 167, Mbour ☎ 949.93.14. *12 ch.* Situé sur l'île de Mar Lodj face à Ndangane, ce campement convivial et reposant bénéficie d'un cadre délicieusement paisible et hors des sentiers battus. Paillote-restaurant avec vue panoramique sur la mangrove. Excursions maritimes.

Le Bazouk du Saloum, B.P. 24119, Dakar, île de Mar Lodj, face à Ndangane ☎ 820.41.25. *5 ch.* Sa petite taille en fait un lieu très familial, tenu par Iba et Agnès. Pêche et balades en pirogue.

■ Toubacouta

Hébergement-restauration

▲▲▲ **Le Caïman**, B.P. 24, Dakar, Sokone ☎/fax 948.31.40. le.caiman@sentoo.sn. *9 ch. clim. et 8 ch. ventilées.* Au milieu de la verdure et au bord de l'eau, restaurant, piscine avec nage à contre-courant, pêche et surf-casting, découverte de la nature, équitation, chasse 14 déc.-1er mai sur 60000 hectares. Ambiance bien sympathique.

▲▲▲ **Les Palétuviers**, B.P. 1917, Dakar ☎ 948.77.76, fax 948.77.77. paletuv@cyg.sn. *57 ch. clim.* Un établissement très chic. Restaurant climatisé, bar. Piscine. Surtout spécialisé dans la pêche au gros.

▲▲▲ **Keur Saloum**, B.P. 2, *via* Kaolack ☎ 948.77.15, fax 948.77.16. keursaloum@sentoo.sn, www.keursaloum.com. *50 bungalows clim.* Véritable village de vacances aménagé sur un terrain de plus de 7 hectares le long du rivage. Chasse, pêche, tennis, excursions en pirogue, piscine, restaurant. Soirées folkloriques. La table fait honneur aux plats africains et français. ■

LA CASAMANCE

La Casamance, c'est d'abord un fleuve de 300 km de long, autour duquel s'est dessiné un extraordinaire lacis de chenaux, affluents et bras où mer et eau douce se marient, les bolongs. « Lorsqu'on navigue sur les marigots de ce vaste réseau fluvial, les rives se présentent sous un aspect varié et pittoresque, les villages que l'on entrevoit sont enfouis sous de frais ombrages qui défient l'implacable soleil intertropical ; aussi sont-ils d'un séjour agréable et, grâce aux arbres fruitiers qui poussent dans les vergers et aux champs de culture entretenus dans le voisinage, ils assurent des ressources abondantes à la vie... », écrivait le capitaine Brosselard-Faidherbe en 1888 alors qu'il explorait la région pour le gouvernement français, chargé des délimitations des frontières franco-portugaises de cette côte d'Afrique. Ce tableau idyllique a un peu changé, les paysages casamançais frappent toujours par leur grande variété, cependant la déforestation et la salinité plus importante de l'eau ont accéléré la disparition de la mangrove dans certaines zones de la région d'Éloubaline. Les plages, superbes, sont toujours interminables, tandis que les habitants ont su sauvegarder leur originalité et leurs traditions sans folklorisme.

Prenez le temps de les rencontrer. Leurs danses et leurs cérémonies d'initiation vous resteront sans doute étrangères mais vous découvrirez vite que leurs croyances sont le reflet d'un savoir que nous avons perdu et qu'ils ont élargi leur horizon jusqu'à des limites spirituelles insoupçonnées.

L'image de la Casamance est toutefois mise à mal par le conflit qui, depuis plusieurs années, divise la région.

Le particularisme casamançais

La Casamance fut partagée au début du XXe siècle entre les Français, les Portugais qui se trouvaient au sud et les Anglais au nord. Depuis la grande sécheresse qui affecta le Nord pendant les années 1970, cette riche région agricole attire des paysans toucouleurs, des commerçants wolofs et des pêcheurs lébous. Les Diolas, majoritaires en basse Casamance, se sentent dépossédés de leurs terres par ces gens « venus du Nord ». Souvent, les fonctionnaires ne parlent pas leur langue et ne respectent pas les coutumes diolas. Comme dit un proverbe casamançais, « à force de mettre le feu au cul d'une tortue, elle sort la tête ».

Au début des années 1980, avec la constitution du Mouvement des forces démocratiques de Casamance (MFDC), soutenu par l'abbé Diamacoune Senghor, les revendications séparatistes provoquent des troubles dans la région. Dix ans après, l'économie se trouve à bout de souffle. Un cessez-le-feu est alors mis en application en 1993. En 1997, les rebelles posent çà et là des mines antipersonnel avant de signer, à la fin de la même année, un nouveau cessez-le-feu qui ramena le calme.

Casamance : prudence !

Ne dramatisons pas ! En 2002, 12 000 visiteurs ont eu la joie de découvrir cette région magnifique. Si celle-ci est toujours secouée, comme beaucoup d'autres dans le monde, par des troubles politiques et si certaines zones sont déconseillées aux touristes par les autorités – la zone comprise entre la route Ziguinchor-Cap-Skirring et la Guinée-Bissau est minée –, d'autres sont sécurisées et il est tout à fait possible d'aller en Casamance. Passer par un voyagiste qui connaît le pays est évidemment le plus simple. Il est préférable de se rendre directement par avion ou par bateau à Ziguinchor ou au Cap-Skirring et d'éviter au maximum les trajets sur route à proximité de la Gambie, la situation évoluant régulièrement. ❖

La solution politique au problème casamançais passe par le développement économique : multiplier les unités de production, rétablir et développer les liaisons maritimes avec Dakar seraient une première étape pour que diminuent les actes de banditisme (vers la frontière gambienne) qui réamorcent les tensions.

➤ ***En avion** : Dakar-Ziguinchor, Dakar-Cap-Skirring. **En bateau** : liaison Dakar-Ziguinchor-Dakar assurée par le Joola, en embarquant votre voiture (1 heure d'arrêt à Karabane dans les deux sens). **En voiture : attention**, la traversée de la Gambie est fortement déconseillée. **Informations pratiques et bonnes adresses p. 208.***

Circuler en Casamance

Méfiez-vous des ponts. Le sol s'est affaissé depuis leur construction, si bien que ces derniers sont aujourd'hui surélevés de plus de 50 cm par rapport à la route.

En dehors des quelques routes revêtues, vous devez emprunter les pistes qui sont dans l'ensemble correctement entretenues sauf pendant la saison des pluies, où elles sont impraticables.

Vous serez sans cesse ralenti par les nombreux barrages établis sur les routes. Les militaires ne vous laisseront repartir qu'une fois qu'ils auront fouillé votre véhicule.

Il vous faudra de temps à autre utiliser une pirogue pour vous promener dans les bolongs ou vous rendre sur l'**île Karabane**** *(p. 203)*.

♥ Kafountine et Abéné***

➤ *Env. 350 km S de Dakar, 110 km N-O de Ziguinchor par la N4 jusqu'à Bignona puis, à g. N5 jusqu'à Diouloulou et prendre à g.* ***Bonnes adresses*** *p. 209.*

La région de Kafountine, village de pêcheurs, et d'Abéné forme le secteur balnéaire le moins construit du Sénégal. Les deux villages, distants d'une dizaine de kilomètres, attirent une clientèle jeune, française et hollandaise lors du **festival annuel de djembé** à Abéné *(25 déc.- 3 janv.)*. Vous pourrez apprendre à en jouer dans deux écoles de djembé *(rens. au village artisanal à la sortie N du village)*. **Abéné** se prête mieux à un séjour balnéaire que Kafountine car la plage y est plus belle et la côte moins dénudée.

L'intérieur des terres et les plages sont magnifiques, la population est hospitalière et chaleureuse. Il faut traîner sur la plage de **Kafountine**, à l'heure où les pêcheurs remontent leurs barques, où les vieux recousent leurs filets sous les huttes en branchages. Promenez-vous également dans les vergers.

➤ **La réserve ornithologique de Kassel** *(5 km S-E de Kafountine. Entrée libre)*. Vous verrez les bébés pélicans pointer le bout de leur bec vers janvier ou février, puis les spatules et les aigrettes qui trouvent refuge dans cette réserve installée dans une île de palétuviers *(tour de l'île en 1 h en pirogue: 1 500 FCFA/pers.)*.

De Kafountine à Ziguinchor**

➤ *De Kafountine, rejoindre la route de Banjul (N5) à Diouloulou.*

C'est une des parties les moins touristiques de la Casamance.

Bignona et ses environs*

➤ *53 km S-E de Kafountine, 20 km N de Ziguinchor – point de confluence de la Transgambienne (N4) et de la route de Banjul.* ***Campements villageois à Baïla*** *et* ***à Thionck Essyl****.*

Cette localité de 10 000 habitants se languit au soleil. De beaux circuits à travers les rizières et les galeries forestières partent de là. C'est aussi une zone de chasse réputée.

À Bignona, vous pourrez voir le travail de **Seyni Camara** qui façonne d'étranges sculptures anthropomorphes en terre, avec une prédilection pour les femmes

PROGRAMME EN CASAMANCE

Quatre jours suffisent pour voir la Casamance, mais les plages y sont si belles qu'on y séjourne avec plaisir et qu'une semaine se justifie pleinement.

♥ **Kafountine et Abéné***** au nord méritent un ou deux jours *(p. 196)*. **Ziguinchor*** est une halte agréable et tranquille *(p. 198)*. Entre Ziguinchor et Cap-Skirring, comptez une journée pour visiter ♥ **Enampore et Séléki**** *(p. 200)* ainsi que **Mlomp**** *(p. 201)*. Depuis Cap-Skirring, des excursions sont possibles vers l'**île Karabane**** *(p. 203)* et la ♥ **pointe Saint-Georges**** *(p. 202)*.

Dans le nord de la Casamance, les femmes et les enfants viennent ramasser aux premières lueurs du jour des petits crustacés et des coquillages.

enceintes et allaitant et pour les couples enlacés.

Autour de Bignona, de nombreux villages peuvent faire l'objet d'une halte agréable, comme **Baïla** *(19 km N-O)*, **Koubalan** *(30 km S-E)* et **Thionck Essyl** *(35 km O)*, le plus gros bourg de la région.

♥ Affiniam*

➤ *Env. 40 km S-O de Bignona. En face de Ziguinchor, sur l'autre rive du fleuve Casamance. On peut y accéder par une piste depuis Bignona ou en pirogue depuis Ziguinchor: en louer une (pas de prix fixe) ou prendre la pirogue régulière lun., mer., ven. départ de l'embarcadère vers 14h (250 FCFA).* ***Campement villageois.***

C'est un village plein de charme à travers lequel il fait bon flâner. Il possède une belle case à impluvium *(p. 164-165)*. Le **campement villageois** lui-même est installé également dans une case à impluvium. Particularité du lieu: les femmes comme les hommes cultivent avec le *kajendo*, une longue bêche dont la palette est incurvée.

➤ Au sud d'Affiniam, faites un détour par le petit village de pêcheurs de **Djilapao** *(env. 12 km. Prendre la direction de Bodé à l'O, puis la 1re piste à g.)* avec sa case à un étage ornée d'étonnantes peintures et sculptures, appartenant à un artiste local.

Ziguinchor**

➤ *Env. 410 km S de Dakar. En avion ou en bateau de Dakar.* ***Bonnes adresses*** *p. 210.*

Au XVIe siècle, Ziguinchor était une escale pour les négriers portugais. Son nom, assurent certains lettrés, viendrait de l'expression portugaise « *Cheguei, choram* » qui signifie « Je suis arrivé, ils pleurent », allusion à la traite des Noirs. Sous les fromagers et sous les taches rouges des flamboyants, les maisons basses à colonnades, les toits de tuile et les vérandas font de Ziguinchor une ville d'histoire de près de 200 000 habitants. Elle est le chef-lieu de la région et le siège de l'évêché. C'est aussi un centre commercial et agricole important qui a souffert en 2001-

ZIGUINCHOR

2002 d'une « insularité » accrue provoquée par la panne prolongée du *Joola*, le bateau qui assure la liaison Dakar-Ziguinchor.

LA VIEILLE VILLE

Le quartier colonial s'étire le long du fleuve Casamance. Il faut flâner dans le quadrilatère compris entre le fleuve, l'avenue Émile Badiane **A1-2**, l'avenue Bachir Aïdara **B2-3** et l'avenue du Docteur Gabriel Carvalho **AB2**. L'âme des temps anciens subsiste dans ses belles demeures, comme le **palais de justice A1** ou la **Trésorerie générale A1**. Entrez dans la **cathédrale Saint-Antoine A2** avec son clocher carré orné d'une horloge.

LE MARCHÉ ET LE VILLAGE ARTISANAL*

➤ **A2** *De la cathédrale, remonter l'av. Ibou Diallo vers l'aéroport.*

Le **marché de Saint-Maur-des-Fossés** (Ziguinchor est jumelé avec la ville du Val-de-Marne qui porte ce nom) a été entièrement restauré après avoir brûlé deux fois en 1995. L'ambiance y est sympathique et vous pourrez, en chemin, flâner au **village artisanal***. Vous verrez des artisans toucouleurs sculpter le bois, et des bijoutiers travailler le filigrane d'or et la malachite, des tisserands mandjacks et toucouleurs tisser des pagnes, teindre des tissus… Plus loin sur la droite, l'**Alliance française** *(ouv. 9h-13h*

La Casamance est le grenier à riz du Sénégal. Les femmes travaillent aux champs pendant les récoltes, s'abritant du soleil avec de grands chapeaux de vannerie qui leur protègent tout le haut du corps.

et 15h-19 h. Entrée: 750 FCFA), installée dans une superbe bâtisse moderne en forme de case à impluvium, est l'œuvre de l'architecte Patrick Dujarric, à qui l'on doit également l'Alliance franco-sénégalaise de Kaolack *(p. 185)*. Jardin tropical, salle d'exposition, bibliothèque, cafétéria, théâtre de plein air… sont ouverts au public.

Entre Ziguinchor et Cap-Skirring**

➤ *Env. 70 km O par Oussouye, route en mauvais état.* ***Attention****: des mines antipersonnel subsistent au sud de cette route; le parc national est donc fermé et abandonné et la piste qui rejoint Kabrousse par le sud est impraticable.* ***Rens.*** *au bureau de l'Inspection régionale du tourisme à Ziguinchor ☎ 991.12.68 ou auprès de Christian Jacquot, président du syndicat d'initiative de basse Casamance ☎ 993.51.51 et auprès d'Adamo Gondiaby ☎ 991.19.80 et 936.80.76.*

Cette route correspond à la basse Casamance, la partie la plus touristique et la plus belle de la région. Mais n'ayez crainte, même au plus fort de la saison, la foule ne vous dérangera pas. Les possibilités d'hébergement en campement vous permettent de composer un programme à vos mesures.

La ferme de Djibélor

➤ *6 km S de Ziguinchor sur la route de Cap-Skirring ☎/fax 991.17.01. Ouv. 8h-18 h. Entrée payante.*

En 1988, Gérard Wartraux aménage 15 hectares de terrain sur lequel il plante des arbres fruitiers, des cultures horticoles, etc. Il élève par ailleurs des crocodiles. Un doux rêve d'écologiste…

♥ Enampore et Séléki**

➤ *Enampore à 10 km et Séléki à 20 km S-O de Ziguinchor À la hauteur du campement de Brin, prendre la piste qui part tout droit. Elle mène à ces deux villages en 30 mn.* ***Hébergement*** *p. 209.*

La piste s'avance au milieu de forêts puis de mangroves. Çà et là, vous verrez les hommes récolter du vin de palme (un palmier peut en donner 25 litres par semaine) et les femmes travailler dans les rizières.

Lorsqu'en Casamance l'on souhaite gagner un périmètre sur la mangrove pour cultiver du riz, les hommes endiguent la zone, arrachent tous les palétuviers sauf un, laissé comme témoin. Lorsqu'il meure, cela signifie que le taux de salinité de l'eau a baissé : le riz peut alors être planté.

La grande attraction d'Enampore et de Séléki réside dans leurs **cases à impluvium**** que l'on ne trouve qu'en Casamance (il faut se rendre en Nouvelle-Guinée pour en voir d'autres). Dans ces deux villages, sept maisons de ce type subsistent, dont quatre à Séléki et trois à Enampore. Deux d'entre elles abritent des campements.

Les cases à impluvium se présentent comme de vastes bâtiments circulaires couverts d'un double toit de chaume dont l'un, en forme d'entonnoir, recueille l'eau de pluie qui coule jusqu'à un bassin central. La vie se déroule dans la galerie circulaire. Traditionnellement, ces cases abritaient trois familles comme en témoignent les trois entrées distinctes. Le bétail était parqué dans les pièces situées aux portes de la case afin de le protéger des hyènes. Les toitures, très vastes, demandent énormément d'entretien, ce qui explique en partie leur disparition *(p. 164-165)*.

D'Enampore ou de Séléki, en pirogue, vous pourrez remonter le bolong Kamobeul jusqu'à **Eloubaline**, un village cerné par la mangrove. Vous y serez très loin du bruit, du commerce et... des touristes. Depuis Séléki, les plus courageux marcheront jusqu'à **Bandial** *(6 km N)* au bord du fleuve. Là, les cases à impluvium n'ont rien de touristique.

Oussouye

➤ *43 km S-O de Ziguinchor.* ***Hébergement-sports et loisirs*** *p. 210.*

Carrefour des routes reliant Ziguinchor à Elinkine et à Cap-Skirring, Oussouye est le centre d'une région imprégnée par l'animisme *(encadré p. 39)* et organisée en minuscules royaumes. Le plus fameux est celui du roi d'Oussouye, dont les fonctions sont religieuses.

Naguère, par un lacis de marigots, on gagnait une case construite sur une immense place plantée d'arbres haûts comme des cathédrales. Sebeth, la reine des Floups, y vécut jusqu'à sa mort. André Malraux lui consacra quelques lignes dans ses *Antimémoires.*

Le quartier d'Edioungou, à l'entrée est d'Oussouye, est réputé pour ses potières qui utilisent le colombin plutôt que le tour.

Mlomp**

➤ *10 km N-O d'Oussouye. D'Oussouye, prendre la route goudronnée qui part sur la dr.*

Les maisons de ce gros village sont d'une grande diversité dans la décoration et l'implantation. Tantôt elles s'adossent à quelque fromager gigantesque, tantôt elles sont plantées au centre d'un enclos de bananiers. Certaines sont massives, à colonnes et escaliers monumentaux ; d'autres sont peintes.

On s'interroge sur les recettes architecturales qui ont permis d'élever des maisons à étages en torchis. Les voyageurs s'extasient toujours devant les extraordinaires fromagers qui enfoncent d'extravagantes ramifications dans le sol et au pied desquels on a installé un autel: on implore ici les esprits pour faire venir la pluie, sous l'œil maternel et compréhensif de la Sainte Vierge nichée sur la façade d'une maison. D'anciens outils et des objets sacrés sont regroupés dans l'**écomusée des Traditions diolas** *(f. pendant l'hivernage).*

♥ La pointe Saint-Georges**

➤ *De Mlomp, à pied, compter 3 h env. Cette excursion, aussi classique que celle de l'île Karabane, ne peut s'effectuer qu'avec un véhicule tout-terrain, et accompagné d'un guide. Il est donc préférable de se joindre à un groupe organisé.*

Cette promenade vous mènera à la pointe extrême nord de la basse Casamance, entre rizières, bolongs et palmeraies. Pour le plaisir de glisser en pirogue entre les racines volantes des palétuviers, d'écouter le chant des oiseaux en allant vers Niomoun, Elinkine ou Djiromaït.

Elinkine*

➤ *Env. 10 km O de Mlomp.*

Quelle tranquillité dans ce village perdu au bout de la route d'Oussouye! Elinkine s'étire le long d'un bolong. Ses rares habitants sont des Diolas *(encadré ci-contre)*, catholiques ou animistes, accrochés à la terre, aux rizières et à la palmeraie, et des Niominkas, musulmans originaires des îles du Saloum qui s'adonnent à la pêche, à la navigation et au commerce.

Le grand intérêt d'Elinkine est sa position stratégique au carrefour de la route et de plusieurs voies navigables: toutes les petites îles de l'estuaire du fleuve Casamance gagnent le goudron en pirogue. D'ici, vous pourrez vous rendre en pirogue aux villages isolés, comme Ourong, Ehidj, Vendaye, Kachouane – dont le guérisseur est très réputé – ou des îles comme Karabane. Elinkine est un lieu important de pêche, fréquenté par plus de 250 pirogues.

Les belles cases à étages de Mlomp sont conçues pour lutter contre la chaleur. Les étages supérieurs protègent le rez-de-chaussée de la touffeur des grandes journées ensoleillées.

Les Diolas

Chez les Diolas, le lutteur est l'incarnation de la force divine : ses muscles sont apparents, son regard est menaçant comme celui de la panthère, son cri puissant comme celui de l'aigle.

La peau particulièrement noire, les Diolas représentent 8 % de la population du Sénégal, soit 750 000 personnes. Ils occupent la basse Casamance et se subdivisent en plusieurs sous-groupes : Floups, Bliss, Karones, Fognys, Diougouts, Diamats, Bayots, Essignes et Bloufs.

Une légende les fait venir du Soudan... par la mer. Ils auraient débarqué au Sine Saloum et se seraient mélangés aux Sérères. Voilà pourquoi on dit que les Diolas et les Sérères sont des *gamos*, c'est-à-dire qu'ils sont liés par une « parenté à plaisanterie ».

Les Diolas constituent une société égalitaire où l'inexistence d'une structure politique organisée va de pair avec une absence de hiérarchie sociale : les familles patrilinéaires ne dépendent jamais les unes des autres. C'est alors dans l'entraide et dans les cérémonies traditionnelles que le Diola affirme son appartenance au groupe et au territoire. Ils sont restés, pour la plupart, animistes. Fidèles à leurs croyances ancestrales, ils pratiquent leurs rites dans la profondeur des forêts. Excellents riziculteurs, ils tirent une partie de leurs ressources de la forêt.

L'île Karabane**

30 mn depuis Elinkine en pirogue (7 500 FCFA pour 20 pers. maximum) ou en 1 h 20 du pont de Katakalousse, sur la route d'Oussouye à Cap-Skirring (18 000 FCFA pour 20 pers. maximum). Avec la pointe Saint-Georges, c'est l'une des deux excursions incontournables que proposent tous les hôtels de Cap-Skirring. Le Joola qui relie Dakar à Ziguinchor fait escale à Karabane. ***Hébergement*** *p. 210.*

Ancrée à l'entrée de l'estuaire du fleuve Casamance, Karabane abrita l'ancienne capitale de cette région. Il en reste des ruines, une église bretonne et un débarcadère qui s'anime lors de l'escale du bateau. Au cimetière, où reposent des héros de l'épopée coloniale, vous verrez la tombe du capitaine de vaisseau Protet, fondateur de Dakar. Il fut enterré debout après avoir été tué par une flèche

Suite p. 206

Les arbres du Sénégal

Lorsque le flamboyant rougeoie, l'hivernage approche...

Au début du XXe siècle, la forêt commençait aux portes de Dakar. La déforestation ayant largement fait son œuvre, vous ne trouverez la plupart des 370 espèces d'arbres du Sénégal qu'en Casamance.

Le kapokier, ou fromager, est l'arbre le plus spectaculaire du Sénégal. Il appartient à la famille des bombacacées.

Le **kapokier**, plus familièrement appelé **fromager**, possède de magnifiques racines à contreforts qui forment de longues lames ligneuses à la base du tronc. Pouvant atteindre une taille énorme, il est utilisé en Casamance pour tailler d'une pièce des pirogues ou des portes dans ses racines.

Trois espèces de **palmiers** poussent au Sénégal : le palmier à huile, dont les fruits, les noix palmistes, donnent l'huile de palme et la sève le vin de palme ; le cocotier, qui donne la noix de coco ; le rônier, arbre élancé, superbe avec son bouquet de palmes en éventail. Son bois, imputrescible et inattaquable par les insectes, sert à la construction des frontons et charpentes.

Vous verrez des villages entiers enfouis sous les immenses branches touffues des **manguiers**, qui produisent la délicieuse mangue dont vous ferez certainement des orgies.

Les **palétuviers**, dont les racines se croisent en arceaux aériens, poussent au bord des eaux saumâtres et dans les bolongs des estuaires du Saloum et de la Casamance.

En Casamance poussent des **bananiers**, dont les fruits, petits, sont surnommés « bananes cochons » (mais comme ils sont délicieux, seuls les humains y ont droit !). Vous verrez aussi des **avocatiers**, des **anacardiers** qui donnent les noix de cajou, des **papayers**, des **sapotiers**, qui fournissent un fruit savoureux, le sapotille.

Les fruits du **jujubier** font le délice des enfants et les racines le bonheur des guérisseurs (radical pour les maladies vénériennes).

L'**acacia faidherbia** (***kad*** en wolof), qui enrichit le sol en azote, est considéré comme « l'arbre miracle du Sénégal ».

Après s'être hissé sur le palmier, le paysan pratique une saignée dans le tronc et place un récipent dessous pour récolter le vin de palme.

Le **sisal** (ou agave) donne des fibres textiles. Il doit son nom au premier port du Mexique, Sisal, d'où il fut exporté vers l'île Maurice et l'Afrique.

Vous vous émerveillerez aussi devant le **caïlcedrat** (ou acajou du Sénégal), recherché en ébénisterie ; le **teck**, au bois imputrescible, le **néré** dont les feuilles sont utilisées en médecine et les graines en cuisine, les énormes **baobabs**, etc. ■

En zone sahélienne, les acacias sont associés à une maigre végétation.

Les immenses étendues de plages en Casamance sont les meilleurs axes de communication pour ramener rapidement le bétail à bon port.

empoisonnée. Sur l'île, les **plages** sont merveilleuses, pas fréquentées, sans bruit, sans odeurs de gaz d'échappement. Le **plan d'eau** est absolument sans limite. C'est un point de départ en pirogue vers d'autres îles **Djiboma**, **Djogué** et **Hitou**, ou vers le village de **Kachouane**.

♥ Cap-Skirring et ses environs**

➤ *70 km S-O de Ziguinchor. 1 h 30 de route en mauvais état depuis Ziguinchor pour rejoindre l'océan.* ***Bonnes adresses** p. 208.*

Les plus belles plages du Sénégal vous tendent les bras. L'océan, plutôt chaud, y est paisible. Vous êtes au paradis du farniente. Qu'y faire ? Se reposer, bien sûr. Et puis ? Se promener, aller à **Boukotte Diola**, **Bouyouye** et **Diembéring**, parmi les plus jolis villages de la côte. Le village de Cap-Skirring, créé pour le personnel des hôtels, n'intéressera que les amateurs de souvenirs. Des hôtels de grand luxe et des campements très abordables sont dispersés sur environ 5 km de plages, si bien que, même au plus fort de la saison *(de Noël à Pâques)*, vous n'aurez jamais le sentiment d'une surpopulation touristique. De nombreuses activités sportives et nautiques sont proposées par les hôtels. Possibilité de balades à vélo et de pêche dans les bolongs qui comptent parmi les plus poissonneux du monde.

Au nord : ♥ vers Diembéring**

➤ *15 km N de Cap-Skirring. S'enfoncer dans le village de Cap-Skirring et continuer la piste jusqu'au bout (taxi-brousse ou 3 h de marche).* ***Hébergement à Diembéring** p. 209.*

➤ **Boukotte Diola** *(5 km N de Cap-Skirring)*. La route passe par ce village éclaté sous d'immenses fromagers vieux de plus de 400 ans. Manguiers imposants, pamplemoussiers procurent au village une ombre bienfaisante. Joachim et Philippe y ont créé un **musée de la Culture diola**, le *Kadioute*, nom qui désigne le creux du fromager. Disposés dans ces creux, objets de la vie quotidienne ou rituels sont mis en scène et racontés par l'un des deux jeunes hommes. Une initiative à encourager *(1 h env. de visite, chapeau à la sortie).*

➤ **Bouyouye** *(5 km N de Boukotte Diola).* Vous arrivez à une piste à droite qui mène à ce petit village authentique où règne un calme extraordinaire sous les fromagers.

➤ **Diembéring.** *(5 km N de Bouyouye).* Reprendre la route vers le nord jusqu'à Diembéring. Chacun des six quartiers de ce charmant village a son chef. On y trouve une église et une mosquée. Le dimanche, à 10h, ne ratez pas la messe chantée.

Au sud, Kabrousse

➤ *3 km S de Cap-Skirring.*

Ce village traditionnel est préservé des touristes qui ont envahi Cap-Skirring. Les étrangers de passage sont toujours les bienvenus pour participer aux fêtes. ■

Arrivée

En avion

Air Sénégal International dessert chaque jour Ziguinchor et, en saison touristique *(nov.- fin mai)*, Cap-Skirring plusieurs fois par semaine. Pendant cette période, certains voyagistes français proposent des vols directs sur Cap-Skirring (5 h 45).

En bateau

Le *Joola* embarquait passagers et véhicules pour Ziguinchor *via* Karabane. Suite à l'accident survenu en septembre 2002, nous ne sommes pas en mesure de fournir plus d'informations. Ce service devrait reprendre ultérieurement.

Rens. et rés. quelques jours à l'avance ☎ 821.58.52 et 822.54.43. *Ouv. lun.-ven. 8 h 15-13 h 30, lun., jeu. 14 h 30-17 h et mar., ven. 15 h-17 h. F. mer. apr.-midi.*

■ Cap-Skirring

Attention, il n'y a pas de banque à Cap-Skirring, donc pas de retrait possible : il vous faut prévoir de l'argent liquide en conséquence. Tous les grands hôtels acceptent les cartes de paiement et peuvent changer des euros en FCFA pour les touristes arrivant directement de France.

Numéros utiles

➤ **Location de voitures. Auto Cap 4** ☎ 637.48.28. **Chez Bob** ☎ 993.51.24.

Hébergement-restauration

Tous les hôtels se trouvent entre le village de Kabrousse et celui de Cap-Skirring. Ils offrent des nombreuses possibilités d'excursions dans cette superbe région, en pirogue, en 4x4 ou à vélo.

▲▲▲▲ **Club Med**, B.P. 09, Ziguinchor ☎ 993.52.22/51.35, fax 993.51.73. *205 bungalows clim. F. mai-oct.* Piscine, voile, pêche, promenades en pirogue, tennis, golf, tir à l'arc, yoga, ateliers d'arts appliqués, orchestre et discothèque. Les réservations doivent être faites depuis la France. Le club propose des vols directs depuis la France à destination de Cap-Skirring.

▲▲▲▲ **Royal Cap**, B.P. 236, Ziguinchor ☎ 993.51.19, fax 993.51.27. senegalhotel@sentoo.sn. *50 ch. clim.* Tennis, piscine, minigolf et practice de golf. Toutes les chambres ont une vue sur l'océan. Bar et restaurant au bord de la piscine.

▲▲▲▲ **Savana Cap-Skirring**, B.P. 236, Ziguinchor ☎ 993.51.52, fax 993.51.92, www.senegalhotel.sentoo.sn. *104 ch. clim.* Piscine, planche à voile, tennis, tir à l'arc, pêche, promenade en bateau. Le point fort est constitué par le superbe jardin tropical qui s'étend jusqu'à la plage. Deux restaurants.

▲▲▲ **Les Hibiscus**, B.P. 35, Kabrousse ☎ 993.51.36, fax 993.51.12. hibiscus@sentoo.sn, www.casamance.net/hibiscus. *32 bungalows clim.* Chambres spacieuses et décorées à l'africaine. Pêche, excursions en VTT, pirogue, quad, 4x4, ski nautique, etc. Charmant petit hôtel noyé dans une verdure de 2 hectares. Idéal pour les voyageurs autonomes. Bon restaurant. 3 bars, dont un situé au centre de la piscine : dégustation dans l'eau !

▲▲▲ **Kabrousse**, B.P. 236, Ziguinchor ☎ 993.51.26, fax 993.51.27. senegalhotel@sentoo.sn. *132 ch. clim.* de plain-pied sur la plage. Piscine, tennis, volley-ball, tennis de table, location de vélos, pêche, minigolf. Petit déjeuner et dîner près de la piscine, le midi en bord de plage. Très bel hôtel ombragé constitué de jolies paillotes. Il est commercialisé depuis Paris en tant que club Eldorador par Jet Tours.

▲▲▲ **La Paillote**, B.P. 1, Cap-Skirring ☎ 993.51.51, fax 993.51.17. paillote@sentoo.sn, www.casamance.net/paillotte. *30 bungalows clim. Ouv. nov.-juil.* Village hôtel. Plage privée, tennis, vidéo, bibliothèque, location de vélos et de voitures, pêche en pirogue et golf mitoyen. Dans un luxuriant parc de 4 hectares surplombant la plage de Cap-Skirring, vos hôtes vous reçoivent dans une ambiance très amicale et familiale.

▲ **Mussuwam**, B.P. 03, Kabrousse ☎ 993.51.84, fax 993.51.25. *51 ch. dont 12 avec clim. et douche.* À proximité de la plage. Restaurant.

▲ **Les Palétuviers Kaloa**, B.P. 70, Cap-Skirring ☎/fax 993.52.10. kaloa@sentoo.sn, www.casamance.net/kaloa. *16 ch. ventilées.* À l'entrée du village et à 1 km de la plage. Piscine. Sur demande, excursions en pirogue et pêche. Boutique, snack et, pour passer vos soirées, un night-club.

Restaurant

♦♦ **La Pirogue**, au carrefour de la route vers Ziguinchor ☎ 993.51.76. *Ouv. t.l.j. 7h-tard dans la nuit.* Dans un petit jardin. Repas de poissons et fruits de mer à des prix européens. Menus raisonnables. Loue également des studios en bord de mer.

Shopping

Village artisanal de Cap-Skirring, au centre du village, à 50 m de la boîte de nuit Le Kassoumaï.

Sports et loisirs

Cap Safari, B.P. 14, Cap-Skirring ☎ 993.51.47. Frédérique et Erik vous font partager leur connaissance et leur amour de la région *(nov.-fin juin).* Croisières, randonnées ou sports (VTT, canoë, jet-ski, pêche...).

Vie nocturne

Case Bambou ☎ 993.51.78. Discothèque climatisée. **Le Kassoumaï**, boîte de nuit à l'ambiance africaine torride dans le village de Cap-Skirring. **Les Palétuviers**, à l'entrée du village sur la droite. Il était barman au Club Med. Il la rencontra. Ensemble, ils ouvrirent la plus grande boîte du Cap. Parfois de bons concerts.

Diembéring

Hébergement

Campement Albert Sambou, sur la colline. *8 ch.* dans une belle case à impluvium. Cuisine copieuse, goûteuse et bon marché.

Campement Asseb, à l'entrée du village. *20 ch.* Moins bien situé mais légèrement plus confortable.

Enampore et Séléki

Hébergement

Campement villageois, Enampore. *17 ch.* Dans une grande et superbe case à impluvium qui vaut le détour. Eau courante. Location de vélos.

Campement villageois, Séléki. *13 ch.* Électricité solaire, pas d'eau courante. Pour ceux qui acceptent un confort rudimentaire, cette halte est l'une des plus originales de la Casamance. En pleine campagne, une vaste case à impluvium avec un petit **musée** des Arts et Traditions populaires.

Kafountine et Abéné

Hébergement

▲▲▲ **Kalissaï**, Abéné plage, B.P. 55, Ziguinchor ☎ 994.86.00, fax 994.86.01. kalissai@sentoo.sn, www.casamance.net/kalissai. *12 bungalows de 2 ch. clim.* Au milieu de palmiers et de lauriers-roses en bordure d'une immense plage déserte. Cet hôtel, le plus confortable de la région, propose de nombreuses excursions. Tennis, VTT, bibliothèque, pêche. Piste privée d'atterrissage pour avion de tourisme.

▲▲▲ **Karone**, B.P. 85, Diouloulou, sortie du village de Kafountine ☎/fax 994.85.25. *42 ch. clim.* Tout au bout de la piste. Au même prix, mais moins charmant que le Kalissaï, il plaira aux pêcheurs. Possibilité d'excursions avec pique-nique sur des îles aménagées au milieu des bolongs. Pêche à la traîne et en surf-casting, balades en pirogue. Piscine.

▲▲ **Fouta Djalon**, B.P. 59, Diouloulou, à 50 m de la plage de Kafountine ☎936.94.94 (à 1 km de l'hôtel, demandez à être rappelé). www.casamance.net/foutadjalon. *9 cases ventilées.* Location de VTT, excursions et pêche. Ce petit hôtel propose également une bonne table. Animations en soirée.

À la Nature, au-delà de Kafountine, au bord de l'océan ☎ 994.85.24. alanature@arc.sn, www.casamance.net/alanature. *20 ch. réparties dans 7 bungalows.* Excursions, pêche et cours de danse ou de djembé. Ce petit campement fonctionne grâce à des panneaux solaires, mais les chambres sont éclairées par des lampes à pétrole. Restaurant : cuisine locale et spécialités de poissons.

Casamar, B.P. 235, Ziguinchor, au bord de la plage d'Abéné ☎994.18.65. *5 bungalows doubles.* Calme et économique. Plage privée. Possibilité d'excursions, sorties en pirogue, pêche...

Restaurants

♦ **Chez Véro**, entre les deux campements d'Abéné. Plats de toutes sortes à petits prix.

♦ **Le Yandé**, situé au nord le long de la plage de Kafountine, propose une bonne cuisine variée.

Café-bar

Le Bateau-Batik, près de l'hôtel Fouta Djalon. Tenu par un couple germano-sénégalais. Café et bar chaleureux et original, lieu d'exposition de batiks, de spectacles et de concerts en saison touristique. Initiation à la technique du batik. Possibilité d'hébergement.

Karabane (île)

Hébergement

Hôtel Carabane, B.P. 1102, Ziguinchor ☎991.27.81, fax 991.29.81. carabane@hotmail.com, www.casamance.net/carabane. *32 ch.* Une mission reconvertie en hôtel de charme. Jardin tropical superbe. Excursions et pêche en pirogue. Restaurant.

Campement Badji Kunda ☎ 991.14.08, fax 991.14.05. À côté du cimetière. Cuisine sénégalaise.

Oussouye

Hébergement

Les Bolongs, B.P. 17, Oussouye Edioungou ☎993.10.01, fax 993.11.27. *32 ch.* simples mais pas désagréables. Jolie terrasse donnant sur les bolongs et la mangrove. Spectacles folkloriques. Restaurant et bar.

Sports et loisirs

Casamance VTT, B.P. 21 ☎/fax 993.10.04. www.casamance.net/casavtt. F. *juin-oct.* Location de VTT en plein cœur de la Casamance. Excursions à pied ou à vélo avec un guide local. Canoë-kayak. Un peu cher. Fait office de bureau de renseignements sur la région.

Ziguinchor

Plan p. 199.

Les numéros en bleu, rouge et noir renvoient à ceux du plan.

ℹ Syndicat d'initiative de la région de Ziguinchor ☎ 993.51.51, fax 993.51.17. paillote@sentoo.sn.

Adresses utiles

➤ **AGENT CONSULAIRE. Véronique Chiche**, hôtel le Flamboyant, rue de France, B.P. 208 **B1** ☎991.22.23.

➤ **AGENCES DE VOYAGES. Casamance Voyages Tourisme (CVT)**, rue Javelier x rue Général de Gaulle, B.P. 302 **8 B1** ☎991.43.62, fax 991.37.70. casamancevoyagestourisme@yahoo.fr. Représentant de Air Sénégal international, location de voitures. **Diatta Tour International**, 907, rue du Général de Gaulle, B.P. 1102 **9 A1** ☎991.27.81, fax 991.29.81. Billets d'avion, location de voitures, réservation d'hôtels, excursions, agent DHL.

➤ **COMPAGNIES AÉRIENNES. Air Sénégal International**, aéroport ☎991.10.81. *Ouv. 7 h 30-12 h 30 et 15 h-17 h 30.* **Escale de Cap-Skirring** ☎993.51.94, fax 993.51.01. *F. mai-nov.*

➤ **ALLIANCE FRANÇAISE**, B.P. 213, route de l'aéroport ☎991.28.23, fax 991.30.50. afszig@refer.sn. *Ouv. lun.-sam. 9h-13h et 15h-19h (mer. 20h).* Bibliothèque avec salle de presse. Manifestations diverses (programme sur place).

➤ **BANQUES. SGBS**, face à la poste **10 A1** ☎991.12.92, fax 991.19.38. *Cartes de paiement.* **CBAO**, rue Javelier, B.P. 45 **11 B2** ☎991.12.57.

➤ **TÉLÉPHONE.** Plusieurs télécentres répartis dans la ville.

➤ **CYBERCENTRE.** Rue Javelier, à côté de la Banque de l'Habitat du Sénégal. **B2.**

Hôtels

▲▲▲ **Aubert**, rue Fargues, B.P. 55 **1 A1** ☎991.13.79, fax 991.16.75. *34 ch. clim.* Minuscule piscine. Le plus ancien hôtel de Casamance est situé dans un quartier calme, en plein centre-ville. L'hôtel est devenu moderne et fonctionnel.

▲▲▲ **Le Flamboyant**, rue de France, B.P. 208 **2 B1** ☎991.22.23, fax 991.22.22. flamboyant@casamance.net, www.casamance.net/flamboyant. *17 ch. clim.* Piscine à vagues réservée aux clients de l'hôtel. Situé en plein centre-ville, cet hôtel a aménagé ses chambres dans un habitat traditionnel. Restaurant et bar au bord de la piscine. Tarifs attractifs.

▲▲▲ **Le Kadiandoumagne**, à l'embarcadère de Boudody, B.P. 363 **3 A1** ☎938.80.00, fax 991.16.75. kadiando@sentoo.sn, www.casamance.net/kadiandoumagne. *33 ch. clim.* Belle vue sur le fleuve. Excursions dans la région. L'hôtel est construit sur pilotis et offre une terrasse ombragée avec une avancée sur le fleuve.

▲ **Le Bombolong II**, 47 rue de Sédhiou, B.P. 363 **4 B1** ☎938.80.01, fax 991.16.75. *7 ch. ventilées.* Tenu par les mêmes propriétaires que le Kadiandoumagne. Restaurant et night-club.

▲ **Le Tourisme**, rue de France, B.P. 208 **5 B2** ☎991.22.23, fax 991.22.22. *8 ch.* Garde un peu du charme des vieilles maisons. Même propriétaire que le Flamboyant. Restaurant et snack.

Le Perroquet, rue du Commerce, B.P. 307 **6 A1** ☎991.23.29, fax 936.81.83. *15 ch.* Hôtel simple sympathique avec son petit jardin et sa terrasse sur le fleuve. Restaurant agréable où l'on peut manger devant les pirogues et les voiliers qui tanguent.

Auberge Aw-Bay, B.P. 567, 1 km O du centre **hors plan par A1** ☎/fax 991.02.73. *12 ch. simples et propres.* Auberge tenue par Adama Goudiaby, un des pères fondateurs des campements villageois.

Restaurant

Le Mansa, rue Javelier **7 B1**. Petit restaurant avec des batiks au mur. Économique et typique.

Vie nocturne

Le Bombolong 4 B1. Situé à environ 100 m de l'hôtel Aubert. Bar et night-club. Ambiance africaine garantie. ■

LE SÉNÉGAL ORIENTAL

Le Sénégal oriental est un véritable bout du monde. À cheval entre quatre États, le Mali, la Guinée, la Mauritanie et la Gambie, c'est un haut lieu de brassage de populations. Il y fait particulièrement chaud, la température diurne, entre mars et juin, oscille entre 42 et 46 °C à l'ombre. On avale de la poussière, on boit des litres d'eau, on parcourt des dizaines de kilomètres de piste; et pourtant, c'est l'une des régions les plus belles et les plus passionnantes du pays.

Épargné par le tourisme de masse, le Sénégal oriental ressemble à l'Afrique telle qu'on la rêve. Seule région vallonnée du pays et couvrant un tiers du territoire national, cette province est la plus vaste du Sénégal, mais aussi la moins peuplée. On y trouve des paysages somptueux, une forêt et une lumière splendides. Le **parc national du Niokolo Koba** s'étend sur près d'un million d'hectares et constitue une réserve d'animaux sans équivalent en Afrique de l'Ouest. En **pays bassâri**, des populations ont préservé leurs rites initiatiques et leurs cérémonies religieuses.

➤ ***En avion.*** *Dakar-Tambacounda sam. janv.-mars.* ***En train.*** *Pittoresque, amusante, telle est la liaison Dakar-Tambacounda. Vous quittez la capitale mer. ou sam. soir, en wagon-lit, et vous arrivez le lendemain matin (possibilité de mettre la voiture sur le train).* ***En voiture.*** *De Dakar ou, dans l'autre sens, de Bakel ou Kidira, prendre la N1 pour Tambacounda.*

Tambacounda

➤ *467 km S-E de Dakar, 275 km de Kaolack par la N1 que l'on parcourt en 9h: en très mauvais état entre Mbour et Kaolack, pas toujours bien entretenue après, notamment autour de Koungheul.* ***Marchés. Bonnes adresses*** *p. 224.*

Chef-lieu de la région du Sénégal oriental, Tambacounda était à l'origine un campement de Wali-Walis (Mandingues) sur la ligne du chemin de fer Dakar-Bamako. La ville s'est développée autour de la gare. Elle compte aujourd'hui environ 60000 habitants. Historiquement, le département de Tambacounda était la province autonome du Niani-Wouli, terre de liberté dont les Nianthios, guerriers intrépides, étaient les farouches défenseurs sous l'égide de leur chef charismatique Mansa Kali Waly.

La ville de Tambacounda n'a bizarrement profité ni du chemin de fer pour lequel elle était pourtant une étape importante, ni de l'industrie du coton, ni du parc national du Niokolo Koba... Il se dégage de cette ville un sentiment de désolation. Seul le marché montre une certaine activité due à la proximité des pays frontaliers, mais on aurait espéré un peu plus de propreté. Le visiteur sera stupéfait par le ballet incessant, sous un soleil torride, des charrettes, moyens de transport d'un autre âge que les habitants empruntent quotidiennement pour leurs différents déplacements.

Le grand marché

Il est situé en face de l'unique bureau de poste, au cœur du quartier Liberté où sont concentrés tous les services administratifs. Dans le brouhaha de la foule, l'odeur du poisson fumé viendra chatouiller vos narines. Les vendeurs, assis sur de petits tabourets, vantent à la criée les qualités de leurs marchandises: légumes, fruits, condiments, etc. On peut y acheter du *thiouraye-gongo* (encens local) et des *djal djali* (perles que les femmes nouent autour de la taille) dont la chanteuse Coumba Gawlo a évoqué la beauté dans son tube *Bine Bine.*

Le marché de tissus

Au centre-ville, dans la rue Aïnina Fall, vous trouverez des pagnes tissés, teints de façon artisanale ou industrielle. Des tailleurs, installés devant les échoppes, vous confectionneront les habits de votre choix.

➤ De Tambacounda, vous pouvez soit vous diriger vers le parc du Niokolo Koba et le pays bassâri *(p. 219)*, soit remonter par la route vers Bakel sur la frontière mauritanienne *(p. 166)*.

♥ Le parc national du Niokolo Koba***

➤ *604 km S-E de Dakar, 83 km S-E de Tambacounda. Faire le plein d'essence. Véhicule de tourisme. Prendre la N7 à partir de Tambacounda. Au bout de 83 km (env. 1h de route), à* ***Dar Salam****, sur la dr. un embranchement mène au campement de* ***Simenti****. La route est goudronnée jusqu'à l'entrée du parc. Compter ensuite 2h de piste en roulant tranquillement pour arriver à Simenti. Si vous vous présentez à l'entrée du parc la nuit, on vous laissera exceptionnellement passer si vous avez une réservation à Simenti, mais on vous adjoindra un garde qu'il vous faudra rémunérer.* ***Campement*** *: ouv. 15 déc.-15 juin. Prévoir des jumelles et de l'antimoustique.* ***Entrée du parc à Dar Salam*** *: 2000 FCFA/pers./j. vous*

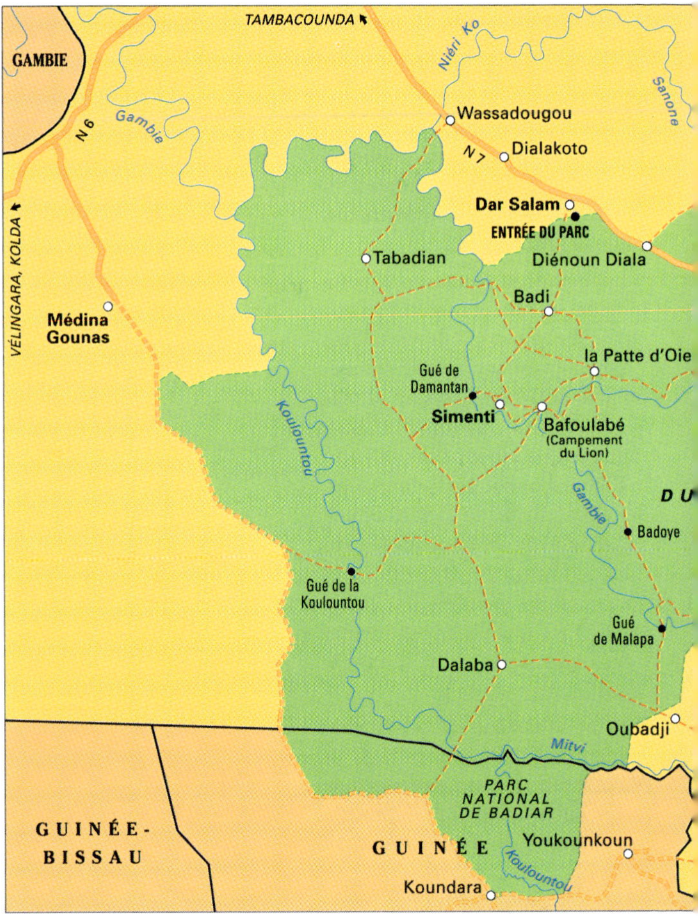

PROGRAMME AU SÉNÉGAL ORIENTAL ET DANS LE PARC NATIONAL DU NIOKOLO KOBA

➤ ♥ **Le parc du Niokolo Koba*****. Ce n'est pas le Kenya. Vous n'y verrez pas beaucoup d'animaux en un jour. Comme l'endroit est immense, prévoyez trois jours pour en profiter. Les principales pistes sont assez bien fléchées, mais prenez un guide *(p. 213)*.

devez donc savoir combien de jours vous souhaitez y rester. ***Voiture*** *: 5 000 FCFA.* ***Guide à prendre à Dar Salam ou à Simenti*** *: 6 000 FCFA/j. Le parc est toujours ouvert mais difficilement praticable pendant l'hivernage.* ***Bonnes adresses*** *p. 223.*

Si décembre et janvier sont les mois les plus agréables du point de vue climatique pour visiter le parc, février, mars et avril sont les trois meilleurs mois pour voir les mammifères car, la sécheresse aidant, ceux-ci se rassemblent autour des derniers points d'eau. Mais c'est la période où la chaleur monte…

Le parc national du Niokolo Koba, l'un des ultimes sanctuaires de la faune sénégalaise, est le plus ancien des six parcs nationaux. Forêt classée dès 1954, dans laquelle la chasse était encore autorisée, le Niokolo Koba est devenu parc national en 1967, puis classé patri-

➤ ♥ **Le pays bassâri***** demande du temps. Depuis Simenti, il faut compter trois jours. L'idéal est de s'y rendre pendant les fêtes d'initiation d'avril à juin *(p. 219)*.

moine mondial en 1981 et réserve de la biosphère internationale en 1985. Depuis 1994, il forme un tout avec le petit parc de Badiar en Guinée mais les formalités ne sont pas simples pour passer la frontière. Le parc n'accueillait, en 2001, qu'un peu plus de 3000 visiteurs. Autant dire que vous ne vous marcherez pas sur les pieds. D'autant qu'il couvre, au Sénégal, une superficie de 913000 hectares, ce qui le place parmi les premiers ensembles protégés d'Afrique de l'Ouest.

Trois cours d'eau le traversent: la Gambie, le plus important, dont les rives sont bordées de magnifiques forêts de rôniers, le Niokolo Koba, assez encaissé, et la Koulountou. Le relief et la végétation sont très contrastés: monotones plaines aux savanes boisées, profondes galeries forestières le long des cours d'eau, immenses étendues marécageuses,

Règles de sécurité dans le parc du Niokolo Koba

Un pont suspendu en plein cœur du parc du Niokolo Koba a été construit pour les besoins d'un film.

➤ Prenez un guide. Signalez à l'hôtel l'endroit où vous vous rendez. Ils n'interviendront pas dans l'heure, mais vous devriez, tôt ou tard, être secouru.

➤ Il est formellement interdit de circuler la nuit.

➤ Roulez à 20 km/h et ne sortez pas des pistes.

➤ Si vous tombez en panne, attendez les secours sur place.

➤ Ne campez pas en dehors des haltes autorisées, ne circulez pas à pied.

➤ Emportez une réserve de vivres vous permettant de tenir 24 heures, et 4 à 5 litres d'eau par personne.

➤ Ne descendez jamais de votre véhicule sans l'accord du guide.

➤ Il est absolument interdit de chasser, de toucher même à la dépouille d'un animal mort. Le port d'une arme quelconque est également prohibé. En revanche, la pêche à la ligne est autorisée en plusieurs points du fleuve Gambie. ❖

montagnes aux lignes de crête rouges, ravins garnis d'arbres puissants, de lianes et de fougères, grandes plaines herbeuses bordées de rôniers et tapissées de fleurs magnifiques en saison des pluies.

Vous aimerez particulièrement l'approche du soir. Ce n'est pas vraiment un déclin, c'est une renaissance, sans mélancolie, tout en nuances violettes, tandis que les étoiles éclosent dans l'étroit corridor que les arbres laissent dégagé au-dessus du campement.

QUAND VOIR LES ANIMAUX ?

Il faut se lever à l'aube et parcourir les différents points d'eau jusqu'à 11 h. Aux heures les plus chaudes,

Dans le parc du Niokolo Koba, les animaux jouissent de la quiétude des grands espaces d'Afrique. Vous aurez parfois du mal à vous en approcher. Ici un troupeau d'antilopes.

vous ne verrez rien. Vous repartirez vers 16h jusqu'à la tombée de la nuit. Ne vous faites pas trop d'illusion : pour apercevoir un félin, il faut de la patience et aussi de la chance.

Comment visiter le parc ?

600 km de **pistes**, pour la plupart accessibles uniquement en 4x4, sillonnent le parc. Il est inutile d'indiquer un itinéraire précis. Selon les années, la saison et la pluviométrie, les points d'eau ne sont jamais les mêmes. N'hésitez pas à prendre un guide, qui parcourt le parc tous les jours et qui aura une petite idée sur les meilleurs endroits à vous faire découvrir. Essayez aussi, si vous le pouvez, d'aller vers le **mont Assirik**. C'est dans cette zone que se déplacent des chimpanzés, la quinzaine d'éléphants et la plus grande antilope du monde, l'élan de Derby. Cette faune et la flore sont subguinéennes : vous pourrez rencontrer une grande variété d'antilopes, des petits et grands calaos, de nombreux phacochères… Si

Certains hôtels offrent des croisières en toute quiétude dans l'immensité sauvage du Niokolo Koba que le fleuve Gambie traverse.

vous aimez les chiffres, sachez que le Niokolo Koba abrite 1 500 espèces de plantes, 70 mammifères différents, 370 sortes d'oiseaux et 20 de poissons.

LES ANIMAUX QUE VOUS VERREZ

Des **babouins** (25 000), des **buffles** (7 000), des **phacochères** (10 000), des **hippopotames** (700) et bien d'autres espèces, cynocéphales, guibs harnachés, singes verts, cobs de Buffon, patas, hippotragues, bubales… vivent dans le parc. Vous les verrez à coup sûr tout comme les **crocodiles**, les **antilopes cheval** et des milliers d'**oiseaux**, dont les oies de Gambie, les jabirus, les grues couronnées, etc. Environ 80 **lions** parcourent le parc. En deux ou trois jours, vous avez toutes les chances de les rencontrer.

LES ANIMAUX QUE VOUS NE VERREZ PROBABLEMENT PAS

Tout d'abord l'**éléphant**. Braconné pendant la grande sécheresse des années 1980, il a failli disparaître. Il en resterait une quinzaine, principalement autour du mont Assirik. Se sentant menacé, il ne se déplace plus que la nuit alors qu'il y a dix ans on était encore sûr de le rencontrer à certains points d'eau. Seul espoir : on a vu des éléphanteaux. Toujours dans la zone du mont Assirik, véritable sanctuaire de ces espèces menacées, vous aurez plus de chances de voir l'**élan de Derby** (la plus grosse antilope du monde) que le **chimpanzé** dont il ne reste qu'une centaine de spécimens. On reconnaît leur passage aux nids de branchages qu'ils installent dans les arbres. Tout aussi rare, le **lycaon**. Quant à la **girafe**, elle a disparu depuis 1952.

L'extrême Sud-Est**

Si la route et la chaleur ne vous font pas peur, ne ratez pas ce rendez-vous avec l'Afrique éternelle. Le pays bassâri, en particulier, réserve d'étonnants spectacles.

Kédougou

699 km S-E de Dakar par la N7 (au bout de la N7), 233 km S-E de Tambacounda, 150 km S-E de Dar Salam. La route est excellente depuis Tambacounda. ***Hôtel*** *p. 223.*

Kédougou n'offre en soi que peu d'intérêt. C'est une ville entourée de jolies collines. De temps à autre, au milieu des cases en terre au toit de chaume, vous verrez des maisons en marbre colorées. N'en soyez pas surpris, le marbre est la pierre locale que l'on extrait des carrières d'Ibel, distantes de 22 km environ. En fait, Kédougou constitue une base pour l'exploration de la haute Gambie.

La légende dit que la ville de Kédougou a été fondée par un groupe de chasseurs qui auraient trouvé cet endroit idéal pour y construire des hameaux et s'installer sur des terres où abondait le gibier. Ce qui attire l'attention, hormis les montagnes, c'est que Kédougou entre dans la modernité sans rompre avec le passé. Il n'est pas rare de voir des masques (*kangouran*) danser dans le centre-ville ou des travaux champêtres se dérouler au rythme de mélopées.

♥ Le pays bassâri***

4x4 indispensable et préférable de circuler à 2 véhicules. Kédougou-Salémata : env. 3 h pour 77 km O, la piste est en cours d'amélioration. Salémata-Simenti : env. 4 h 30 pour 100 km O. ***Hébergement*** *p. 224.*

À la pointe sud-est du Sénégal, au pied du Fouta Djalon guinéen, la haute Gambie prolonge le parc du Niokolo Koba. Les savanes boisées succèdent aux galeries forestières le long de cours d'eau. Au fur et à mesure que l'on s'approche des contreforts du Fouta Djalon, le relief devient plus accidenté, plus sauvage.

Suite p. 222

Les braconniers de Médina Gounas

Depuis de graves incidents qui ont vu la mort de certains des leurs, la centaine de gardiens qui protègent le parc du Niokolo Koba sont armés. Leur nombre, malheureusement, diminue faute de budget. Or, depuis le départ des villageois dans les années 1960, ils se retrouvent seuls face aux braconniers. Les habitants respectaient, en effet, un certain équilibre avec la nature et luttaient contre le braconnage.

Ces braconniers, venus de Guinée, de Côte-d'Ivoire ou du Sénégal, s'attaquent à toutes les espèces. Ils mettent le feu aux herbes pour dégager de larges contrées. Ils braconnent les gazelles pour la viande, d'autres espèces pour la peau, d'autres encore, comme le lion, pour fabriquer des gris-gris censés protéger les guerriers contre les balles. Leur forfait accompli, ils se réfugient dans le village de Médina Gounas. Dans les années 1970, ce village abrita une sorte de république islamique, en rupture avec l'État laïc du Sénégal. Aujourd'hui ses marabouts, fort redoutés y compris par le pouvoir politique, font la loi. Qu'un contrebandier se fasse prendre, et les marabouts de Médina Gounas se feront fort de le libérer. Enrichis par la contrebande, ils ont mérité le titre de « marabout quatre quatre », véhicule qu'ils préfèrent. ❖

Le pays bassâri

Dans les collines situées à la frontière guinéenne, 2 500 Bassâris ont préservé leurs coutumes. Depuis des siècles, leurs rites d'initiation donnent lieu à de grandes fêtes.

Les historiens pensent qu'ils se rattachent à un rameau très ancien, celui des Tendas, comme les Coniaguis et les Bédiks, dont on trouve des représentants dans d'autres pays éloignés, comme le Togo. Quand se sont-ils installés dans cette région située entre le Fouta Djalon et la vallée de la Gambie ? On l'ignore. Mais on sait qu'au XIXe siècle, en butte aux Peuls qui voulaient les islamiser, ils se réfugièrent dans les montagnes où ils se trouvent toujours. Repliés sur eux-mêmes, pratiquement sans contacts avec leurs voisins peuls, mandingues et toucouleurs, ils parlent une langue que les autres Sénégalais ne comprennent absolument pas.

Des villages perchés

Le domaine des Bassâris s'étend au sud-est, à cheval sur la frontière du Sénégal et de la Guinée. Côté sénégalais, dans l'arrondissement de Salémata, ils vivent dans des cases rondes dont les murs bas sont en blocs de latérite entassés, coiffées de toitures coniques en paille. Leurs villages sont toujours invisibles, construits à l'écart des pistes, parfois situés dans des collines escarpées que vous ne pourrez atteindre qu'en grimpant à pied.

Atteindre les villages bassâris se mérite ! Par d'improbables pistes, en véhicule tout-terrain, parfois à pied jusqu'au village et obligatoirement accompagné d'un guide, on traverse des paysages de brousse dont la beauté console de tant de peine.

Une société matrilinéaire

Les adultes vivent dans des cases construites au milieu des champs. Les jeunes gens et les jeunes filles non mariés doivent rentrer coucher au village tous les soirs. En dehors des fiançailles, les adolescents bénéficient d'une liberté sexuelle complète. Au reste, les jeunes filles ne sont proposées en mariage que si elles ont fait preuve de fécondité, le futur époux n'étant pas forcément le père de l'enfant.

Si les hommes exercent l'autorité, ce sont les femmes qui transmettent le nom. Elles transmettent également les biens, mais seulement aux hommes. La communauté, très compartimentée, comporte des sociétés secrètes, des confréries de chasseurs et des classes d'âge.

Des costumes de fête

Au moment des fêtes d'initiation, qui se déroulent d'avril à juin, c'est un festival de rythmes, de couleurs et de parures qui n'exclut pas chez les jeunes le port de maillots de foot.

Autrefois, lors des cérémonies, les Bassâris portaient le costume traditionnel. Celui des hommes se composait d'un étui pénien en rônier tressé et d'un triangle de peau d'antilope. Colliers, bracelets, perles de couleurs vives et ornements divers, tels qu'une épine de porc-épic dans le nez, complétaient l'équipement. Les femmes revêtaient un petit cache-sexe en tissu brodé de perles multicolores, une ceinture formée de gros anneaux de bronze et de rangées de perles. Elles arboraient de nombreux bijoux autour des reins et du cou. Aujourd'hui, l'habit a évolué dans beaucoup de villages: la tenue européenne est la norme et seuls les porteurs de masque arborent encore leur costume traditionnel.

Au cours des rites d'initiation, les masques arborés par les hommes représentent des forces surnaturelles. Chaque masque affronte un jeune homme. Une fois battu, celui-ci aura le droit d'être intégré au groupe des masques.

Les rites d'initiation

Le vie du Bassâri est divisée en huit classes d'âge auxquelles correspondent des danses et des cérémonies. Les jeunes gens, pour entrer dans la société des hommes, doivent se soumettre à des rites d'initiation. Des hommes masqués descendent des collines en hurlant et en jouant de sifflets et de sonnailles. Ils entraînent les nouveaux circoncis vers le « champ de bataille », tenant femmes et enfants à l'écart. Après la lutte, la journée se termine en chants, danses et libations. Les jeunes s'en vont ensuite plusieurs nuits en brousse, pour apprendre ce qu'un homme doit savoir, sur la vie, la chasse ou les esprits… ■

Sur les bords de la Falémé, les femmes nettoient leurs calebasses.

Mais ce qui fascine le plus, c'est l'originalité du peuplement. Ici vivent – « survivent », devrions-nous dire, car ils sont en voie d'extinction – deux des peuples les plus farouchement attachés à leur mode de vie traditionnel de toute l'Afrique occidentale : les Bassâris et les Bédiks. Les Bassâris vivent essentiellement de la chasse, de la pêche et de la cueillette. Ils habitent des hameaux de cases perchés sur les crêtes. Leurs cérémonies d'initiation qui ponctuent les changements de classes d'âge *(p. 220-221)* se déroulent surtout d'avril à juin dans les villages de Koté, Etiolo, Ebarakh, Oubadji, Mako, etc..

Fongolembi

➤ *30 km S-E de Kédougou, par une piste terrible.* À travers les collines du Fouta Djalon, Fongolembi vous permettra de rayonner en pays diallonké. Il faut voir les villages de Toumanéa, Niagalankomé, Sintiou, Wallan. Isolés, leurs habitants vivent d'élevage et d'agriculture.

Les bords de la Falémé

Véritable expédition aux confins du Mali, sur les rives de cet affluent du fleuve Sénégal. Pendant 180 km vous franchirez des gués, traverserez des savanes, rencontrerez des chercheurs d'or qui utilisent toujours la technique ancestrale de l'orpaillage vers **Tengoto** près de **Mako** ou près de **Masamasa** sur la route de **Kosanto**.

Entre **Ilimalo** et **Farandi**, à **Kourouniengouniengou**, une pierre en équilibre bizarre est devenue un lieu de pèlerinage et de festivités. Réservé aux amateurs d'émotions fortes équipés d'un 4x4. ■

Circuler

➤ **Dans le Niokolo Koba.** Une partie du parc est accessible en voiture. Pour l'autre, vous pourrez vous joindre à des excursions.

➤ **Dans le pays bassâri.** Uniquement à deux véhicules ou plus, en emportant des réserves d'eau et les pièces détachées dont vous pourriez avoir besoin. Attention à l'état des routes.

➤ **Repartir vers Dakar.** Il est théoriquement possible de mettre sa voiture dans le train dans le sens Tambacounda-Dakar, essayez, on ne sait jamais.

Kédougou

Hôtel

▲▲ **Relais de Kédougou**, B.P. 79 ☎ 985.10.62, fax 985.11.26. En France auprès d'Yves Malaret, guide de chasse ☎ 06.08.26.90.83, fax 01.43.65.38.08. *30 ch. dont 27 clim.* Piscine. Hôtel touristique au bord du fleuve et camp de chasse (1er janv.-30 avril). Pêche dans le fleuve Gambie. Location de 4x4 hors saison de chasse. Annexe, la **Lodge Hippo Safari** (5 km de Kédougou au bord du fleuve). *16 ch. ventilées. F. 1er mai-15 nov.* Implantée au milieu de bananiers, manguiers et citronniers.

Le parc national du Niokolo Koba

ⓘ **Direction des parcs nationaux et du Niokolo Koba**, B.P. 37, quartier Liberté (direction Bakel) ☎ 981.10.97. *Ouv. lun.-ven. 7 h 30-17 h.* Permanence : le w.-e. Info, cartes du parc…

Circuits organisés

Le **Niji** et l'**Asta Kébé** (Tambacounda), le **campement de Mako** (Mako) proposent des excursions dans le parc. Possible également d'en organiser à partir de **Dakar** auprès des agences de voyages *(p. 110)*.

Hébergement

Au Niokolo Koba

▲▲ **Campement-hôtel de Simenti**, B.P. 144, Tambacounda ☎/fax 981.11.02. *32 ch. clim., 5 ch. ventilées. F. 15 juin-15 déc.* Station-service (+ 50 %). Piste d'atterrissage ouverte au trafic aérien. Excursions. L'hôtel, un vilain bâtiment en béton et quelques bungalows, est très bien situé entre un coude du fleuve Gambie et la plus belle mare du parc. Espérons que la nouvelle direction, à partir du 15 décembre 2002, le rendra plus accueillant. Du bar, vous verrez des animaux. Restaurant.

Le Camp du Lion, au gué de Bafoulabé, près du fleuve Gambie. *5 ch.* Rudimentaire. Pour ceux qui veulent entendre le cri du lion la nuit.

À l'extérieur du parc

▲▲▲ **Campement de Mako**, sur la N7, 5 km S-E de Mako, B.P. 117, Kédougou ☎ 985.44.00, fax 985.44.01. *12 ch. clim. F. juil.-oct.* À la sortie du parc, superbe camp de chasse et de pêche. Piscine, VTT, 4x4. Jolies cases bien décorées, installées sur un beau méandre de la Gambie. Visites organisées au Niokolo Koba et dans le pays bassâri.

Le pays bassâri

Hébergement

Campement de Salémata, dans le village de Salémata. *5 cases.* En état de décrépitude avancée et très cher, mais unique base pour voyager en pays bassâri.

Tambacounda

Circuler

➤ **Taxi.** Vous pouvez louer un taxi à la journée pour environ 50 000 FCFA.

➤ **Gare ferroviaire.** Au centre-ville. train Dakar-Bamako *via* Tambacounda. Départ pour Dakar : jeu. et dim. à 10 h, arrivée à Dakar à 2 h du matin (11 740 FCFA). Ces horaires restent très aléatoires…

Adresses utiles

➤ **Agent consulaire.** Le consul intérimaire, M. Thermos, peut vous être utile en cas de difficultés pénales, administratives ou d'accident. Le contacter ☎ 638.31.54. Bureau à Dakar ☎ 822.02.67.

➤ **Alliance française**, B.P. 383 ☎/fax 981.14.31. aft@refer.sn. *Ouv. lun. 16 h-19 h, mar.-sam. 9 h-13 h et 16 h-19 h.* Bibliothèque avec salle de presse. Manifestations diverses (programme sur place).

➤ **Banque. SGBS**, route de Kédougou. *Ouv. lun.-ven. 8 h 15-11 h 30 et 15 h 15-17 h 15.*

➤ **Poste.** Dans la rue où se trouve le marché. *Ouv. lun.-ven. 8 h-13 h et 15 h-17 h, sam. 8 h-13h.* Cabines téléphoniques à carte.

➤ **Cybercentres. Cyberespace**, route de Dakar (à l'entrée de la ville à g. en venant de Dakar) ☎ 937.80.83. *Ouv. t.l.j. 8 h-14 h 30 et 15 h 30-19h.* Connexion à 2 000 FCFA/h. Matériel impeccable, connexion très rapide, photocopieur. **Cyberespacejeune**, en face du marché.

Hébergement-restauration

▲▲▲ **Asta Kébé**, B.P. 194 ☎ 981.10.28, fax 981.12.15. *69 ch. dont 48 clim. et 21 ventilées moins chères.* Un peu à l'écart de la ville, juste avant le camp militaire, sur la route de Kédougou. Piscine. Restaurant, bar, petit jardin fleuri. Excursions vers le parc.

▲▲▲ **Le Relais de Tamba**, route de Dakar (à l'entrée de la ville à g.) ☎ 981.10.00, fax 981.31.11. horizons@sentoo.sn. *20 ch. clim.* avec *TV satellite et téléphone dans les chambres.* Piscine. Bar-restaurant climatisé. Tout neuf et très soigné, il appartient au même propriétaire que le Relais de Kaolack. C'est la meilleure adresse de Tambacounda.

▲▲ **Niji**, B.P. 119 (à g. sur la route de Kédougou, à la sortie de la ville) ☎ 981.12.50, fax 981.17.44. *30 ch. dont 25 clim.* Très calme avec un petit jardin intérieur. Excursions vers le parc et promenades en pirogue sur le fleuve Gambie. Restaurant.

Restaurant

♦ **Le Ggaal Pont**, quartier Liberté (direction Bakel) ☎ 981.17.56, fax 981.13.15. Plats, brochettes à petits prix servis avec gentillesse dans une grande salle impersonnelle mais très propre. ■

LA GAMBIE

La Gambie s'avance comme un doigt dans le Sénégal. Ses paysages sont ceux du Sine Saloum au nord et ceux de la Casamance au sud, une touche *british* en prime…

La Gambie a acquis son indépendance en 1965. L'Angleterre doutait alors que ce minuscule pays pût se suffire à lui-même. En 1981, à la suite d'une tentative de coup d'État, les troupes sénégalaises sont entrées dans le pays pour rétablir le président Jawara. En 1982, une confédération a été instituée entre les deux pays et s'est maintenue jusqu'en 1989. Depuis, le pays a connu de nombreux coups d'État. Son instabilité politique, son niveau de corruption et son absence de sécurité en font un pays à risque. Peuplée en majorité de Mandingues (40 %), la Gambie s'étire sur plus de 400 km de long, mais sur une largeur d'à peine 50 km.

Ce pays enclavé sert de tête de pont aux intérêts anglo-saxons. Les droits de douane y sont moins élevés qu'au Sénégal, et une intense contrebande sévit entre les deux pays.

Programme

➤ **UNE JOURNÉE** suffit pour s'imprégner de l'atmosphère et visiter Banjul** *(p. 226)*.

➤ **PRUDENCE**. La Gambie est une zone de non-droit minée par la corruption et le banditisme. Dans l'état politique actuel, nous déconseillons de s'y rendre.

Les Mandingues

Une écolière très « british ». Les empreintes britanniques restent fortes en Gambie.

Les Mandingues, au nombre de 500 000, forment la plus importante « minorité » gambienne. Descendants des conquérants fanatiques et guerriers qui firent irruption en haute Casamance et en haute Gambie, après la chute de l'empire du Ghana, on les retrouve dans les pays limitrophes. Leur représentant guinéen le plus célèbre, Mory Kanté, s'est fait connaître dans le monde entier. ❖

➤ ***En avion** : de Dakar. **En voiture** : à Karang, se présenter à la police puis à la douane sénégalaises. Penser à changer environ 15 000 FCFA, vous en aurez besoin pour le bac. À 1 km, douane et police gambiennes. 20 km plus loin, avant l'entrée de Barra, regardez bien sur votre g. ; vous devriez voir un panneau publicitaire et juste derrière, en retrait de la route, une baraque bleu et blanc. C'est là que vous devez acheter votre billet pour le ferry. 2 km plus loin, il ne vous reste plus qu'à faire viser vos papiers à la police, puis à faire tamponner votre ticket de ferry. Ça y est, vous pouvez attendre le bac. Environ un bac toutes les 2 h. Dans l'autre sens, vous prendrez votre ticket à Banjul, à l'embarcadère. **Formalités** : permis de conduire, assurance, formulaire J, visa. **Carte** Que voir en rabat. **Informations pratiques et bonnes adresses** p. 228.*

Banjul**, la grande ville anglophone

➤ ***Adresse utile** et **Hôtel-restaurant** p. 229.*

La capitale de la Gambie respire une certaine opulence. Bâtie sur une île, la ville se décline en anglais. Agents de police en uniforme bleu marine, publicités pour des bières britanniques, église anglicane, *fish and chips* et même l'inévitable terrain de cricket !

Hormis cette atmosphère, le principal intérêt de Banjul réside dans son marché : l'**Albert Market****. Coincé entre Russell Street et la mer, il évoque à la fois l'Afrique avec ses incroyables étalages et l'Europe avec ses stands en préfabriqué bien alignés. Vous y trouverez de tout, en particulier une multitude de tissus que des tailleurs peuvent vous couper à la demande. Attention, le marchandage est ici plus difficile qu'au Sénégal, mais les tissus sont de meilleure qualité.

Pour une vue d'ensemble de la ville, vous pouvez monter au sommet de l'**arche du 22 juillet** qui commémore la prise du pouvoir en 1994 par l'actuel président, Yayah Jammeh.

Carte d'identité

- **Superficie**. 11 300 km^2.
- **Population**. 1 250 000 habitants, dont 74 % sont ruraux. Mandingues, Diolas, Sérères, Wolofs, Peuls...
- **Capitale**. Banjul.
- **Langue officielle**. Anglais.
- **Nature du régime**. Démocratie civile.
- **Chef d'État**. Yayah Jammeh.
- **Drapeau**. Formé de trois bandes horizontales rouge, bleue et verte. La bande bleue au centre est séparée des autres par une fine bande blanche.
- **Monnaie**. Le dalasi.
- **Principales ressources**. Arachide et tourisme.
- **Exportations**. Arachides et produits agricoles tropicaux.
- **Importations**. Produits manufacturés.

Installé à l'entrée de la ville, le **Musée national** *(Glouster St., ouv. lun.-jeu. 8 h-16 h et ven.-sam. 8 h-13 h. Entrée payante)* donne un rapide aperçu de l'histoire du pays, de ses arts et de ses traditions.

Dans le **cimetière marin** *(1 km S de Banjul sur la route de Bakau)* se trouvent les tombes des descendants des esclaves libérés.

Bakau*

➤ *Env. 10 km S de Banjul.* ***Hébergement*** *p. 229.*

Bakau est le lieu de résidence préféré de la bourgeoisie locale et des coopérants. De belles villas enfouies sous les jacarandas alternent avec les hôtels situés le long de la côte. Si vous avez décidé de passer une nuit en Gambie, c'est sans doute là que vous résiderez parmi les touristes venus d'Allemagne, de Belgique ou des pays nordiques. Pour des raisons de sécurité, il est préférable de dormir dans cette ville plutôt que dans la capitale.

La réserve Abuko*

➤ *10 km S de Bakau. Ouv. 8 h-18 h 30. Entrée payante.*

La réserve jouxte la route qui mène de Banjul à l'aéroport. Cette forêt tropicale humide donne une idée de ce qu'était la végétation avant la colonisation et la mise en valeur du territoire gambien. Au cours de votre balade sur des sentiers bien balisés, vous découvrirez en toute sécurité une forêt ombrophile peuplée de singes et d'oiseaux. Toutefois, les principaux animaux (crocodiles, lions...) qui circulaient autrefois librement dans le parc sont regroupés dans un petit zoo. ■

La Gambie, pratique

Arrivée

Formalités

Le passage est très paperassier, mais rassurez-vous, tout finit par s'arranger assez vite. En tout cas, n'oubliez jamais que s'énerver est le meilleur moyen de perdre du temps. Pour en gagner, quelle que soit la route que vous avez choisie, munissez-vous d'un certain nombre de papiers : ils laisseront vos interlocuteurs tâtillons à court d'arguments.

Pour les automobilistes, le **permis de conduire** français est juridiquement suffisant, mais les policiers éprouvent un malin plaisir à exiger le permis de conduire international. Cela finit toujours par s'arranger, mais munissez-vous dans la mesure du possible de ce document. Votre véhicule doit être couvert par une **assurance** particulière pour traverser la Gambie. Les loueurs de voitures ayant pignon sur rue contractent automatiquement cette assurance pour leurs véhicules (demandez aussi le formulaire J, que l'on trouve au poste-frontière). Vérifiez quand même à Dakar que tel est le cas.

Munissez-vous d'un **visa** à entrée simple ou multiple, si vous comptez traverser la Gambie dans les deux sens. Ce visa n'est normalement pas exigible en cas de transit. C'est un excès de zèle de la part de la police des frontières assez contestable... Vous pouvez l'obtenir à l'ambassade de Dakar (2 photos d'identité, votre passeport et la somme de 15 000 FCFA).

Sinon, au poste-frontière vous aurez droit à un laissez-passer temporaire des douaniers qui vous demanderont d'aller régler vos frais de visa auprès du service d'immigration à Banjul. Cette méthode est la plus longue.

Notez que le passage de la frontière est fermé de 20h à 7h du matin, et que la durée des formalités dépend du lieu, du sens de passage et de l'humeur des douaniers!

Entrée en Gambie par la Transgambienne

Au premier poste de police, pensez à demander le formulaire J. On vous le demandera plus loin lorsque vous devrez vous présenter à la police et à la douane gambiennes. Dans le sens sud-nord, vous rencontrerez sur votre droite une baraque verte en retrait de la route. Vous devez y acheter votre ticket pour le ferry (pensez à changer de l'argent avant). Le bac fait l'aller-retour en permanence sans horaire précis; n'hésitez pas à donner un billet si la queue vous semble trop longue!

En avion

Air Sénégal dessert Banjul depuis Dakar.

Circuler

➤ **En voiture.** Comme au Sénégal, on roule à droite. Les forces de l'ordre gambiennes à la frontière comme à l'intérieur du pays ont tendance à profiter de leur statut pour mettre des contraventions aux étrangers. En outre, le réseau routier est essentiellement constitué de pistes pleines de trous après la saison des pluies. La seule véritable route goudronnée, en dehors de la région périphérique de Banjul, longe la rive gauche du fleuve Gambie d'est en ouest.

➤ **En taxi-brousse.** Il est préférable d'utiliser le taxi-brousse pour plus de tranquillité.

Bakau

Hébergement

▲▲▲ **Bungalow Beach**, PO Box 2637, Serekunda ☎ (220) 46.52.88, fax (220) 46.61.80. *110 ch. dont 20 clim. Cartes de paiement.* Piscine, plage, restaurant et bar.

▲▲▲ **Kombo Beach**, PO Box 694, Banjul ☎ (220) 46.54.66, fax (220) 46.54.90. kombo@gamtel.gm. *258 ch. clim. Cartes de paiement.* Situé au bord de l'eau. Hôtel géré par Novotel, l'un des plus agréables de la côte. Restaurants, bar, piscine, tennis.

▲▲ **Bakotu**, sur la Kotu Strain Rd, PO Box 532 ☎ (220) 46.55.55, fax (220) 46.59.59. *90 ch.* Petite unité située à 17 km de Banjul, sur la côte, à 100 m de la plage. Piscine, bar et restaurant. L'hôtel organise des concerts tous les soirs de 20 h à 23 h (Light Band Music). Il propose également, 2 fois par semaine de 11 h 30 à 13 h, des chants et des danses africaines au bord de la piscine.

Banjul

Adresse utile

Alliance française, Kairaba Ave. à Kanifing, BP 2930, Serekunda ☎ (220) 37.54.18, fax (220) 37.41.72. af.banjul@gamtel.gm. *Ouv. lun.-ven. 9h-18h30 et sam. 9h30-17h30.* Bibliothèque avec salle de presse. Manifestations diverses (programme sur place).

Hôtel-restaurant

▲▲▲ **The Atlantic**, PO Box 296 ☎ (220) 22.86.01, fax (220) 22.78.61. *Cartes de paiement. 204 ch. clim.* Le meilleur hôtel du centre-ville (15 mn à pied). Mais, malgré la présence d'une plage, ne convient guère pour un séjour balnéaire. Piscine, tennis, squash et discothèque. Restaurant. ■

ULTRA
SHEEN

EN SAVOIR PLUS

L'enseignement religieux tient une place essentielle dans la vie sociale sénégalaise. À la fin de ses études coraniques, un petit Sénégalais doit être capable de réciter entièrement le Livre saint.

Quelques mots...

En wolof

Mots courants

Bonjour	*diam n'gam*
(en musulman	*salam aleikoum*)
Bon matin	*diama n'ga fanân*
Bonsoir	*diama n'ga yendou*
Bienvenue	*marhaba*
Excuse-moi	*bael ma*
Merci	*dieuré dieuff*
Oui	*wao*
Non	*dédète*
Quelle heure est-il ?	*ban ouakh tou mo diot ?*
Aujourd'hui	*tèye*
Demain	*souba* (ou *sougen*)
Hier	*demben*
Le jour	*bethieuk*
Le soir	*n'gone*
Midi	*digue beutieuk*
La nuit	*goudi*

À l'hôtel

Bain	*sangou*
Chaud	*tang*
Couverture	*m'baj*
Déjeuner	*agné*
Dîner	*rêr*
Eau	*n'dokh*
Lit	*lal*
Manger	*lek*
Parler	*ouakh*
Petit déjeuner	*n'déki*

Circuler

Où ?	*ana*
Ici	*fi*
Là-bas	*feu-lé*
À droite	*n'didior*
À gauche	*thiamogne*
Attendre	*khar*
Case	*negou niakh*
Chef	*n'djit* (ou *kilifeu*)
Maison	*keur*
Marcher à pied	*dokh aktank*
Mer	*guedj*
Mosquée	*diaka*
Pirogue	*gale*
Piste	*khal*
Route goudronnée	*tali*
Rue	*m'bed*
Village	*deuk*

La famille

Enfant	*khalé*
Femme	*d'jiguène*
Femme mariée	*d'jiguène boussey*
Fille	*khalé bou d'jiguène*
Garçon	*khalé bou ghor*
Homme	*ghor*
Homme marié	*borom keur*
Mère (maman)	*n'dèye*
Père (papa)	*baye*

Acheter

Combien ?	*niata ?*
C'est cher !	*defa diafé !*
C'est d'accord	*na !*
Donne-moi	*maye ma*
Peu	*touti*
Beaucoup	*bari*
Argent	*khalis*

La nourriture et la boisson

C'est bon	*bakh na*
C'est mauvais	*bakh oul*
Banane	*banana*
Bœuf	*yeuk*
Bouteille	*boutel*
Café	*café*
Chèvre	*bèye*
Cochon	*m'bam*
Huile	*diwline*
Lait	*meow*
Lait de coco	*coco n'dokh*
Lapin	*n'djionger*
Légumes	*lédioumé*
Lièvre	*keuk*
Mangue	*mango*
Mouton	*khare*
Noix de coco	*coco*
Œuf	*nène*
Oignon	*soblé*
Pain	*m'bourou*
Papaye	*papaya*
Poisson	*dieunne*
Poivre	*pobar*
Poule, coq, poulet	*ganar*
Sel	*horom*
Sucre	*sucar*
Thé	*ouarga*
Tomate	*tamaté*
Viande	*yappe*
Vin de palme	*seumgueu*

En sérère

Mots courants

Bonjour (matin)	*m'baldo*
Bonjour (midi)	*n'dioko*
Bonsoir	*n'guioro*
Merci	*fianguor*
Au revoir	*bo kom la cass*
Oui	*i*
Non	*kha'a*
Jour	*nial*
Nuit	*o'yengue*
Midi	*midi*
Soir	*kirane*
Heure	*hèr*
Il est tard	*ka fafna*
Il est tôt	*ka telna*

La nourriture et la boisson

Manger	*niam*
Petit déjeuner	*a'niakit*
Déjeuner	*a'pout*
Dîner	*a'taikout*
Ananas	*ananas*
Âne	*o'fam*
Banane	*banana*
Bœuf	*n'ghokh*
Café	*café*
Cheval	*piss*
Chèvre	*fambé*
Cochon	*roulé*
Eau	*fofi*
Huile	*diwline*
Lait	*fo fiss*
Légumes	*tiawir*
Mangue	*o'mangou*
Mouton	*m'bal*
Pain	*m'bourou*
Pain de singe	*bak*
Papaye	*fapakaye*
Poisson	*lib*
Poulet	*a'tiek*
Sucre	*soucour*
Viande	*a'téguedj*
Vin de palme	*fosingue*

Vie quotidienne

Femme	*o'tew*
Fille	*o'togue*
Où ?	*mam ?*
Ici	*méné*
Là-bas	*mana*
À gauche	*na dja noné*
À droite	*na niamak*
Loin	*codou*
Près	*matou*
Beaucoup	*mayou*
Peu	*o'n'dik*
La case	*a'n'dok*
Le lit	*n'diongue*
Couverture	*darap*
Le bain	*a'bogakh*
Mer	*o'mague*
Pirogue	*souk*
Pêcher	*fal*
Soleil	*n'diedje*
Garçon	*o'fess*
Homme	*o'kor*

Acheter

Argent	*khalisse*
Combien ?	*podnoum ?*
Bon marché	*n'djigane, m'bélon*
Cher	*n'djigane serou*

Salutations diolas

Bonjour (1 personne) *safi*
Bonjour (plusieurs personnes) *safoul*

Réponse	*kassoumaÿ*
Comment ça va ?	*kassoumaÿ kep ?*
Et chez vous ?	*ka ti bo ?*
Ça va bien	*kokou bo*
Comment tu t'appelles ?	*kareessi bou ?*
Je m'appelle	*kareessom*

Compter

Chiffres	En wolof	En sérère
1	*bène*	*leng*
2	*niarre*	*dik*
3	*niette*	*tadik*
4	*nia-niente*	*nahik*
5	*djiourome*	*bétik*
6	*djiourome-bène*	*bétik fo leng*
7	*djiourome, niarre*	*bétik fo dik*
8	*djiourome, niette*	*bétik fo tadik*
9	*djiourome-nia, niente*	*bétik fo nahik*
10	*fouk*	*kharabahaye*
11	*fouk ak bène*	*kharabahaye fo leng*
12	*fouk ak niarre*	*kharabahaye fo dik*
13	*fouk ak niette*	*kharabahaye fo tadik*
20	*niarre-fouk*	*arbendik*
30	*niette fouk*	*arbentadik*
40	*nia niente fouk*	*arbennahik*
50	*djiourome fouk*	*arbenbétik*
100	*temêr*	*témédé*
1000	*djouni*	*diouni* ❖

Des livres, des films, des disques

Beaux-livres

Saint-Louis du Sénégal, CAMARA Louis, Asa, 1999. Une capitale de légende au travers de très belles images.

Afriques, tout partout partager, DESJEUX Bernard et Catherine, Grandvaux, 2001. Images sensibles d'une Afrique quotidienne, loin des poncifs.

Séduire, cinq leçons sénégalaises, FALL Sokhna, DE CUGNAC Fabien, Alternatives, 1998. Un livre curieux, hommage à la femme sénégalaise.

Échassiers, canards et limicoles de l'Ouest africain, GIRARD Olivier, illustrations de CHEVALLIER Jean et NICOLLE Serge, Castel éd., 1998. Pour reconnaître les oiseaux du parc du Djoudj.

Majestueux Sénégal, RENAUDEAU Michel, SINTZEL René, Atlas, 2000. Le plus beau livre de photographies sur le Sénégal avec, en résonance, quelques reproductions de fixés sous verre.

La Gambie en images, TOMKUISON Michael, Vilo, 1989. Un livre tout en couleurs sur les paysages et la population du pays.

Masques, COLLECTIF, Dapper, rééd. 2000. Plus de 150 photographies pour une très belle approche de l'art africain.

Art

Le Sénégal contemporain, sous la dir. de DIOP Momar-Coumba, Karthala, 2002. « Dynamiques culturelles », « Casamance revisitée » ou « Le sens de l'État » sont autant de chapitres développés.

***Ousmane Sow** le soleil en face*, Photographies de FRANCK Martine, SOULÉ Béatrice, VOYEUX Martine, Le P'tit Jardin, 2001. Un très beau livre consacré au sculpteur le plus célèbre du Sénégal. En complément : ***Ousmane Sow** pont des Arts - Paris*, Photographies de SOULÉ Béatrice, Le P'tit Jardin, 2000. Catalogue de l'exposition du pont des Arts.

Masques animaux d'Afrique de l'Ouest, MASSA Gabriel, Sépia, 1997. Extrait d'une collection de masques consacrés aux animaux (photographies).

Le Musée de Dakar, NDIAYE Francine, Sépia, 1994. Très beau livre présentant les collections de masques, bijoux, etc.

Mama Casset et les précurseurs de la photographie au Sénégal, 1950, Revue noire, 1994. La photographie de studio au Sénégal. Des portraits très émouvants.

Iba N'Diaye, COLLECTIF, Sépia, 1994. Rétrospective de ce peintre né à Saint-Louis, considéré comme l'un des plus grands artistes sénégalais.

Histoire et politique

Esquisses sénégalaises, ABBÉ BOILAT David, Karthala, 1984. Tableau des réalités politiques, sociales et économiques du Sénégal précolonial (peintures et arts graphiques). Reprint de l'édition de 1853.

Contributions à l'histoire du Sénégal, sous la dir. de BOULÈGUE Jean, Cahiers du CRA n° 5, diffusion Karthala, 1987.

Le Sénégal, DEVEY Muriel, Karthala, 2000. Histoire et géographie contemporaine du pays.

Le Kajoor au XIXe siècle, pouvoir ceddo et conquête coloniale, DIOUF Mamadou, Karthala, 1989. Pour en savoir plus sur le Cayor, Faidherbe et Lat Joor (Lat Dyor Diop).

Afrique Occidentale française. RICHARD-MOLLARD Jacques, Berger-Levrault, 1956.

Société

Saint-Louis du Sénégal, mémoire d'un métissage, BIONDI Jean-Louis, préf. de L.S. Senghor, Denoël, 1987. Pour comprendre les relations mêlées de l'Europe et du Sénégal.

La Famille wolof, DIOP Abdoulaye-Bara, Karthala, 1985. Utile pour bien comprendre la société sénégalaise.

Les Ethnies et la Nation, DIOUF Makhtar, L'Harmattan, 1994. Une analyse des problèmes d'unité nationale en regard de la diversité ethnique, en particulier le séparatisme casamançais comme réaction à la wolofisation de la société.

Lettres sénégalaises

Léopold Sédar Senghor *(encadré p. 173)* donne dès les années 1930 à la littérature sénégalaise sa dimension internationale. À travers ses essais et sa poésie, il traite de la « négritude » et de la condition noire en général. À sa suite, l'historien **Cheikh Anta Diop** (*Nations nègres et Culture*, 1954) renouvelle la pensée historique africaine.

Le domaine poétique se développe, avec entre autres, la figure lumineuse de **Birago Diop**, mais aussi **Amadou Lamine Sall**.

Les romanciers de la première génération, dont **Ousmane Socé Diop** est l'un des précurseurs, développent une thématique autour du paradoxe tradition-modernité (**Abdoulaye Sadji**, **Cheikh Amidou Kane**), tandis qu'**Ousmane Sembène**, par ailleurs célèbre scénariste et cinéaste *(p. 85)*, traite plutôt la réalité sociale de son pays.

Dans leur sillage, les écrivains nés après 1945, comme **Boubacar Diop**, **Cheikh C. Sow** ou **Amadou Lamine Sall**, régénèrent aujourd'hui les thèmes et abordent un point de vue plus individualiste.

À la fin des années 1970, la place des femmes écrivains s'affirme dans le roman comme dans la poésie. **Aminata Sow Fall** et **Mariama Bâ** en sont les plus brillantes représentantes. ❖

Histoire politique du Sénégal, institutions, droit et société, HESSELING Gerti, Karthala, 1985. Les institutions sénégalaises et leur évolution, depuis les années 1960, en comparaison avec le modèle politique et constitutionnel français.

Les Paris des Africains, sous la dir. de KONARÉ Kadiatou, Cauris, 2002. Un livre de rencontres, avec des Africains de Paris, des lieux. Un carnet d'adresses subjectif.

L'Islam au Sénégal, MAGASSOUBA Moriba, Karthala, 1985. Livre passionnant sur les confréries, leurs rapports au pouvoir et l'islam en général.

Sénégal, SAGLIO Christian, Seuil, 1990. La meilleure introduction à un voyage au Sénégal, bien que le texte date un peu.

Casamance, SAGLIO Christian, DESJEUX Bernard et Catherine, L'Harmattan, 1984. En texte et en photos, comprendre la Casamance.

De la modernité paysanne en Afrique noire. Le Sénégal, SALL Babacar, L'Harmattan, 1993. Ouvrage sur l'amalgame social, religieux et culturel.

Guide des Espaces naturels de la région de Saint-Louis, Syndicat d'initiative de Saint-Louis et Espace naturel régional (Nord-Pas-de-Calais), 1997. Un joli petit ouvrage sur les parcs de la région du fleuve Sénégal.

Peuples du Sénégal, COLLECTIF, Sépia, 1996. Les aspects de la vie quotidienne et notamment des coutumes et des rites religieux.

Littérature et poésie

Un Chant écarlate, BÂ Mariama, Néas, 1982. Le mariage difficile d'un Sénégalais avec une Française.

Une si longue lettre, BÂ Mariama, Les Nouvelles Éditions africaines, 1979. Une femme réfléchit à sa condition au cours des 40 jours de deuil qui suivent la mort de son mari.

Contes wolofs du Baol, COPANS Jean et COUTY Philippe, Karthala, 1988. Histoires de la vie quotidienne.

Les Contes d'Amadou Koumba, DIOP Birago, Présence africaine, 1996. Des contes africains que l'auteur a fidèlement transcrits grâce au récit de son griot.

Leurres et Lueurs, DIOP Birago, Présence africaine, 1960. Dans une langue classique, des poèmes chantant la brousse, les puissances occultes, les génies de la mort.

Le Temps de Tamango, DIOP Boris Boubakar, L'Harmattan, 1981. Un très beau roman aux couleurs locales.

Amours de villes, villes africaines, récits réunis par DJEDANOUM Nocky, Dapper littérature, 2001. Un des récits, de Boubacar Boris Diop, se passe à Saint-Louis.

L'Aventure ambiguë, KANE Cheikh Hamidou, 10/18, 1971. L'ascension et l'exil d'un jeune Sénégalais en France.

Les Gardiens du temple, KANE Cheikh Hamidou, Stock, 1995. L'ambiguïté d'un pays qui, entre croyances et obsessions, tente de trouver son chemin vers la modernité (prix Rachid-Mimouni en 1996).

Le Roman d'un spahi, LOTI Pierre, Gallimard, 1992. L'histoire d'un engagé à Saint-Louis au XIXe siècle.

Dakar en barre, MAD Lucio, Baleine, coll. « le Poulpe » n° 59, 1997. Les aventures du détective dans le Dakar d'aujourd'hui.

Récits épiques toucouleurs, MEYER Gérard, Karthala, 1991. Treize épopées recueillies dans la région de Goudiry.

Nini, mulâtresse du Sénégal, SADJI Abdoulaye, Présence africaine, 1997. La triste histoire d'une belle métisse à Saint-Louis à qui on promet le mariage.

Mante des aurores, SALL Amadou Lamine, Néas, 1979.

Poésie du Sénégal, SALL Babacar, Silex, 1988. La première anthologie réunissant plusieurs générations de poètes.

Poèmes, SENGHOR Léopold Sédar, Seuil, 1984. Recueil des meilleures poésies du chantre de la négritude.

Karim, SOCE DIOP Ousmane, Nouvelles Éditions latines, 1966.

Cycle de sécheresse et autres nouvelles, SOW Cheikh C., Hatier, 1983.

L'Appel des Arènes, SOW FALL Aminata, Néas, 1993. Un jeune Sénégalais, réfractaire à l'éducation que lui donnent ses parents, trouve sa raison de vivre en redécouvrant ses racines africaines.

***La grève des* bàttu**, SOW FALL Aminata, Néas, 1998. Une grève imaginaire des mendiants de la Grande Ville, alias Dakar, après leur « déguerpissement » du centre-ville. Adapté à l'écran par le cinéaste malien Cheikh Oumar Sissoko.

Guide

Sénégal Gambie, Guide du Routard, Hachette, édition annuelle.

Filmographie

Les films africains passent malheureusement assez peu. Vous ne les verrez que dans des cinémathèques ou des festivals.

Afrique-sur-Seine, VIEYRA Paulin Soumanou et SARR Mamadou, 1955.

La Noire de…, SEMBÈNE Ousmane, 1966 ; ***Le Mandat***, 1968.

Touki Bouki, MAMBÉTY Djibril Diop, 1973.

Ceddo, SEMBÈNE Ousmane, 1976.

Le Certificat d'indigence, BATHILY Moussa Yoro, 1981.

Le Camp de Thiaroye, SEMBÈNE Ousmane, 1988.

Guelwaar, SEMBÈNE Ousmane, 1991.

Hyènes, MAMBÉTY Djibril Diop, 1992.

TGV, TOURÉ Moussa, 1999.

La Petite Vendeuse de soleil, MAMBÉTY Djibril Diop, 1999.

L'Afrance, GOMIS Alain, 2001.

Karmen, GAÏKAMAKA Joseph, 2002. Une vision revisitée de *Carmen*.

Discographie

Africando, *Live*, Syllart production/Nextmusic, 2001, 2CD.

Baaba Maal, *Firin'in Fouta*, Island Records, 1994 ; *Live at the Royal Festival Hall*, Palm Pictures, *1999* ; *Live at the Royal Festival Hall*, 2000 ; *Jombaajo*, Syllart production/Nextmusic.

Cheikh N'Digëi Lô, *Né la thiass*, World Class (lancé par Youssou N'Dour), 1996 ; *Bambay Gueej*, World Circuit, 1999.

Compilation Collection Sono, *Sénégal*, Sonodisc (avec Touré Kunda, Ismael Lô, Baaba Maal, Youssou N'Dour, Africando, Omar Pene…).

Coumba Gawlo, *Yo Malé*, BMG, 1998.

Doudou N'Diaye Rose, *Djabote*, Virgin, 1992.

El Hadj N'Diaye, *Thiaroye* et *Xel* World Village Music, 2001.

Fania, *Sopi*, Sony Music, 2001.

Ismael Lô, *Jammu Africa*, Universal, 1996 ; *Tadieu Bone*, Sonodisc ; *the Best Off, the Balladeer*, Wrasse records, 2001 ; *Dabah*, Universal Mercury, 2002.

Lamine Konte, *La kora du Sénégal*, Arion, 1989 ; *Songs of the Griots*, Conquering Lion, 1993. Kora traditionnelle.

Les Chants des enfants du monde, *Gambie, Sénégal*, Arion, 1990.

Nakodjé, Iris Music.

Ngari Laaw, *Fuuta*, Cobalt Africolor, 1995.

Omar Pene et le Super Diamono de Dakar, *25 ans*, Night and Day, 2001.

Orchestra Baobab, *Specialist in all styles*, Night and Day, 2002.

Thione Seck, *Raam daam*, Mélodie.

Touré Kounda, *Légende*, Sony, 1999 ; *Live Paris Ziguinchor*, Celluloid.

Wasis Diop, *Toxu*, Polygram, 1998.

Youssou N'Dour, *Set*, Virgin Music Records, 1990 ; *The Guide*, Sony, 1994 ; *Joko from Village to Town*, Sony, 2000.

Table des encadrés

Pratique

Actualité

Populations

Histoire

Fêtes et traditions

Légendes et littérature

Musique, art, architecture,

Nature

NON

AU TOURISME SEXUEL AVEC DES ENFANTS

Toute personne coupable d'atteinte sexuelle sur un enfant sera poursuivie sur le lieu du délit ou dans son pays d'origine.

Strateus - RC : Paris B337863005

ecpat

Mettre fin à la prostitution, à la pornographie et au trafic des enfants à des fins sexuelles

POUR TOUTES INFORMATIONS COMPLEMENTAIRES

VOUS POUVEZ VOUS ADRESSER
AU SECRETARIAT D'ECPAT
C/O GROUPE DEVELOPPEMENT
BATIMENT 106 - B.P. 07
93352 LE BOURGET CEDEX
Tél. : 33 (0) 1 49 34 83 13
Fax : 33 (0) 1 49 34 83 10
E-mail : ecpat-france@wanadoo.fr
Site WEB d'ECPAT International :
http://www.ecpat.net

FRANCE

SECRÉTARIAT D'ÉTAT AU TOURISME

Index

Dakar : nom de lieu
Senghor Léopold Sédar : nom de personnage
FÉTICHISME : mot-clé
Les folios en **gras** renvoient aux rubriques les plus détaillées.
Les folios en bleu renvoient aux cartes et plans.
Les folios en rouge renvoient aux adresses pratiques, placées à la fin de chaque chapitre de visite.

C

D

Les *GUIDES BLEUS ÉVASION* pour découvrir le monde...

L'étranger

Afrique du Sud et chutes Victoria
Amsterdam et la Hollande
Andalousie
Angleterre et Pays de Galles
Australie
Baléares
Bavière et Forêt-Noire
Berlin
Birmanie
Brésil
Bruges et le pays flamand
Budapest et la Hongrie
Californie
Canaries
Chypre
Corée du Sud
Crète et Rhodes
Cuba
Danemark
Écosse
Égypte
Florence et Sienne
Floride
Grèce continentale
Guadeloupe
Îles grecques
Irlande
Israël
Istanbul
Jersey-Guernesey
Kenya et Nord-Tanzanie
Liban
Londres
Louisiane
Madagascar
Malte
Maroc
Marrakech et le Sud marocain
Martinique
Moscou et Saint-Pétersbourg
Népal
New York
Nouvelle-Calédonie
Pékin et Shanghai
Pologne
Portugal
Prague et la Bohême
Québec
Réunion et île Maurice
Rome
Sahara
Sénégal
Sicile
Sri Lanka et Maldives
Suède
Syrie
Tahiti et la Polynésie
Thaïlande
Tokyo et Kyoto
Tunisie
Turquie de l'Ouest et mer Noire
Venise
Vienne et l'Autriche
Vietnam

... et la France

Alpes du Nord
Bretagne Nord
Midi-Pyrénées Sud
Paris
Pays de la Loire

Crédit photographique

En couverture
Fixé sous verre de Moussa Sakho.
Intérieur
Y. Arthus-Bertrand (Altitude) : p. 18, 139 (reprise bas dr. p. 10) et 218.
M. Ascani : p. 136 et 198.
K. Boye : p. 133.
P. Cassard : p. 20 et 121 (bas).
C. et B. Desjeux : p. 39, 71, 73, 74, 81, 84, 85 (ht), 97 (reprise p. 8), 129, 153, 158, 159, 165, 189, 205 (bas), 216 (reprise bas g. p. 13), 220 et 228.
P. De Wilde : p. 181 (reprise bas dr. p. 14).
G. Gasquet : p. 98 (bas dr.), 186 (bas g.) et 204 (bas).
S. Grandadam : p. 6 (reprise p. 4) et 60 (reprise mil. p. 4).
Hoa Qui Archives : p. 120 (bas).
V. Maquin : p. 24 et 125.
F. Martini : p. 118 et 162
C. Pavard : p. 7, 148 (reprise bas g. p. 14), 192 et 217.
B. Pérousse : p. 57 et 58.
T. Perrin : p. 169.
Photothèque Hachette Livre : p. 62, 63, 66, 68, 90 et 120 (ht).
M. Renaudeau : p. 17, 25, 34, 37, 41, 42, 43, 47 © Gora Mbengue, 48, 51, 61, 70, 76, 77, 79, 85 (mil.), 89, 92 (reprise p. 4), 93, 95, 98 (ht, reprise p. 109), 99, 103, 106, 117 (reprise p. 9), 119, 121 (mil.), 123, 127, 131, 132, 133, 134 (reprise ht g. p. 10), 140, 143, 145, 146, 149, 151, 156, 160, 161, 163 (reprise mil. g. p. 11), 164, 166, 167, 173 © Gora Mbengue, 174, 175, 177, 178 (reprise ht dr. p. 11), 184 (reprise mil. p. 12), 185, 186 (ht et bas dr.), 187, 191, 200 (reprise bas dr. p. 12 et p. 208), 202, 203, 204 (ht), 205 (ht), 221, 222, 223, 226 (reprise bas dr. p. 13), 230 (reprise p. 5) et 231.
Tréal/Ruiz : p. 53, 98 (bas g.) et 206.

Imprimé en France par I.M.E. - 25110 Baume-les-Dames
Dépôt légal n° 26365-10/2002 - Collection n° 25 - Édition n° 01
N° imprimeur : 16129-24/3684/8 - ISBN : 201-243684-6
ISSN : 0762-2392

À nos Lecteurs...

Ces pages vous appartiennent. Notez-y vos remarques, vos impressions de voyage, vos découvertes personnelles, vos bonnes adresses. Et ne manquez pas de nous en informer à votre retour. Nous accordons la plus grande attention au courrier de nos lecteurs.

HACHETTE Tourisme
Guides Bleus Évasion – Courrier des lecteurs
43, quai de Grenelle – 75905 PARIS Cedex 15

Carnet de voyage